慈善管理教科书
郁建兴　主编

志愿服务原理

徐越倩　叶李　编著

图书在版编目（CIP）数据

志愿服务原理 / 徐越倩, 叶李编著. -- 北京：商务印书馆, 2024. --（慈善管理教科书）. -- ISBN 978-7-100-24533-3

I. D669.3

中国国家版本馆 CIP 数据核字第 202455UF55 号

权利保留，侵权必究。

慈善管理教科书
志愿服务原理
徐越倩　叶李　编著

商 务 印 书 馆 出 版
（北京王府井大街 36 号　邮政编码 100710）
商 务 印 书 馆 发 行
北京虎彩文化传播有限公司印刷
ISBN 978-7-100-24533-3

2024 年 11 月第 1 版　　开本 720×1000　1/16
2024 年 11 月第 1 次印刷　　印张 25¼
定价：98.00 元

总　序

郁建兴

慈善是一个非常古老的事业。时至今日，现代慈善追求的是让更多的人不只关注财富，更关注财富的运用、财富的责任、财富的归宿，它已经成为一种伟大的文明实践活动。在全面建设社会主义现代化国家、向第二个百年奋斗目标进军的新征程上，慈善事业是实施第三次分配、促进共同富裕的重要途径，但慈善专业人才紧缺，成为掣肘慈善事业高质量发展的突出瓶颈之一。在人才培养体系中，教材扮演着不可或缺的角色，它既是学校开展教育教学活动的基本遵循，也是培育学生综合素质和专业技能的重要工具，因此科学系统地编写慈善管理教材尤为重要。作为全国首家贯通本、硕、博国民教育系列的慈善学院，浙江工商大学英贤慈善学院的成立是中国高校公益慈善教育向前迈进的重要一步。在探索建立慈善管理人才培养体系过程中，学院组建了教材编写小组，策划并编写慈善管理系列教材，进一步推动慈善专业学科的建设与发展。

慈善管理系列教材紧密围绕当代中国慈善事业发展的实际需求，深入剖析慈善管理制度与政策，挖掘梳理慈善创新实践，旨在建构中国慈善管理自主知识体系。

一是在全球视野中讲好中国故事。不同于引进或翻译国外慈善管理理论，慈善管理系列教材系统梳理中国慈善事业的历史脉络、文化背景、社会现实和发展趋势，以此为基础建构知识体系。在编写过程中，编写团队广泛收集并分析国际上的慈善管理案例、理论研究和最新动态，并结合国内慈善组织的实际情况和发展趋势，尝试在教材中寻找全球发展与本土情景的契合点，将两者有机地结合起来，使得教材内容更能满足中国慈善管理教育和实践的需求。

二是聚焦时代背景与制度环境。慈善管理系列教材的编写充分契合了共同富裕的政策导向，通过分析慈善项目的策划与运营、数字慈善的转型与挑战等问题，型构新时代的慈善研究范式，揭示我国慈善管理如何服务"国之大者"。教材特别注重推动思政教育的走深走实，结合众多真实案例，通过介绍慈善事业的社会价值和意义，探讨慈善组织与政府、企业等主体之间的关系，培养学习者的社会责任感和公益慈善精神，引导学习者关注社会弱势群体，理解他们的需求和困境，从而在慈善事业中传递温暖与关爱。

三是进行以实践为导向的本土案例分析。编写团队由国内慈善管理领域的专家学者组成，通过深入研究和广泛讨论，在理论框架的基础上，融入了丰富的国内实践案例，例如上海联劝公益基金会发起的"一个鸡蛋"公益项目、北上广浙各具地域特色的志愿服务体系等，

对这些典型案例进行深度剖析和点评，帮助学习者将理论知识与实际操作相结合，引导学习者思考慈善管理的实际应用和价值。

四是提供跨学科视角和创新教材形态。慈善管理系列教材在构建知识体系时，注重跨学科融合，综合运用管理学、经济学、社会学、政治学、法学等多学科的理论和方法，为慈善管理提供更为全面和深入的分析视角。在教育数字化的今天，编写团队积极探索教材新形态，尝试将一些新媒体技术融入教材中，开发在线课程等配套资源，为学习者提供多元化和互动性的学习体验。

慈善管理系列教材主要面向高等院校的慈善管理、工商管理、公共

管理、社会工作等专业方向的本科生和研究生，同时可以作为全校通识课教材和教辅资料，也可以作为慈善领域（基金会、社会团体、民办非企业单位）从业人员和管理人员的培训资料和参考工具书，还可以作为从事慈善管理研究的学者的研究素材。

行善者善行！在扎实推进共同富裕、实现中华民族伟大复兴的新征程上，慈善事业将面临更多的机遇和挑战，我们会持续跟踪慈善管理领域的最新动态和发展趋势，不断更新迭代这套教材，希望能够培养更多"行善者"，加快推动中国慈善事业高质量发展。

最后，感谢所有参与本丛书编写的专家学者和工作人员，是你们的辛勤付出和无私奉献，才使得这套教材能够按计划顺利出版。同时，也要感谢广大读者对这套教材的关注和支持，你们的鼓励和期待，让我们有了不断前行的动力。

作者系浙江工商大学党委书记，教育部长江学者特聘教授

目　录

序　/ 1

第一章　志愿服务的概述　/ 3
第一节　志愿服务的概念　/ 5

第二节　志愿服务的理论基础　/ 13

第三节　志愿服务的功能与价值　/ 20

本章小结　/ 33

案　例　/ 34

第二章　全球视野下的志愿服务　/ 39
第一节　志愿服务发展的基本概况　/ 41

第二节　部分发达国家的志愿服务　/ 47

第三节　部分发展中国家的志愿服务　/ 59

本章小结　/ 69

案　例　/ 69

第三章　志愿服务政策与管理体系　/ 75
第一节　中国志愿服务的基本政策　/ 77

第二节　地方志愿服务政策　/ 83

第三节　志愿服务事业管理体系　/ 94

本章小结　/ 100

案　例　/ 100

第四章　志愿者管理　/ 105

第一节　志愿者的定义、分类与价值　/ 108

第二节　志愿者的招募与选拔　/ 114

第三节　志愿者的培训与素质提升　/ 121

第四节　志愿者的激励和督导　/ 127

本章小结　/ 137

案　例　/ 138

第五章　志愿服务组织　/ 141

第一节　志愿服务组织概述　/ 143

第二节　志愿服务组织的愿景与战略　/ 149

第三节　志愿服务组织的组织架构与制度建设　/ 157

第四节　志愿服务组织的财务管理　/ 167

本章小结　/ 175

案　例　/ 175

第六章　志愿服务项目管理　/ 179

第一节　志愿服务项目管理概述　/ 181

第二节　志愿服务项目的启动、设计与计划　/ 186

第三节　志愿服务项目的运营、监测与评估　/ 201

第四节　志愿服务项目品牌建设　/ 216

本章小结 / 220

案　例 / 221

第七章　专业志愿服务 / 225

第一节　专业志愿服务的基本概念 / 227

第二节　专业志愿服务的起源与发展 / 236

第三节　专业志愿服务模式 / 247

本章小结 / 258

案　例 / 259

第八章　企业志愿服务 / 261

第一节　企业开展志愿服务的背景和意义 / 264

第二节　企业志愿服务的基本概念和现状 / 273

第三节　企业志愿服务的发展阶段和开展方式 / 282

本章小结 / 290

案　例 / 291

第九章　社区志愿服务 / 297

第一节　社区志愿服务的含义、特征与价值意义 / 299

第二节　社区志愿服务的产生背景和发展历程 / 307

第三节　社区志愿服务运行机制与流程 / 320

第四节　社区志愿服务与新时代文明实践 / 328

本章小结 / 334

案　例 / 335

第十章　应急志愿服务　/ 339

　　第一节　应急志愿服务的含义与作用　/ 341

　　第二节　应急志愿服务的发展历程　/ 347

　　第三节　应急志愿服务的预警和响应　/ 354

　　第四节　应急志愿服务的资源管理与行动方案　/ 361

　　本章小结　/ 368

　　案　例　/ 369

参考文献　/ 374

后记　/ 390

序

志愿服务是指任何人和组织自愿、无偿向社会或他人提供的，旨在推动人类发展、社会进步和社会福利事业的公益服务。志愿服务作为一种专门的、系统的社会服务活动，作为人类社会所共有的精神追求和实践活动，贯穿于人类社会历史过程的始终，并且存在于人类社会各种文化和文明之中。随着全球化的深入发展，志愿服务作为社会文明进步的重要标志，其重要性日益凸显。改革开放以来，我国志愿服务经历了"从青年到全民""从社区到社会""从城市到农村"的过程，逐步向着组织化、专业化、社会化、信息化趋势发展，在推动社会文明进步、优化社会资源分配、完善基层社会治理方面发挥重要作用。

志愿服务连接了理论和实践，贯穿了历史和现代，跨越了西方和东方，经久不衰，历久弥新。本书紧密结合理论与实践，力求构建较为全面的志愿服务知识体系与实践框架，呈现志愿服务发展的历史脉络与全球视野。理论与实践的有效结合对推动志愿服务发展至关重要。

首先，学习志愿服务的理论知识有助于建立对志愿服务的正确认识。在现实生活中，对志愿服务的概念与性质不甚了解或是误解的人不在少数，他们可能将志愿服务与义务劳动、慈善活动混淆，或是认为只有具备特定技能的人才能够参与志愿服务活动，等等。学习志愿服务的相关理论知识，有利于正确理解志愿服务的内涵与外延，明晰志愿服务的基本理念和价值追求，从而更好地发挥志愿服务的功能与价值。

其次，掌握志愿服务的管理原理有助于提升志愿服务的管理效率。志愿服务管理涉及志愿服务组织管理、志愿服务项目管理以及志愿者管理。掌握志愿服务管理的基本理论、原理和方法，有助于帮助志愿服务组织的管理者更加科学地管理，避免盲目性和主观性；更加合理地规划和管理志愿服务项目，提升项目的持续性和稳定性；更加高效地整合社会资源，包括资金、人力和物资，以实现志愿服务的最大化效果。

最后，有效结合理论与实践有助于推动志愿服务的持续发展。仅有对志愿服务的理解，缺乏科学的志愿服务管理方法，无法将志愿的热情转化为实际的行动力。仅有管理志愿服务的技能，缺乏对志愿服务的正确认知，无法真正理解和尊重志愿者的动机与需求，也无法确保志愿服务活动的质量和效果。有效结合志愿服务的理论与实践，不仅意味着要加强对其理论与实践方法的学习，还要求在实践的基础上进行经验总结、实务分析与模式梳理，更要求开展具有实践导向的、建构性的理论创新，从而为志愿服务事业发展提供前瞻性、引领性的指引。

本书适合志愿服务组织的管理者、参与志愿服务的工作者、高校公益慈善专业或方向的学生、对志愿服务感兴趣的人员阅读和学习。欢迎读者针对书中内容提出完善意见。

徐越倩

2024 年 7 月　杭州

第一章

志愿服务的概述

第一章 志愿服务的概述

1. 掌握志愿服务的概念。
2. 理解志愿服务的基本特征与本质特征。
3. 掌握志愿服务的理论基础。
4. 理解志愿服务的具体功能与价值体现。

● 20 世纪 80 年代以来，人们越来越认识到政府与企业在解决社会问题方面的局限性。除政府部门与营利部门外，一个良性运行的社会还需要有志愿者与志愿服务发挥"润滑剂"的作用。在这种背景下，志愿组织开始在全球范围内迅速兴起。联合国更是将 2001 年确定为"国际志愿者年"。志愿服务作为一种专门的、系统的社会服务活动，作为人类社会所共有的精神追求和实践活动，贯穿于人类社会历史过程的始终，并且存在于人类社会各种文化和文明之中。本章围绕志愿服务展开，主要介绍志愿服务的基本概念与特征、理论基础、功能与价值。

第一节 志愿服务的概念

明确志愿服务的概念内涵是志愿服务研究的前提和基础。准确把握志愿服务的特征是指导、参与志愿服务的立足点与出发点。本节主要介绍国内外学者理解志愿服务的不同观点，以及志愿服务的基本特征与本质特征。

一、志愿服务的概念界定

志愿服务概念起源于 19 世纪初，形成于西方国家宗教性的慈善活动。随着时代变迁和社会的发展，志愿服务概念内涵与地域特征不断丰富和深化。但由于不同国家的志愿行为，有着不同的历史、文化和政治内涵（Anheier & Salamon，1992），所以关于志愿服务概念的内涵界定，目前国际上并未形成一致的意见。胡斯汀等（Hustinx et al.，2010）认为，志愿服务首先是一种复杂的现象，跨越很多种类的活动、组织和部门，很难被清晰定义。总的来看，国内外学者主要是从以下四个角度来解析志愿服务的概念。

其一，从行为角度出发，着重考虑志愿服务作为一种个人行为所具备的特性。早期关于志愿服务的概念界定主要是从志愿服务本身出发，界定其作为个人行为具备何种特性。如，布鲁德尼（Brudney，1990）认为志愿服务可以被看作个人行为向公共领域的一种延伸。斯奈德和奥莫托（Snyder & Omoto，1992）将志愿服务看作一系列长期的助人行动，是有计划、有准备、前摄性的而非反应性、后置性的行动，是在一定时间内承载着相应责任的行动，是正式化的、大众性的行动。后来是从伦理视角，将志愿服务视作一种建立在志愿者的理性自觉基础上的、非强制性的、出于自觉自愿的伦理行为。如有学者指出："志愿精神的产生基于个人对社会和人类的爱心与责任感，而这种爱心与责任感又取决于个人的成长背景、教育和经验，也受到社会价值观的影响。所以，志愿服务也是个人表达其对人类和社会爱心与责任感的一种方式。"（叶边等，2008）

其二，从志愿服务的需求方出发，着重考虑志愿服务为服务对象以及社会带来的效益。这是多数学者对于志愿服务的定义。在这类关于志愿服务的定义中，志愿活动是一种以无偿性利他主义为核心价值观的伦理行为。如约翰·威尔逊（John Wilson，2000）认为，志愿服务意味着一种通过免费、自愿地贡献自己的时间使他人、团体或组织受益的行动，并且指出，这一界定并不否认志愿者从志愿活动中获益，但这些利益是否包括物质奖励还需要深入地探讨。这也对无偿性有了初步的、更为科学的理解。丁元竹和江汛清（2001）、李维安（2005）认为，志愿服务是任何人志愿贡献个人时间和精力，在不为物质报酬的前提下，为推动人类发展、社会进步和社会福利事业而提供的服务。肖金明和龙晓杰（2011）指出志愿服务作为一种公益性行为，不以获取报酬为目的，自愿以智力、体力、技能等为他人和社会提供服务。联合国前秘书长科菲·安南（Kofi Annan）指出："志愿服务泛指利用自己的时间、自己的技能、自己的资源、自己的善心，为邻居、社区、社会提供非营利、非职业化援助的行为。"（迟云，2014）

其三，从志愿服务的供给方出发，着重考虑志愿服务为志愿者本人带来的效益。志愿服务行为能够给志愿者自身带来一定的益处，而这种益处往往是无形的，主要包括价值、理解、提高、职业、社会、保护等功能收益（Clary et al.，1996）。一是能够满足人类需求。志愿服务不仅是对服务对象需求的满足，也满足了志愿者的一种社会需求：通过关心和帮助他人，志愿服务使志愿者之间、志愿者与服务对象之间产生了亲密温暖的人类情感，满足了人们对于爱和归属的需求。通过完成志愿服务，志愿者增强了自信心，在自我尊重和被他人尊重中获得了一种成就感和价值感，因而志愿服务也满足了人们对于尊重的需求。迈克尔·谢若登（Sherraden，2001）将志愿服务定义为由公共或私人组织发起的捐献给社会一段时间的有条理的行动，这种行动受到社会的公认和尊重，对参与者没有或极少进行货币补偿。二是能够积累社会资本。在高信任的社会里，志愿服务组织遍布社会，作为社会资本主要成分的信任来自人们自发性社群组织的规模、能力、效率等要素，超越家族，到达社区乃至更大的社会范围（福山，2001）。丁小浩和范皑皑（2007）认为，志愿服务在为社区和社会提供公共资源的同时，也为志愿者自身带来了收益，即"对于志愿者而言，提供志愿服务则是一种私人的投资，投资能够给志愿者带来多方面的收益，包括心理的满足、社会资本和人力资本的积累"。

其四，对志愿服务进行全面性阐释。如王振友（2000）指出，志愿服务是一种非政府系统的组织行为和服务行动，是民间系统服务于社会的群体行为或个人行为，即民间组织或个人利用自己的知识、技能、体能或财富，通过各种服务性的行动去实现和体现对社会事业的服务与奉献，或实施和完成对有困难的社会群体及个人的服务与保障。2002年联合国大会决议中则是将志愿服务描述为"一系列广泛的活动，包括传统形式的互助和自助、正式的服务提供和其他形式的公民参与，这些活动是自愿开展的，目的是实现公众利益，金钱回报不是其主要的激励因素"。

本书将志愿服务定义为：志愿服务是任何人和组织自愿、无偿向社会或他人提供的，旨在推动人类发展、社会进步和社会福利事业的公益服务。但即使在一个国家内部，志愿服务因为其历史、背景等因素的不同，也都可能存在很大的差异。美国、新加坡、以色列、匈牙利、韩国等国家都存在这种情况。有鉴于此，对具体语境下的志愿服务的有关概念进行界定时，还必须与其民族的历史、文化、政治等因素相关联，否则难以准确把握其含义。

二、志愿服务的基本特征

自愿性、无偿性、公益性与组织性是志愿服务的四大基本特征。无论是什么类别的志愿服务，其服务的核心要素都应该符合志愿服务的这四大基本特征。

（一）自愿性

自愿性指志愿者参与志愿服务是出自本人意愿，而非出于强迫或者环境造成的压力。自愿性是区别志愿服务与其他公益服务的典型特征，决定了志愿服务参与者的主体地位。志愿者进行志愿服务必须是出于自愿选择，非第三人或外界的强制。自愿性不排斥组织化的社会动员行为，但要求动员行为体现对志愿者意愿的充分尊重。

（二）无偿性

无偿性代表着不应以一般社会劳动时间计算劳动报酬回馈志愿者。在志愿服务活动中，志愿者不得向接受志愿服务的组织或个人索取、变相索取报酬，也不得收受、变相收受报酬，还不得接受志愿服务对象的捐赠。但是，无偿性并不等同于完全免费，不排斥为保证志愿服务顺利进行而安排的适度的交通补贴、餐饮补助等必要开支。同时，虽然志愿服务无报酬，但是志愿服务有成本，因此不能以无偿性作为拒绝完善志愿服务保障的理由。

（三）公益性

公益性指志愿者从事的服务行为及其导致的结果，符合社会公共利益要求，符合公序良俗原则和志愿服务道德伦理。志愿服务的公益性是区别亲社会行为和反社会行为的基本特征。不具有公益性的志愿行为，不是社会倡导的志愿服务。但强调志愿服务的公益性，并不仅仅是要求个人牺牲自我价值，而是个人自我价值与社会价值的有机统一。

（四）组织性

志愿服务是有组织的利他行为（曾胜光、曾华源，2003）。组织性是现代志愿服务发展过程中的一个重要特征，体现了志愿者从自身自为朝着共促共进发展，能够有效提升志愿者对群体的认同和志愿服务的专业化水平。组织性不排斥"非正式的志愿服务"，志愿服务组织旨在为志愿者提供一个更好的、更专业的实践平台。

三、志愿服务的本质特征

志愿服务作为一项由志愿者主导的社会行动，其本质可解构为三个方面，包括行动属性、行动方式以及行动意义。志愿服务的行动属性和行动方式构成了其实现行动意义的前提和基础，而志愿服务的行动意义反过来作为一种现实推动力，促使其行动属性的回归和行动方式的不断完善。

（一）志愿服务的行动属性：对异化劳动的积极扬弃

首先，志愿服务与志愿者是内在同一的。作为市场经济的显著特征之一，建构在现代契约精神下的雇佣劳动关系使得劳动者和雇主间实现了法理意义上的平等，劳动者因此获得了前所未有的独立和自由，然而这并没有改变雇佣劳动关系使人与其自身劳动相分离的事实。劳动力的转让使得雇佣工人无法成为自身劳动的主人，人的劳动力在外力的支配和控制下，无法得到完全的解放。而志愿服务排斥外力的强制，无偿性的特征使其彻底摆脱了雇佣劳动关系的束缚，志愿者与其服务劳动是内在同一的，志愿服务不是商品，而是志愿者通过自身劳动回归人的本质属性的一项自愿积极行动（魏娜、刘子洋，2017）。

其次，志愿服务的分工以体现人的完整性为前提。随着现代社会劳动分工的不断发展，人与人的分工越来越细化、越来越专业化，人的劳动被局限于一个界限分明、日益狭窄的领域。虽然志愿服务中也存在着分工，但是这种分工是基于每位志愿者的个性特征而实现的自主分工。志愿者可以自主选择自己喜欢、擅长或者愿意挑战的服务领域和项目，每一个体都以自身完整的形态，具体鲜活地参与整个志愿服务过程（Kearney，2007）。同时，在服务过程中，志愿者的分工也会根据服务劳动中存在的需求进行灵活调整和主动改变，从而呈现出丰富多样的服务形态和服务流程。劳动分工的自主性，能够极大地激发志愿者的服务热情，使之在服务过程中充分感受服务劳动带来的对人类本质的确证力量，从而产生自尊、自信、快乐等积极的情绪反应（魏娜、刘子洋，2017）。

最后，志愿服务是道德特征和多元价值的实践承载。作为现代市场经济条件下的一般等价物——货币，成为人们获得其他商品和服务的万能中介，我们很难从有偿服务中分辨出人们从事服务劳动的真实目的。同时，我们也无法确知服务带来的多元价值，服务过程中因人与人互动而自然生成的信任、团结、友善、互惠等情感价值都被抽象为单一的、可以计算的经济价值。而志愿服务的无偿性特征使得货币丧失了其抽象的遮蔽作用，志愿者可以通过参与志愿服务充分表达和践行自己的价值信仰和道德理念（Essen，2016）。

（二）志愿服务的行动方式：建构开放合作的行动系统

志愿服务不是志愿者个体劳动的集合，而是众多志愿者为了实现同一目标而共同开展的一项集体行动。志愿服务必须不断建构一个开放合作的行动系统，才能确保成员共同目标的实现。这一行动系统具有以下三个特征：

第一，志愿者是平等的、自由的。志愿者之间没有层级结构，只有一种基于行动的网状结构，每一个志愿者都是整个网状结构中的一个节点。其中，权力将会失去组织结构和规则的支持，而是更多地来源于志愿者在行动中呈现出的素质和能力，体现为知识、经验、智慧、决断力和道德等。这种差异也并非竞争意义上的，而是志愿者为了共同的行动目标在积极开展合作时自发生成的（张康之，2016）。同时，志愿服务在其行动过程中会呈现出一种自由的秩序。志愿者在志愿服务过程中不会被限制在既有的制度和规范结构中，而是在行动中主动思考、积极建构可行的合作秩序，在充分自由的基础上实现集体行动的目标（Essen，2016）。

第二，志愿服务的资源是共享的、流动的。志愿服务发生在强关系群体之外，即在亲朋好友等亲密关系网络之外的陌生人间展开，属于弱关系群体间的一种特殊联结机制。弱关系群体在信息、能力、资源等方面的异质性特点，使志愿服务行动能充分发挥关系建构和社会支持的功能，充当不同社会阶层成员的信息桥梁及其他中介角色（刘威，2015）。因此，志愿者既能够主动将各自原有的社会资源共享于志愿服务行动中，从而实现资源使用量的不断丰富和增长，还能够基于对实现共同目标的强烈愿望，在行动过程中主动学习服务所需要的知识和技能。同时志愿者之间也会在自由、平等的环境中主动合作、相互帮助，实现资源和能力的循环流动，从而使志愿者的合作能力和知识技能在不断的学习中得到提高。

第三，志愿服务与社会环境是交互的、融合的。志愿服务并不具有有形的结构，而是一种会随着环境不断演化的构成性行动。一切有利于共同目标实现的信息、资源和社会关系等环境要素，都会被不断纳入志愿服务的行动系统中。而志愿服务产生的公共效益也会持续释放到系统外的社会环境中，无论是显性的服务产品还是隐性的价值负载，都会对社会环境产生影响，诱发其不断改变。因此，志愿服务与社会环境是双向开放的，二者在志愿服务的行动过程中实现资源的交互、边界的融合

（魏娜、刘子洋，2017）。

（三）志愿服务的行动意义：实现自主全面的社会服务供给

现代社会服务体系的三大供给主体——政府、市场以及非营利组织，都在不同程度上存在服务失灵现象，这就导致了人类多样化、个性化的服务需求与现有社会服务规律性、非人格化供给之间的相互对立，从而为志愿服务的兴起提供了现实空间和行动意义。志愿服务解除了异化劳动对人的束缚，以开放合作的行动系统充分保障了人们在行动过程中的主动性、积极性和创造性。其在服务需求的确定、服务手段的选取以及服务价值的呈现方面都体现出整体性特征，会不断推动自身服务供给水平的改进和完善。并且，志愿服务强调与服务对象进行深入具体的感性互动，根据服务对象的差异化需求进行灵活调整，以实现对其服务需求的全面把握（魏娜、刘子洋，2017）。

第二节　志愿服务的理论基础

志愿服务自出现以来，受到了心理学、管理学以及社会学等诸多学科领域学者的广泛关注。志愿服务的实践发展需要理论指导，只有正确地反映客观事物本质及其规律的理论，才能对实践起指导作用。本节选取了具有代表性的志愿服务相关理论进行详细阐述。

一、需求层次理论

需求层次理论将人类的需要分为两大类：一类是基本需要，指个体不可缺少的、普遍的生理和社会需要，它不是某一社会文化所特有的，而是人类共同具有的；另一类是成长需要，指个体自身的健康成长和自我实现趋向所激励的需要，是在低层次的基本需要得到满足后出现的高层次的心理需要，又称超越性需要。人类的需要呈现出一种等级次序，基本需要是低层次的需要，成长需要属于高层次的需要。个人在成长过程中，首先要满足低层次的需要，其次才是高层次的需要。而高层次需要的满足能够提高个人的幸福感，使人达到物质与精神的统一。

到了20世纪50年代，需要层次理论将人类两个层次的需要更具体地划分为七个层次，分别是生理需要、安全需要、归属和爱的需要、尊重的需要、知的需要、美的需要以及自我实现的需要。前四个层次可以看成是基本需要，后三个需要则是成长的需要。到了20世纪70年代，后三个需要又被统归为自我实现的需要。

自我实现论是人本主义心理学的理论核心。自我实现有两层含义：一层是完满人性的实现，即人类共性的各种潜能，包括友爱、合作、求知、创造等得到充分的发展；另一层是指个人潜能的实现，即除去共性之外，个人所持有的潜能的实现。这里的自我实现更多的是强调精神信念上的自我实现。

马斯洛将自我实现的人定义为："在他们的基本需要已得到适当的满足以后，又受到更高层级的动机——'超越性动机'的驱动。"（林方，1987：209）志愿服务是马斯洛需求层次理论中自我价值实现的一种高层次体现。志愿服务不以营利为目的，却能保持旺盛的生命力，在全球各地、所有人群中蓬勃发展，重要的原因是志愿服务追求一种精神上的满足，符合人类的自我实现的需要，人们通过志愿服务获得了助人悦己、贡献社会的自我实现满足。

志愿服务是个体实现人生价值的重要途径。"奉献、友爱、互助、进步"的志愿服务精神是人生价值的一种重要体现，它是志愿者对于真善美的不懈追求。人们通过志愿服务积极地建构一个有意义的世界来证实自身的人生价值。志愿服务也是个体实现社会价值的重要途径。社会个体是生活在社会中的个体，一个对社会有积极作用的个体才能实现其社会价值。志愿服务行为是社会成员在社会中体现价值的重要通道和载体。志愿服务主要以社会弱势群体为服务对象，积极推动社会福利发展、缓解社会冲突。社会成员在志愿服务活动中实现其社会价值，这一过程不仅是对志愿者本人的一种再教育和自我实现过程，而且对于社会和他人而言也是一种自我实现的榜样力量。

二、亲社会行为理论

亲社会行为（Prosocial Behavior）是一种宽泛的行为范畴，指"被社会界定为有益于他人和现有行政体系的行为"（Pilliavin et al., 1981），包括助人行为和利他行为。助人行为是指有意使他人受益的行为。利他行为是指不期望个人利益或回报，而希望他人受益的行为。

围绕人们何时会采取亲社会行为帮助他人，拉坦内和达利（Latané & Darley, 1970）提出旁观者干预的决策模型。该模型指出，人们是否提供帮助，取决于一系列决策的结果。在人们做出助人反应之前要经过五个决策步骤：第一步，是否注意到事件的发生；第二步，对事件进行确认，即是否将事件解释为需要帮助的事件；第三步，决定是否承担个人责任；第四步，选择帮助的方式；第五步，实施行动。该模型中每一步的决策都会影响旁观者最终的反应。

关于亲社会行为的解释，主要包括四种理论取向。其一，社会规范理论。社会规范规定了人们在日常生活中应该做什么、不应该做什么。人们之所以做出亲社会行为，是因为社会规范规定了人们在某一个社会情境中应该做出这类行为。其二，社会交换理论。该理论认为人们希望以更少的付出获得更多的回报。亲社会行为则是建立在利己主义与社会交换的基础之上的,是基于社会关系中的付出与回报关系发展而来的。其三,社会学习理论。该理论认为,人们的行为是强化作用的结果。其四,进化心理学。该理论认为,亲社会行为的出现是基于亲缘选择、互惠机制及社会规则的学习。

关于亲社会行为动机的研究,主要聚焦于三类机制:学习、规范、唤起与情感。前两者是认知机制,后一种是情绪机制。根据社会学习理论,强化包括直接强化、自我强化和替代性强化(Bandura,1971)。直接强化是指人们能够通过亲社会行为获得物质奖励与精神奖励。自我强化是指人们通过亲社会行为能够提升自我满足感,获得内部的自我奖励。替代强化指的是,人们做出亲社会行为是因为他们观察到他人做出了亲社会行为,并因此获得了一定的奖励。关注社会和个人规范的研究,强调当人们努力维持积极的自我意象或追求理想以及满足个人需求时,社会责任和互惠等规范如何促进助人行为(Omoto & Snyder,1995)。对个体的亲社会行为有促进作用的社会规范包括互惠规范及社会责任规范。互惠规范认为,在社会中每个人都会遇到困难,人们在帮助他人的同时也会获得他人的帮助,人与人之间的相互帮助是一种互惠机制。社会责任规范则认为,亲社会行为是有益于社会健康发展的,鼓励人们做出亲社会行为。关注唤起和情感的研究强调情绪对引发亲社会行为的重要性。人们会被他人的痛苦所唤起,这被称为共情唤起。共情唤起是多种助人行为背后的基本过程,人们将自己的共情唤起解释为何种情绪,影响着他们的助人动机。如果是愤怒或厌恶的情绪,人们不会去帮助;如果是难过、悲伤或内疚,人们会在利己动机的支配下去助人,以减缓自己的消极情绪状态(Cialdini et al.,1997);如果是同情和怜悯,利他动机会被诱发出来,这时人们助人的主要目的是减轻他人的痛苦(Batson,1991)。

志愿服务作为在组织背景下的一种有计划的长期亲社会行为，被认为是对维持社会及嵌于其中的社区至关重要的活动。志愿者通常向他人提供一种社区意识或公民参与意识（Omoto & Snyder，2002）。这可以通过陪伴老人、为有困难的人提供咨询、为未受教育者提供辅导、通过临终关怀行动对绝症患者进行家访等方式体现出来。人们从事志愿服务工作有多种不同的动机，例如个人的价值观，获取知识、经验和个人发展，提高自尊，建立和加强社会关系等。提高自尊和个人发展等动机可以预测人们对志愿服务的坚持。另外，让人们将亲社会行为归因于内部动机，可以增强他们再次帮助的可能性。

三、角色认同理论

角色认同（Role identity）指的是个体基于社会结构和社会环境，通过互动行为而建构的认同，它是对某一特定社会地位的特定认同。角色认同由社会结构和个体自我共同形成，某一特定的角色认同代表个体的一个侧面，而所有角色认同的总和就构成了个体。此外，角色认同并不是完全被动的塑造。作为一种社会力量，它会通过对行为的影响来影响整个社会结构。角色认同理论认为，由于自我有大量的角色身份，许多不同的角色身份是按照其重要性等级来进行建构或组织的，因此，角色认同的程度会呈现出一种角色的显著性等级，即在个体的行为选择中，在等级中位置较高的角色会比等级中位置较低的角色更为优先和重要。角色认同的显著性来自个体获得他人支持的程度，承诺这种角色身份的程度，从角色身份中所获得的内在或外在的报酬奖赏，以及对角色投入的时间和精力的多少。一个角色身份越重要，人们在相应情景中就越可能扮演该角色（McCall & Simmons，1978）。

角色认同理论引入了"承诺"这一概念，作为阐述个人与社会纽带连接的工具，承诺表明个体与他人及社会组织的关系，以及对某一特定角色的承担程度。个人承诺某种角色程度越高，就会越多地承担相关责任，对此角色的认同水平也越高，该认同在他的总体角色显著性等级中也就居于越高的位置。如果这样一种认同是基于他人的观念和更大的社会界定，个人就会产生与这些共有观念相一致的行为。同理，个体对某一角色的认同程度越高，这一角色认同越显著，基于这一认同产生的承诺就越多（Stryker & Serpe，1982）。

　　志愿者作为一种新生的社会角色，越来越为人们所熟知和了解。日本有一份对志愿者的调查发现，对志愿者的角色认同程度可分为三种类型。第一类是"专业的"志愿者，他们把自己人生的大部分时间都奉献给了志愿服务，并把志愿者角色看作主要角色，而把正式工作和家庭放在第二位。第二类是把志愿服务当作第二职业的志愿者，他们把重点放在自己的工作和家庭上，但他们不用经过太激烈的思想斗争就能找出时间来从事志愿服务工作。第三类是"一般性志愿者"，他们不太重视志愿者的角色，而是把志愿服务放在次要的位置，这类志愿者没有连续性地投入志愿服务中（缪其克、威尔逊，2013）。角色认同理论认为，如果某一角色认同是被他人认可，并在更宽泛的价值体系中得到积极评价，那么这一角色认同将在认同显著性等级中得到提升。个人借助围绕角色建立的社会网络不断确认自身角色，当这一社会网络扩大、展开时，该角色认同就会在显著性等级中居于较高的位置（Sheldon & Burke，2000）。因此，公众对志愿者角色的认可和社会认同，会在很大程度上影响志愿服务事业的参与人数及可持续发展。志愿服务人人可为、事事可为、时时可为，志愿者角色已经成为人们职业角色之外的另一种社会角色，志愿服务也成为人们的一种生活方式。

四、公共治理理论

公共治理理论作为一种新型的公共管理理论，是对作为传统公共管理理论的公共行政理论进行反思和批判，并且对新公共管理理论和新公共服务理论的合理内核进行整合的结果，其核心观点是通过合作、协商、伙伴关系、确定共同的目标等途径，实现对公共事务的管理。

公共治理理论的主要内容包括：

（1）公共治理是由多元的公共管理主体组成的公共行动体系。这些公共管理主体不仅包括几乎长期垄断公共管理主体地位的政府部门，而且包括诸如私营部门和第三部门等非政府部门的参与者。不同的治理主体具有不同的资源和优势，通过合作和互动，可以更好地实现公共利益最大化。

（2）公共管理的责任边界具有相当的模糊性。传统上法律和制度规定由政府承担的公共管理责任呈现出交由非政府组织和个人来承担的趋势。

（3）多元化的公共管理主体之间存在着权力依赖和互动的伙伴关系。公共管理主体间的权力依赖是指参与公共管理活动的各个组织不具备独立解决一切问题所需的充足知识和资源。伙伴关系主要有三种：主导者与职能单位之间的关系、组织之间的谈判协商关系、系统的协作关系。

（4）公共管理语境下的公共治理是多元化的公共管理主体基于伙伴关系进行合作的一种自主自治的网络管理。

（5）公共治理语境下的政府在社会公共网络管理中扮演着"元治理"角色。公共治理理论认为，在社会公共管理网络中，政府虽然不具有最高的绝对权威，却承担着建立指导社会组织行为大方向的行为准则的重任，被视为"同辈中的长者"。

志愿服务是现代公民参与公共治理的一种途径。志愿者可以通过参与志愿服务活动，为社区、社会或环境等公共利益做出贡献，同时也可以提高自己的公民意识和参与能力。此外，志愿服务也可以为公共治理提供一定的支持和补充。志愿服务组织可以在一些领域提供政府无法提供的服务，如社区照顾、教育、环保等。志愿服务组织的存在和发展，也可以促进政府和社会组织之间的合作和互动，提高社会治理的效率和质量。

第三节 志愿服务的功能与价值

志愿服务的魅力在于其能够广泛动员社会各方面力量，为需要帮助的人们送去关爱和温暖。个人的点滴善举积累起来，会产生令人意想不到的积极效果。每一个志愿者的无私奉献，都是在为社会播撒爱的种子。本节将会详细阐述志愿服务的具体功能和价值体现。

一、志愿服务的功能

作为文明社会不可或缺的有机构成部分，志愿服务是推动一个国家或地区经济社会可持续发展的重要力量。一般而言，志愿服务的功能是指志愿服务事业发展所带来的正面效应和积极影响，可从个人层面、组织层面和社会层面三个维度来理解。

（一）个人层面

1. 提升道德修养，满足精神追求

志愿服务作为一种自发的、无偿的、公益的活动，其所秉持的"奉献、友爱、互助、进步"的志愿精神对于提升个体的道德修养有着积极的作用。志愿者既可以通过参与志愿服务活动为他人和社会带去帮助,也可以让自己的心灵在道德上得到满足与升华。正所谓"赠人玫瑰,手留余香",志愿服务正是从人们日常服务群众之"小善"着手,实现了"我为人人,人人为我"的大善大德。志愿者服务于他人、服务于社会,同时不断地净化自己、完善自己、革新自己、提升自己。更重要的是,这种基于志愿者个体自主选择和主观追求的行为,是一种公共精神和社会良知的彰显,使个体的精神世界得到极大的丰富和满足。

2. 学习知识技能,提升个人能力

一方面,参与志愿服务能够使个体的兴趣爱好、理论知识通过实践活动的形式得到生动展现,激发他们的学习兴趣和创新热情,促使个体自发学习和钻研技能。另一方面,公众参与志愿服务能够积累更多实践层面的经验,通过志愿服务活动大大提升自己的专业技能水平,强化自己对专业知识的理解,进一步促进自身知与行的统一。此外,志愿服务本身也会通过培训的形式来提升个体的知识技能和规范性。

3. 增强社会交往,拓展人际关系

随着城镇化进程的加快以及社会经济的快速发展,社会基于地域、血缘的关系网络结构已经逐渐松动,社会的流动性逐渐增大,人与人之间的陌生感不断增加,大部分人也因为固定的职业工作而被限制在狭小的交际范畴内。而志愿服务实际上提供了一个难得的人与人互动交往的机会,志愿服务作为志愿者个体身体力行的活动,其本身是与人打交道的过程。来自不同的领域,拥有不同的职业、特质、能力和专业的志愿者通过参与志愿服务相互熟悉、增进了解。

4. 丰富人生阅历,增强社会责任

每个人的工作角色都有一定的限制,工作视野也只有一定的范围,而参与志愿服务活动，能丰富生活的内涵，延伸生活的触角，让自己视野开阔、经验丰富。参与一次志愿服务活动就好像经历一段新的人生旅程。志愿服务是一种利他行为，个人在志愿服务过程中可以通过帮助别人获得更多的成就感和愉悦感，并将这种友爱互助的行为当作个人责任担当。

5. 提升自我价值，促进自我实现

自我实现需求作为最高层次的需求，是指实现个人理想、抱负，最大程度发挥个人的能力，达到自我实现的境界需求。而志愿服务是个体发自内心、心甘情愿的投入，是自愿的付出，是个人自由意志的选择，是喜欢做、愿意做的，不是任何威慑强迫的作为。志愿者可以从工作中获得成就感和满足感。正是在自己所投入的志愿服务中，个体实现了自己的价值。

6. 提升个人幸福，促进身体健康

研究发现，参加志愿服务的人更可能表述自己是愉快的。如奥运会志愿者奉行的"我奉献、我快乐"的精神，既鼓舞着服务对象，也鼓舞着团队的成员。因为帮助了别人和对公众利益有所贡献而"感到温暖"。此外，对于中老年人来说，参与志愿服务有利于良好心理健康状态的保持，有助于提高总体健康状况、心理健康和主观幸福感。

（二）组织层面

1. 从党和政府的组织视角来看，志愿服务是推进服务型党组织和服务型政府建设的重要途径

志愿服务的精神价值与党的群众路线教育实践活动是相辅相成的。志愿服务为推进党的群众路线教育实践活动提供了具体的实践路径，进一步巩固了党同人民群众的血肉联系。广大党员参与和投身志愿服务，

在志愿服务的大舞台上做表率，行善立德，以形象感染群众、以服务温暖群众、以真情关爱群众，这是我们党的先进性和共产党员先锋模范作用的生动和现实体现。为了加强基层服务型党组织建设，各地已经把志愿服务纳入基层党建范围，充分发挥骨干党员带头作用，深入基层、深入社区开展工作。

此外，志愿服务对于服务型政府建设也起到巨大的推动作用。志愿服务的理念、精神与行动方式对于提升政府的治理水平具有重要的借鉴意义。一方面，志愿服务事业的发展使得政府重新审视政府与社会的关系，认识到曾经政府管了许多"不该管""管不好""管不了"的事，以此合理界定政府职能，明确政府职能边界；另一方面，服务型政府以服务为宗旨，志愿服务中的平等意识、责任意识、奉献意识对于政府公职人员行为方式与政府治理方式的转变具有重要作用。

2. 从市场组织视角来看，志愿服务是企业履行社会责任的重要形式，促进了企业公共形象和美誉度的提升

志愿服务为企业履行社会责任提供了重要方式。早期古典经济学认为，企业唯一的任务就是在法律允许的范围内，在经营中追求利润最大化，如果做到了这一点，企业就实现了其最主要的责任。随着社会的发展和商品经济的日益成熟，传统的以逐利为核心的粗放型经济发展模式已成为历史。20世纪50年代以来逐渐兴起的企业社会责任理论和企业公民理论则为企业公益行为提供了理论支撑。在企业公民的视角下，权利与义务是相辅相成的，企业在实现自身盈利的同时，也需要履行环境保护和社会发展的义务，从事公益行为则是履行这种义务的一种途径。在现代社会中，志愿服务是企业公益行为的一种主要表现形式。

志愿服务能够为企业公共形象的塑造营造良好的社会氛围、树立良好的受众群体认知。企业是社会的一部分，它们的行为和形象会直接影

响到公众对其的认识和评价。通过参与志愿者服务活动，企业能够展示出对社会的关怀和责任感，进而获得公众的好评和支持。此外，志愿服务也促进了企业内部的发展。志愿服务能够提升员工认同，打造企业文化，加速团队融合。在员工个人层面价值提升上，志愿服务能够提升工作技能，拓展交往空间，帮助自我实现，促进个人的成长成才。

3. 从慈善组织视角来看，志愿服务拓展了慈善组织的组织资源和服务领域，促进了慈善组织的内部建设，满足了慈善组织的转型和发展需要

首先，志愿服务为慈善组织提供了重要的人力资源支持。慈善组织的初创期，常会面临人手不足、资源匮乏的困境，严重制约了组织的发展。此时，志愿服务的重要性就凸显出来了。志愿服务与广大人民群众的生活息息相关，吸引着大量的参与者。它还具有极强的影响力和号召力，是联系、组织和动员群众的有效途径。因此，志愿者通过慈善组织的平台参与志愿服务，对于慈善组织顺利开展工作、扩大组织规模、节约运营成本，具有积极的促进作用。

其次，志愿服务能够丰富慈善组织的服务领域和服务项目，增强慈善组织的生命力和影响力。例如，一些慈善组织可能只关注某些特定方面的问题，如教育、环保或健康等，但是通过招募志愿者来协助组织开展工作，可以帮助慈善组织扩大服务范围，开拓新领域，从而更好地满足社会需求和回应社会问题。同时，志愿者的参与也可以为慈善组织注入新的活力和创造力，促进组织的创新和发展。

最后，志愿服务有助于增强慈善组织内部建设。随着志愿服务事业迈向专业化、常态化和制度化，慈善组织需要规范科学、运作有效的管理方式来进行组织化的管理，这里面包括有效的人力资源管理、培训管理、财务管理、项目管理等，以进一步推动慈善组织的建设和发展，提

升组织内部的治理能力。

（三）社会层面

1. 满足多样化的需求，弥补政府服务和市场服务的不足

随着经济社会持续发展和物质生活水平不断提高，公众的服务需求日益增长，呈现出多层次、多形式、多样化的特点。单纯依靠政府和市场供给已经难以满足社会多样化的公共服务需求。志愿服务作为社会治理的补充力量，有效弥补了政府机制和市场机制的不足。其一，志愿服务以其独有的方式为社会提供大量服务，这些服务在一定程度上弥补了社会保障在资金和服务人员的数量、质量方面的不足，满足了社会群体对社会保障的需求。其二，志愿服务组织在组织体制、组织结构以及活动方式上有较大的弹性，能够根据不同地区、不同领域、不同人群的需要及时做出调整。形式多样的志愿服务有助于完善社会公共服务，完善社会保障体系，保证社会和谐稳定。

2. 倡导良好的社会风尚，营造宽容、友爱、和谐的社会氛围

人人独善其身谓之私德，人人相善其群谓之公德。对于社会而言，志愿服务所提倡的诚实、奉献、友善、博爱、宽容、爱国的公民美德就是一种公共的善。志愿服务作为公民道德教育的一种实践形式，克服了传统的灌输式教育模式难以有效体验道德情感、内化道德信念的局限性，转向一种实践性的生活教育模式，使得人人都能在志愿服务实践中奉献社会、服务他人，了解社会、感受生活，进而促进良好社会道德风尚的形成。正是志愿服务这种行善立德、无私奉献的精神，使得向上向善在全社会蔚然成风。譬如：在扶贫助弱中，志愿者会产生"恻隐之心"和"心忧天下"的社会责任感；在与同伴的合作共事中懂得友爱互助；在受助者感激的目光中感受到"赠人玫瑰，手有余香"的欣悦，体

会到尊重与信任的意义。因此，志愿服务作为一种道德实践，大大提高了道德教育的实效性。此外，志愿服务在增强参与者社会公德意识的同时，也激发了社会大众奉献爱心、服务社会的意愿，在社会上倡导了奉献、友爱的社会风尚。

3. 增强公众参与公共事务的意识，有效推进民主社会的发展

志愿服务是公民社会发展的一种重要形式，反映了社会成员自我组织和参与公益活动的意识和能力。通过参与志愿服务，人们可以更好地理解公共事务，提高参与意识和能力，进而促进民主社会的发展。现代志愿服务强调自主、自愿，既为公众提供了一个参与社会公共生活、培养主体意识的渠道，也为志愿者提供了一个获得成长和发展的机会。参与志愿服务可以使志愿者更好地关注公共事务，同时也能够促进志愿者参与公共事务权利的实现，从而提升整个社会的参与意识和程度。近年来，随着志愿服务事业的不断发展，其范围从传统的社区服务、扶贫助弱向环保、政策参与等领域不断延伸。这不仅扩大了志愿者参与社会公共事务的广度和深度，还让参与者在广泛参与社会公共生活中增强了权利意识和参与意识。通过参与志愿服务，人们不仅能够为社会贡献自己的力量，还能提高自己对权利和义务的认知，从而更积极地参与到社会建设中。

4. 推动社会合作网络的构建，促进社会全面合作的发生

随着全球化、后工业化进程的不断推进，诸多社会问题呈现出高度复杂性、高度不确定性和高度风险性等特点，人类要应对这些问题就必须构建开放合作的社会网络。而志愿服务通过一次又一次的合作行动，不断强化了人与人之间的信任，从而构筑起越来越广泛的社会联结网络，人们在这一开放流动的社会网络中共享社会资源、提升知识技能，从而完成共同的目标和任务。例如，联合国志愿人员组织、国际志愿者

协会以及英国海外志愿服务社等众多国际知名志愿服务组织跨越了地域和国界,在全球范围内招募志愿者,搭建了一个国际化的开放社会网络,各国的社会资源在这一网络中实现了互通和流动,通过志愿者的合作行动,解决了人类面临的共同问题。我们相信,随着现代信息科技的蓬勃发展和社会信任体系的不断完善,全球社会的信任度会得到极大提高,组织形式最终将不再是社会行动的合法性来源,志愿者可以在无组织的任务型团体中完成志愿服务工作,最终实现人与人之间合作的流动性。可以预见,随着志愿服务的不断发展,每个人都可能出现在合作行动中,一个崭新的合作社会就要来临,而志愿服务恰恰是合作社会得以构建的一支重要的社会推动力量。

二、志愿服务的价值

志愿服务的重要使命在于解决社会问题、满足社会服务需求以及建设一个文明程度和公共精神层次较高的现代化社会,具有重要的经济价值、精神价值、文化价值与社会价值。

（一）经济价值

虽然志愿服务不以任何物质回报为前提,具有无偿性和公益性的特点,但志愿服务作为市场经济环境中的一种社会经济活动,具有重要的经济价值。特别是在劳动力市场的供给上,志愿者是一种重要的人力资源补充。许多社会公益活动和大量的非营利组织愿意让志愿者参与其中,从而获得人力资源方面的支持,大大地节约了成本,为社会直接或间接地创造出价值与效益。如在大型活动中,通过志愿者提供无偿服务,可以降低运作成本,提高经济效益。

数据显示,自 2013 年以来,我国志愿者贡献价值平均每年增长近

190亿元，2015年突破500亿元，2020年破1000亿元，至2022年达到1915亿元，是2013年的7.91倍，同时也超过了当年的现金捐赠金额。志愿者服务贡献的经济价值及其所积极参与的社会捐赠、承担志愿服务成本等其他隐性经济成本，已经使得志愿者成为当前第三次分配的主力军。2022年，我国志愿服务对国内生产总值（GDP）的贡献达到15.82‰，志愿者贡献价值占第三产业的29.98‰。2022年志愿者的服务相当于为社会无偿提供了超过200万名全日制雇员，而这些全日制雇员人数占社会组织从业人数的近两成。[①]

（二）精神价值

1.志愿服务有利于增强公众的社会责任感，树立利他的公共精神

志愿者个人以自愿和不计物质报酬的方式为他人和社会提供服务，体现出一种奉献精神。在不计报酬、不求名利、不要特权的情况下，志愿者将关爱传递给他人，不仅增进了人与人之间的关系，而且促进了社会的和谐发展，这种精神价值的引领对于我们应对转型时期的社会问题极为有益。随着我国从工业化社会向后工业化社会的转型，基于血缘和地域关系而结成的传统熟人网络被打破。在工业化社会中，每个人都是一个原子化的个体，人与人之间的疏离感、冷漠感不断增加，社会关系网络也逐渐从原先的熟人社会转向陌生人社会。在这样的情形下，我们需要形成互相尊重、互相帮助、互相友爱的社会氛围，激发社会发展的正能量。志愿服务作为现代社会文明的重要标志，其所弘扬的"奉献、友爱、互助、进步"志愿精神将成为公众道德素质的重要价值引领。它将激发志愿者乃至更多其他公众的关爱之心，使大家积极参与各类公共

[①] 数据来自"2013—2023：中国志愿服务发展指数十年数读（简报）"，北京惠泽人公益发展中心微信公众号，https://mp.weixin.qq.com/s/qXaOXXsMiCgWQvY5q8RkOQ。

事务，既用行动帮助受助者，也将这份社会情感默默地传递给服务对象与周围群众，让社会充满阳光般的温暖。这种奉献与真心付出的过程体现了公民社会责任与利他主义精神。

2. 志愿服务有利于巩固社会主义核心价值观，增强社会凝聚力

志愿服务是倡导社会主义核心价值观的有效载体和重要抓手。尽管志愿服务最先起源于西方国家，但其倡导的"奉献、友爱、互助、进步"志愿精神与社会主义核心价值观的基本内涵十分契合。"奉献"强调甘于付出，不求回报；"友爱"强调与人为善，平等尊重；"互助"强调互相帮助，助人自助；"进步"强调自己进步，社会进步。志愿服务倡导维护社会的稳定、公平和公正，提倡团结互助、扶贫济困的良好风尚，倡导追求平等友爱、融洽和谐的人际关系。这充分诠释了社会主义核心价值观的基本内核，是社会主义核心价值观的具体化表现。"志愿服务"直白、浅显的表述便于公众对社会主义核心价值观内涵的理解，对社会主义核心价值观深入人心具有潜移默化的推进作用。志愿服务的社会实践活动，介入生活的方方面面，能够促使人们在践行的过程中体验并逐步认同社会主义核心价值观，这为社会主义核心价值观的培育与践行提供了实践支持，能够对社会主义核心价值观理论的实践起到诠释与推进作用，能将社会主义核心价值观从理论层面外化为道德实践，为整个社会培育和形成良好的社会风尚形成积极的社会示范效应。

3. 志愿服务有利于推动社会主义精神文明建设，促进人的全面发展

志愿服务是社会文明进步的重要标志，是加强精神文明建设、培育和践行社会主义核心价值观的重要内容。党的二十大报告提出："完善志愿服务制度和工作体系。"党的十八大以来，以习近平同志为核心的党中央高度重视学雷锋志愿服务，广大志愿者、志愿服务组织、志愿服务工作者积极响应党和人民号召，弘扬和践行社会主义核心价值观，走

进社区、走进乡村、走进基层，为他人送温暖、为社会做贡献，充分彰显了理想信念、爱心善意、责任担当，成为人民有信仰、国家有力量、民族有希望的生动体现。此外，更为重要的是，人在参与志愿服务的过程中是自主全面发展的个体。志愿服务是平等的、自由的。不管人们的社会身份、年龄、性别、宗教信仰等存在多大的差异，从事志愿服务时，他们都只有一个平等的身份——志愿者。每个人都在分享关爱、分享信任、分享真诚，在志愿服务精神的涵养中都得到了道德素养的提升，使自己更加全面地发展。

（三）文化价值

1. 志愿服务创造了物质形态的文化实体，丰富了志愿文化的内容

物质形态的志愿文化通常是志愿服务在发展过程中已经显现出来的或正在显现的物质载体。它是整个志愿文化最直接、最形象的表现形式。例如，志愿服务中的口号、标识、徽章、旗帜、吉祥物、服装、歌曲等等，都是人们可以直观感受和体会到的志愿文化。显性的志愿文化非常重要，不仅传承和表达了志愿服务精神的内涵，更增强了志愿者对于志愿文化的了解与认同，从而产生强大的凝聚力和吸引力，让更多的人亲身体会志愿文化。

2. 志愿服务促进了公民道德的养成，提升了个体的文化涵养

志愿服务在公民道德素质建设中起着至关重要的作用，特别是志愿服务所体现出的行善立德、服务社会的理念，对于个体世界观、人生观和价值观的树立，理想信念的导向，个体人格的塑造具有重要意义。正是在这些志愿文化的熏陶和感染中，更多的志愿者、更多的个体不断地提升自己内在的精神文化需求和文化涵养，使道德规范内化于心。此外，志愿服务以行动的方式将其文化蕴含在我们的日常生活、一举一动

之中，特别是在传统道德规范受到冲击、公民道德素质有待提高的背景下，志愿服务关爱、互助的思想内核有力地激发了公众自发和自觉的行为，使其进一步提升和升华了自身的精神境界。

3.志愿服务推动了不同国家、不同民族文化之间的交融

志愿服务既是人与人之间双向互动的文化交流活动，也是地区与地区之间、国家与国家之间的文化交流。如今志愿服务的发展呈现出民族化和国际化的特点：一方面，不同地域之间、不同民族之间的志愿服务活动越来越频繁，志愿服务增进了各民族之间感情的交流交往，促进了民族团结、民族和睦。例如，"民族志愿服务站"为各民族同胞搭建了互动互助的平台，也成为民族团结的"交流站"，进一步营造了"中华民族一家亲"的良好社会氛围，促进各族群众交往交流交融。另一方面，国家与国家之间的志愿服务活动越来越频繁，各国政府大力发展海外志愿服务，将海外志愿服务作为体现国家意志、展示国家形象的手段，体现了国际志愿服务与国家战略高度协同。国际志愿服务成为国家公共外交的一张崭新名片，长期的志愿服务活动的开展更是促进了不同国家的文化交流。

（四）社会价值

1.志愿服务优化了社会基本公共服务的供给，提升了公共服务供给的质量和效果

首先，志愿服务能够降低民众享受公共服务的门槛。志愿服务相比于政府服务和市场服务供给的优势在于：志愿服务的普遍性使服务对象能够扩展到政府服务所不能覆盖的领域；志愿服务的无偿性使服务对象能够得到其经济能力负担不起的服务项目帮助；志愿服务属于公共物品，使服务对象能够得到市场不生产的产品或服务。此外，政府也采取

了开放态度,招募大量志愿者参与公共部门的管理运行,以优化公共服务质量。其次,志愿服务能够提升公共服务满意度。传统意义上公共服务的供给具有单一性、选择性的特点。志愿服务凭借非营利性、公益性等优势,成为公共服务供给"政府失灵""市场失灵"的有益补充,有效地提升了公众的满意度。最后,志愿服务能够优化公共服务供给的效果。志愿服务活动关注公共服务供给的"最后一公里"问题,优化公共服务提供方与受众个体的链接渠道,提升了公共服务有效到达服务对象的效果。

2. 志愿服务促进了社会的公平正义,有效缓解了社会矛盾

一方面,志愿服务能够关注地域发展之间的差异性,致力于消除贫困。例如,世界范围内通过志愿服务促进和平与发展的联合国机构——联合国志愿人员组织(UNV)。目前,联合国志愿人员组织已经成为联合国系统内最大的直接向发展中国家输送各种行业高、中级专业技术志愿人员的组织。该组织的宗旨是向发展中国家提供积极有效的援助,以支持全人类的可持续发展。联合国志愿人员组织建立了具备相关领域经历的志愿者人才库,覆盖了100多个专业领域,包括规划或项目发展、行政、传播、社区发展、复员及安置、灾害防治、人道主义及民政事务、工程、环境、医疗卫生、人权、后勤及选举支持等领域。另一方面,志愿服务能够关注阶层之间的差异性,关注弱势群体,促进社会平等。例如,共青团中央发起的关爱农民工子女志愿服务项目,面向进城务工人员子女等城市弱势群体开展服务,志愿服务团队通过与农民工子女较集中的小学结对帮扶、长期服务,通过志愿读书会、参观博物馆、快乐运动、成长话题讨论等活动,服务城市低收入人群子女。

3. 志愿服务促进了公民的社会参与,推动了社会和谐发展

其一,志愿服务是公众易于参与、乐于参与的社会服务形式。志愿

服务是自愿、公益、无偿的行为，而非一种职业，涉及领域十分宽泛，形式比较灵活，从普通公众到专业人员都能成为志愿者，都能在志愿服务中找到适合自己的领域。并且，参与志愿服务能够提升志愿者的荣誉感和成就感，有助于志愿者提升工作和劳动技能，拓展人际交往领域。其二，信息技术的发展使公民参与志愿服务更加便捷。通过互联网和移动设备，人们可以轻松地找到适合自己的志愿服务项目，并通过在线平台申请和报名参与。此外，数字化管理系统也提高了组织和管理志愿服务活动的效率，使更多的志愿者和组织可以参与其中。

4.志愿服务促进了人与人之间的交往，增进了社会的信任

志愿服务是社会组织的行动核心。志愿者通过帮助他人、服务社会，加强了人与人之间的交往与关怀，消除了彼此间的疏远感，促进了社会的和谐。通过共同参与志愿活动，不同社会群体与阶层之间加强了相互了解和沟通，缓解了社会矛盾，增进了社会信任，对社会问题的消解发挥了积极作用。志愿服务可持续发展有助于形成互惠、诚信、合作的行为品质与价值规范，有助于强化一个国家或地区的社会资本，进而增强社会信任，改善社会行动。

本章小结

志愿服务在不同的社会环境和不同的历史阶段有着不同的意义，其基本特征为自愿性、无偿性、公益性和组织性，其本质特征包括行动属性、行动方式以及行动意义三个方面。志愿服务自出现以来，受到了心理学、政治学、管理学等诸多领域学者的广泛关注，其中具有代表性的理论有需求层次理论、亲社会行为理论、角色认同理论和公共治理理论。作为现代文明的重要标志，志愿服务对于推动社会的可持续发展具

有重要功能，具体可以从个人层面、组织层面和社会层面三个维度来理解志愿服务的功能，其价值体现在经济价值、精神价值、文化价值与社会价值等方面。

案 例

新时代文明实践所(站)的志愿服务生产机制①

2018年7月，中央全面深化改革委员会审议通过了《关于建设新时代文明实践中心试点工作的指导意见》，该文件提出"试点工作以全县域为整体，以县、乡镇、村三级为单元，以志愿服务为基本形式，打通城乡公共文化服务体系的运行机制"，在县一级成立新时代文明实践中心，在乡镇一级成立新时代文明实践所，在行政村设新时代文明实践站，新时代文明实践中心（所、站）的主体力量是志愿者，主要活动方式是志愿服务。

S镇的文明实践所（站）便是在这一背景下建立起来的。只不过S镇并没有把文明实践志愿活动仅仅局限于公共文化领域，而是借机盘活资源，组建志愿服务队伍，将志愿服务范围由公共文化扩展到健康养老、扶贫救弱、农技推广、社会治理、应急救援等领域，将文明实践所（站）建设成为集非基本公共服务于一体的"集装器"式综合服务平台。

---

① 本案例主要参考吴理财、罗大蒙：《志愿服务"集装器"：基层公共服务资源整合及其生产机制——以皖北S镇"新时代文明实践"为例》，《求实》2022年第2期。基于教材体例及教学需要有所改动。

一、整合志愿服务资源

1. 阵地资源整合

S镇形成了镇、村两级联动网络,打造了"实践所—实践站"两级服务阵地。在镇级层面设立了新时代文明实践所,由镇党委书记担任所长。实践所内含志愿者服务站、移风易俗办公室、扫黄打非办公室、广播室、技术讲座室、道德讲堂、青年儿童文体娱乐室、图书室、体育锻炼室、残疾人康复室等。18个村设立了新时代文明实践站,由村党组织主要负责人担任站长。实践站按照"十有"标准进行了统一场景打造,做到了"有机构、有标识、有场所、有制度、有计划、有队伍、有经费、有培训、有活动、有成效"。

2. 平台资源整合

S镇按照"公共资源群众共享"的原则,积极盘活整合各类公共服务平台资源。以镇文明实践所作为志愿服务活动总阵地,打通道德讲堂、村(社区)级组织活动场所和综合服务等,建立理论宣讲平台;打通文化站、农家书屋等,建立文化服务平台;打通科普活动室,建立科普服务平台;打通青少年校外活动场所、儿童活动中心,建立教育服务平台;整合镇、村(社区)文体场所,建立健身体育服务平台。多个平台通过资源整合,实现了"资源围绕阵地转,阵地围绕群众转"。服务平台均由镇新时代文明实践所负责建设管理。

3. 队伍资源整合

镇级层面组建了"S镇文明实践志愿服务支队",镇党委书记、镇长担任支队长,司法所、民政办、信息文化站、妇联、农综站、畜牧站、环保站、团委、文明办、宣传办、市场监管所、交警中队、卫生院、党校、中心校等部门负责人均被吸纳进志愿服务队,便利了部门资源的统筹利用和优化整合。村级层面成立了"志愿服务小分队",村党组织书记担任分队长。此外，为了开展特色志愿服务和发挥专业特长，按照"技术服务、文艺演出、社会关爱、生活服务、科技教育"等领域分别成立了特色志愿服务队，如法治教育志愿服务队、科技教育志愿服务队、文艺演出志愿服务队等。S镇积极动员和鼓励机关党员、基层干部、先进人物、新乡贤、社会工作者、"五老"（老党员、老专家、老教师、老战士、老模范）和"五青"（青年学者、青年文体工作者、青年创业者、青年教师、青年学生）人员等参加新时代文明实践志愿服务队。同时，S镇还支持社会公益机构、社会团体组建志愿服务队，充分发挥联系、服务、宣传和教育群众职能，打造扎根群众身边的新时代文明实践志愿服务队伍。全镇现有志愿服务队50余个，注册志愿者已达800余人，为民众提供环境整治、医疗健康、社会关爱、安全科普、文化宣传、政策宣讲、法治教育等社会服务。

二、生产基层公共服务

1. 点单式服务：新时代文明实践志愿服务的精准化

S镇新时代文明实践推出"农民点单—实践所派单—志愿者接单"的服务供给机制。农民借助"智慧云"、手机、微信等对所需服务进行下单，文明实践所（站）便会根据需求事项类别向相应志愿服务团队"派单"，志愿服务队"接单"后组织志愿者制定服务方案，安排服务活动。大到文艺演出、技术服务、移风易俗、环境保护，小到打扫卫生、修理家电、购买生活用品等，群众一个电话、一个需求单，志愿者便提供一对一服务，使服务更加精准。志愿者每月"接单"服务数均在100件左右。服务质量接受农民监督和考评，农民可以直接利用手机在"智慧云"平台对服务活动和志愿者进行打分。

同时，S镇扎实做好志愿服务下沉，打通公共服务的"最后一百米"。一是组织下沉。S 镇的 18 个行政村和社区均设置了新时代文明实践站和志愿服务分队，在村组也建立了志愿服务小组，实现了文明实践所（站）和志愿服务组织的全覆盖，为下沉服务奠定了组织基础。二是人员下沉。志愿者一般都是生活在村组或社区，是农民身边的"熟人"，农民能够很方便地找到志愿者，志愿者也能够快速地响应农民需求并及时提供服务。不在村组的志愿者，接到需求单也会很快上门服务或提供电话咨询服务，满足群众的合理服务需求。

2. 项目式服务：新时代文明实践志愿服务的常态化

根据群众需求，S 镇文明实践所（站）依托志愿服务团队，开展了系列特色化、个性化志愿服务项目。志愿服务团队每月均会进村入户为群众提供环境整治、群众健康、社会关爱、安全科普、文化宣传、政策宣讲、法治教育等公共服务，其中群众反映较好的服务项目，S 镇新时代文明实践所（站）便将其列入志愿服务的常态化清单，推动志愿服务向规范化、常态化、品牌化发展。常态化的志愿服务项目也会根据民众反馈的情况进行动态调整，以保证服务的质量和效果。

为推进志愿服务工作的有序开展，S 镇将志愿服务工作方法提炼为"讲、评、帮、建、送"五个方面。"讲"，即把脱贫攻坚、乡村振兴、致富兴业、农村改革、民生保障、生态环保等与群众利益密切相关的政策讲清楚、讲明白。"评"，即发挥红白理事会、道德评议会、村民议事会、志愿者协会等社会力量的作用，开展"文明创评"，褒奖善行义举，惩戒道德失范行为。"帮"，即聚焦敬老爱老、环境整治、文明创建、美丽新村建设、文艺惠民、技术支持等群众实际需求和困难，党员干部和志愿者队伍主动登门，开展解困扶难服务活动。"建"，即依托新时代文明实践站所（站），充分整合、盘活各类公共服务阵地资源，建设集理论宣讲、道德教化、文化传承、新风弘扬、文明健身、技术培训等多种功能于一体的综合服务平台。"送",即 S 镇志愿者积极开展给群众"送技术、送文艺、送科技、送温暖、送政策、送知识、送爱心、送法律"的"八送"活动,每村每月开展活动达 10 次以上。

▲案例分析题

1. S 镇的新时代文明实践所(站)如何吸纳整合志愿服务资源?
2. S 镇如何实现新时代文明实践的志愿服务"集装器"功能?
3. 如何推动志愿服务"集装器"的自主性运作?

▲本章思考题

1. 如何理解志愿服务?
2. 志愿服务的理论基础对于指导志愿服务实践有什么作用?
3. 请举例说明,志愿服务是如何应用某一具体理论的。
4. 志愿服务对于社会有哪些具体功能与作用?

第二章

全球视野下的志愿服务

第二章　全球视野下的志愿服务

1. 了解志愿服务的发展历程。
2. 了解部分发达国家的志愿服务基本概况。
3. 了解部分发展中国家的志愿服务基本概况。
4. 理解国外志愿服务的发展经验。

●志愿服务经历了一个相当漫长的发展和演变过程，不同国家的志愿服务形式在不同的历史时期表现也不尽相同。纵观世界各国志愿服务发展历程，志愿服务在国家地区治理和社会经济发展中扮演着重要的角色，同时也为中国志愿服务的发展提供了可借鉴的经验。本章聚焦全球视野下的志愿服务，主要介绍志愿服务的发展历程，英国、美国和日本等发达国家以及印度、巴西、俄罗斯、南非等发展中国家的志愿服务概况。

第一节　志愿服务发展的基本概况

志愿服务有着悠久的历史，其发展受到历史、政治、宗教和区域文化等因素的深刻影响，其历程大致可分为萌芽、拓展与规范三个阶段。如今，在全球化趋势下，志愿服务从独自探索走向相互借鉴，从被动应付走向主动交流，从特殊心态走向平等合作。

一、志愿服务的发展历程

（一）萌芽阶段

志愿服务这一活动最早可追溯至古罗马时期或早期宗教慈善性活

动，其开展基于古罗马时期的博爱精神和基督教的责任救赎观。当时，人们通过开展利他活动来弘扬宗教的善行（Brilliant，1997）。"志愿者"这一概念最早出现于15世纪，用以指那些自愿参与兵役的士兵，如我们熟知的"志愿军"就源于这一概念。

19世纪初，美国兴起基督教第二次大觉醒运动（The Second Awakenimg），大量基督教徒通过发起广泛的宗教活动抗议黑奴制，这一系列宗教活动也触发了大量社会慈善运动。在那一时期，一批青年基督教徒通过开展社区帮扶发起"基督教青年会"（YMCA），这一组织至今仍活跃在西方发达国家的社会活动中，并提供各类社区志愿服务。1865年，规模最大的国际性宗教慈善组织之——救世军（The Salvation Army）在英国成立。1869年，英国为了协调政府与民间各种慈善组织的活动，在伦敦成立了"慈善组织会社"。1877年，一位曾到英国考察慈善组织协会的美国牧师韩福瑞·哥尔亭在布法罗组织成立了美国第一个慈善组织会社，旨在指导移民们相互帮助，共同克服困难。其后6年内，美国成立慈善组织会社的城市达到25个。

（二）拓展阶段

19世纪末20世纪初，西方国家的社会问题发生变化，社会贫困的原因不再是物质资料的匮乏，而是工业化发展所带来的社会财富的不公平分配、收入的两极分化。西方国家开始通过一系列的法案确定社会福利方案。但人们开始认识到，现实社会中的问题仅仅依靠政府单方的力量是不行的，需要借助广泛的社会力量。于是西方的民间出现了各种各样的改革力量，并逐步汇成一股社会洪流，即"社会正义"运动。政府开始借助各种民间力量和志愿服务来保护社会弱势群体，特别是在第一次世界大战结束以后，借助志愿组织参与国家的重建以及消除交战国之间人民的敌对状态，志愿服务渐渐地受到政府的重视和鼓励。

20世纪初，大量有宗教背景的志愿服务组织纷纷创建，包括国际扶轮社（Rotary International）、国际同济会（Kiwanis International）、国际青少年协会（Association of Junior Leagues International）、国际狮子会（Lions Clubs International）等，这些机构在全球范围内提供儿童福祉、妇女发展、人道主义援助等志愿服务。

1929—1933年全球性经济大衰退期间，志愿服务大规模发展。二战时期，大量志愿服务机构招募并派送志愿者为前线士兵和伤员提供各类志愿服务，包括筹集物资、慰问士兵、照顾伤员等。

（三）规范阶段

二战结束后，志愿服务的工作重心转移到了福利国家建设和全球发展上来，志愿服务组织成为除政府之外的重要力量。志愿服务开始拓展到社会生活的各个层面，并扩大成为一种由政府和私人团体共同支持的广泛性社会服务工作。志愿服务工作的重心不仅在于调整被救助者的社会关系和改善他们的社会生活，更在于调整整个社会结构与社会关系。自此，志愿服务也开始规范化、制度化。

全球化时代，人们对于志愿服务的新认识、新态度相互传播、相互影响，形成接受、支持、参与志愿服务的社会氛围（谭建光，2005），海外志愿服务成为发达国家与地区志愿服务发展的新趋势。志愿服务方面的国际合作于1953年正式展开，不隶属政府或宗教组织的非营利的志愿组织，开始向不发达国家提供技术型志愿者。例如，由美国政府创建的第一个海外志愿服务组织和平队（Peace Corps），从1961年成立至今，在国际志愿服务舞台上发挥着重要作用。志愿团体和志愿者的国际交流、国际合作大量增加，既丰富了志愿服务的内容与形式，也丰富了志愿者的见识，充实了志愿者的素质。

经过这三个阶段，1997年12月20日，联合国大会通过并确定2001年为"国际志愿者年"。将新千年的首年确定为"国际志愿者年"，充分说明了国际社会对志愿工作的重视，也表明了国际社会进一步促进志愿服务事业发展的共同心愿。2000年11月28日，联合国在纽约总部举行国际志愿者年启动仪式，秘书长科菲·安南宣布"2001国际志愿者年"正式启动。同年12月5日，国际志愿者年在大约100个国家正式启动。

当前，志愿服务活动已经成为许多国家加强对公民的道德教育和维护社会稳定的有效形式，而这也正以其突出的社会效益受到这些国家政府的重视，并已逐渐步入组织化、规范化和系统化的轨道，形成了一套比较完整的运作机制。各国各地区逐渐建立和完善与志愿服务相关的各项立法措施，为志愿服务制度化发展提供了基本保障；志愿服务迈向专业化，以应对更加复杂、更加不确定的社会需求；志愿服务走向国际舞台，能源危机、经济建设、环境污染、战争救护、人道主义灾难等国际性问题逐渐成为服务主题。

二、从孤立封闭走向交流合作的志愿服务

志愿服务发展的早期，受到国家、民族、区域封闭的影响，功能的发挥也受到极大限制。特别是不同国家或民族的偏见，制约慈善事业、志愿事业的交流。不仅限制跨国、跨民族的交流，而且限制跨地区、跨社区的交流。所以，早期志愿者的社会事业比较闭塞，服务思维比较机械，也难以扩大志愿服务的影响力。20世纪后半叶以来，全球化趋势改变了这种格局。"今天全球流动和相互联系达到了前所未有的程度，

跨越了几乎完全由民族国家组成的世界。几乎覆盖世界的民族国家和几乎涉及所有领域的全球化同时并存。"各国的志愿者不再是被动应付全球化的冲击,而是主动扩大志愿服务的交流,产生了良好的效果。

首先,从独自探索到相互借鉴。各国各民族的志愿服务,既继承各自的传统因素,如慈善、公益传统、互助传统等,又融合新的现代因素,如爱心奉献、助人自助等。而且,作为伴随现代社会发展和壮大的志愿服务事业,最重要的是不断充实现代因素。然而,一些国家和民族的志愿服务兴起初期,受政治文化和族群习俗的影响,部分志愿者不愿意进行国际交流,而是强调独自探索,因此走了许多弯路;一些国家将志愿服务与政治运动结合,导致了不良后果;一些种族将志愿服务与极端宗教迷信结合,导致了严重恶果。很多国家和民族的志愿者由于不借鉴其他国家、民族志愿者的经验教训,从而使志愿服务的发展历经曲折。在全球化趋势影响下,国家和民族都意识到开放、交流的重要性,这也为志愿者的交流借鉴提供了新的空间。不同国家、不同民族的志愿者,逐渐增加对其他国家、民族志愿服务的了解,借鉴其经验教训,更有利于选择合适的发展途径。

其次,从被动应付到主动交流。全球志愿服务的交流过程也是改变志愿者认识和态度的过程。最初,志愿者往往是在客观趋势的影响下,被动地进行交流。这样,虽然参加了交流活动,但缺乏真正的收获。被动应付的态度有以下表现:一是表面交流,内心抵触和反感。总是认为自己的服务理念、服务方式最好,别人的并不好。二是表面交流,内心却心不在焉。总是欣赏自己的经验,忽视别人的经验。在全球化趋势影响下,各国各民族的志愿者都逐渐明白,交流和学习才能够使团体与个人不断进步,不断掌握新的服务知识、服务技巧。因此,志愿者的交流意识和交流热情都日趋增强。一方面,欧美发达国家的志愿者在世界各地从事志愿服务时，主动与当地居民加强交流，从特殊生活习惯、思维习惯中学习新的因素；另一方面，发展中国家的志愿者也主动与其他国家志愿者交流，借鉴他们的经验教训。而且，如今传播媒介发达，各国志愿者借助网络、电信、书信交流的渠道越来越丰富，通过交流获得的收益越来越多，交流的积极热情越来越明显。

最后，从特殊心态到平等合作。过去，不同国家、不同民族的志愿者在交流中，遇到过心态的障碍。部分发达国家的志愿者自认为是"文明传播者"，态度居高临下、盛气凌人，让别人难以接受；部分发展中国家，特别是中小国家的志愿者也维护自尊，强调本民族的优势与特征，得理不让人。所以，虽然志愿者是出于善良的愿望帮助他人，但由于态度的抵触而难以产生效果。全球化时代，人们对国家之间、民族之间的各种情况越来越了解。那么，相互了解越多，隔阂和障碍就越少，人的傲慢心理就会削弱和减少，有利于志愿者的平等交流。如今，不仅每个志愿者在交流中注意互相尊重、平等对话，而且许多志愿团体重视平等交流的原则，在志愿者手册、志愿者指南等读物中详细列出与其他国家、民族进行交流时注意的事项。所以，发达国家的志愿者在与发展中国家志愿者、志愿服务对象交流时，注意以平等的心态了解和尊重对方的思维习惯、行为习惯；发展中国家的志愿者与发达国家志愿者、志愿团体交流时，注意平等自主地了解和学习对方的经验。平等对话的心态，使各国志愿者从交流中真正互相学习，服务知识和服务技巧获得较大提高。

全球化背景下，志愿服务从封闭转向交流，丰富了志愿服务的内容，扩大了志愿服务的领域，提高了志愿者的素质。

第二节 部分发达国家的志愿服务

如今,作为一种发展途径,志愿服务在发达国家和地区已成为提升社会福利、改善社会福祉的治理工具。作为一种利他行为,源于西方宗教慈善的志愿服务在发达国家与地区的社会生活中已成为一种被普遍接受的生活方式。本节主要介绍英国、美国和日本的志愿服务发展历程与主要特征。

一、英国的志愿服务

(一)英国志愿服务的发展历程

英国志愿服务与从事救济贫困、残障等慈善事业的宗教活动有着长期的历史关联(陈婉玲,2014)。早在公元55年,英国就出现了具有互助互益性质的"友谊社",而到12—13世纪,英国开始出现了正式的志愿活动,非营利医院、民办学校等民间公益事业也在英国得到了一定发展。但从历史来看,直到19世纪,英国志愿者活动才获得了真正的进展。1869年,当时的英国为了协调政府与各种民间慈善组织的活动,在伦敦发起了慈善组织协会运动,不久又发起了"推动小区改造运动",开始把参加此次运动的人称为"志愿服务者",后发展为志愿服务。其他城市也相继仿效,随后又扩展到全英国。

19世纪末20世纪初,英国经济发展缓慢,志愿组织难以解决日益增多的贫困、失业和养老问题,政府通过法案来承担国家改善社会福利的责任。在两次世界大战期间,政府在更大层面上介入社会保障工作,志愿组织在政府的推动下获得了更大发展。大量以民间慈善为宗旨、以公益服务为主业、以志愿参与为特征的民间组织的存在及其作用的发挥，形成了英国政府公共部门与民间组织共同推进公共福利的繁荣景象（丁开杰，2009）。二战结束后，英国逐渐建立起了"从摇篮到坟墓"的"社会保障全面网络"，全面深入地介入社会生活各个领域。受此影响，志愿服务的覆盖范围逐渐缩小，影响力不断削弱，解决贫苦、增加就业等传统领域被政府职能取代，而政府管理不到位的领域则衍生出新的志愿组织，如环境保护和残疾人的生活保障等领域。

20世纪70年代，英国福利国家制度陷入危机。为摆脱困境，英国工党选择走"第三条道路"，与志愿团体开展公共服务合作，极大地推进了志愿服务和志愿组织的发展。政府与志愿组织渐进共生，形成多元互补的格局。此后，在1979年到1997年间，由于受到保守党政府的政策与意识形态的影响，公民社会组织与政府之间的关系受到很大破坏。

自20世纪末以来，"志愿组织从社会福利服务的辅助性部门变成了核心部门"（王名、李勇、黄浩明，2009）。1998年，英国首相托尼·布莱尔、内政大臣杰克·斯特劳和全英慈善组织与政府合作委员会主席肯内斯·斯通共同签署了《政府与志愿及社区组织合作框架协议》（The Compact on Relations between Government and the Voluntary and Community Sector）。这是世界上第一个政府与志愿组织间的合作协议，共有5项准则，分别是资助和购买、政策咨询、志愿、黑人与少数族群组织、社区组织准则，确立了政府和志愿部门之间的合作原则和彼此的承诺。随后英国还签署了地方框架协议——《地方各级政府与志愿及社区组织合作框架协议》。自此，合同合作——政府与志愿组织签订合同，政府出资、志愿组织提供服务——逐渐成为英国政府与志愿组织合作的主流形式（周真真，2020）。

进入21世纪，英国政府适应志愿组织迅速发展的要求，改革落后的监督管理工作，进一步明确参与志愿事业各部门的地位和职责，维护志愿组织的合法权益。英国志愿服务呈现出法制化、规范化、系统化、社区化、国际化的发展趋势。

（二）英国志愿服务的主要特征

1. 政府支持

英国政府有着扶持志愿服务行业的历史传统，是志愿组织稳定可靠的保障力量。政府扶持志愿服务主要通过两种方式。一种是政府以特定公共服务项目外包或直接购买相应的公共服务的方式，为志愿组织注入资金。这类购买主体包括中央政府、地方当局、镇和郊区议会，这类资金通常直接流向志愿组织。政府还在内务部专设第三部门办公室，主要负责民间公益活动和推广志愿服务，评估政府与志愿组织签订公共服务协议的执行情况。为了进一步扩大志愿行业的收入，英国政府持续多年将部分博彩业收入划拨给志愿组织，以帮助其提升服务效率。另一种是政府对志愿组织实施税收减免政策，鼓励公众社会捐赠，充裕志愿组织资金。英国政府既对企业或个人的公益捐助实行减税免税制度，同时针对志愿组织本身实行税收优惠政策。此外，政府还通过表彰在志愿服务工作中做出突出贡献的团体和个人以鼓励志愿服务。每年颁发一次的英国女王奖，代表着对志愿组织的最高荣誉，获奖代表还将受邀参加英国王室的花园聚会，以激励志愿组织提供更好的社区服务（孙雪梅、陈树文，2020）。

2. 法律体系完备

英国有关志愿服务的法律，最早可追溯到1601年由英国女王颁布的《慈善用途法》和《济贫法》。《济贫法》规定以基层组织的教区为单位征收济贫税，救济本辖区没有谋生能力的人。两部法律开启了国家立法救助弱势群体的先河。1834年，英国议会通过了《济贫法（修正案）》，要求只能救济进入济贫院的贫民，但由于济贫院问题百出，在英国引发了极大的争议。经过一百多年的发展，英国形成了以慈善基本法为主体，相关配套法为辅助的立法模式，为志愿服务确立了基本的法律架构。现行法律是以《慈善法（英格兰和威尔士）》（2011年最新修订）、《慈善和信托投资法（北爱尔兰）》（2008）、《慈善和信托投资法（苏格兰）》（2005）为基本法，以《托管人管理法》《慈善信托法》《娱乐慈善法》等为辅助，共同构成了志愿服务的基本法律体系。这些法律明确规定了志愿组织的宗旨和业务范围、登记注册条件、志愿组织的监督制度等内容。在英国，志愿组织在遵循慈善法规定的基础上，对于一些网络筹款、广播电话筹款等特殊方式还需要遵守其他法律条文，这就将志愿行业的活动置于法律体系的框架内，确保其正常合法运转。

3. 社会力量支持

社会力量对英国志愿行业的支持表现在：一是参与服务人数多，服务频率高。英格兰志愿组织理事会（NCVO）公布的《英国公民社会年鉴2023》（UK Civil Society Almanac 2023）显示，2021—2022年度，有超过四分之一（27%）的16岁以上的人至少参加过一次正式的团体、俱乐部或组织志愿者活动。根据英国国家统计局（ONS）的人口估计，这意味着英格兰有1200万人在去年至少正式参加过一次志愿者活动，而英国的志愿者人数估计为1420万人。① 二是公众为志愿组织投入活动资金。据《英国公民社会年鉴2023》显示，2020—2021年度，47%的志愿组织收入来自公众，46%的志愿组织的大部分资金依赖公众。②

---

① 数据来自：英国志愿组织联合会网（https://www.ncvo.org.uk/news-and-insights/news-index/uk-civil-society-almanac-2023/volunteering/#/）。
② 数据来自：美国印第安纳大学礼来家族慈善学院（https://globalindices.iupui.edu/environment-index/downloads/index.html）。

三是大众媒体报道志愿组织活动，吸引公众和政府注意，为其活动提供良好的社会氛围乃至物质保障。英国的《泰晤士报》、《卫报》、英国广播公司（BBC）等知名媒体不仅关注志愿服务的最新进展，还对志愿组织人员的行为进行监督。

二、美国的志愿服务

（一）美国志愿服务的发展历程

美国建国前，美洲的土地上便已经有了志愿服务的萌芽。1620年11月，当第一批英国的清教徒乘坐"五月花"号船来到北美前，他们缔结了"五月花号公约"，表达了人们在一个新的生存环境中对于通过志愿协作以达到互利目的的承诺（高嵘，2010）。这份公约得到了清教教义的支持，在北美殖民地的早期发展中起到了十分重要的作用，使得广大清教徒自觉承担起部分公共责任，比如无偿地为邻居提供建造房屋、收割农作物等服务。这便是早期志愿者精神的萌芽。到建国时，已经有一大批怀有慈善之心的各阶层人士成为最早的志愿服务人员，社区服务和公民参与传统已成为美国公民文化的精髓。

美国建国后的184年内，志愿服务发展较为缓慢，基本是人民自发形成和开展的，具有明显的民间性质，政府只有在特殊情况下才号召公民参与带有一定志愿性质的工作，以满足国家和社会发展的需要（徐彤武，2009）。西进运动时期，拓荒者要与险恶的生存环境搏斗，饥饿、严寒、疾病甚至死亡可能随时降临到他们身上。客观环境迫使他们在竞争的同时，不得不相互协作，培育出一种自发性、主动性的志愿精神。20世纪30年代的经济大萧条时期，失业与贫困成为主要的社会问题，民众在困境中相互帮助，相互支持，表现出了一定的志愿者精神。

从一战结束到二战结束期间,美国过去基于个体之间互相帮助的服务逐步转向依靠政府,但个体之间、组织成员之间着眼于提升社会各方面生活质量,对志愿服务时间、能力、创造性依然保持着强烈的需求。二战期间,美国志愿者参加了政府发起的募捐、宣传等志愿活动,如红十字组织招募了71000名医护人员到战地医院参与志愿服务工作(高嵘,2010)。二战后,大约20万名志愿者参与了助教服务活动,以应对由于战争婴儿的大量降生导致的教室拥挤、师资不足等问题,他们在提高美国战后教育水平方面的贡献不可磨灭。

20世纪60年代起,美国志愿服务无论是在立法还是在志愿服务计划上都取得了巨大的发展。1966年,肯尼迪总统签署《志愿服务美国法》,号召有奉献精神和技能的美国人志愿服务国家,将志愿服务引领到了一个新的水平。1971年,尼克松政府发起了联邦志愿服务计划——ACTION(行动)计划,包括和平运动、寄养祖父母、服务退休行政人员等,还包括了志愿行动交流办公室和全国学生志愿者节目,进一步激发了在解决社区问题方面成千上万美国人的热情和潜力。1973年,美国通过了《国内志愿服务法》,具体规定了志愿服务的定义、目标、管理、执行、拨款、志愿者的权利等方面,从此美国志愿服务有了法律上的依据。1975年,美国洛杉矶开始"第二职业生涯"计划,鼓励退休的专业人士参与志愿服务(Ellis & Noyes,1990)。1990年,《国家和社区服务法案》颁布实施,成立了国家与社区服务委员会,该部法律详细规定了专职和兼职志愿者的工作时间、年龄、报酬和培训要求。1993年,克林顿政府对志愿服务体系进行了改革,通过了《国家与社区服务机构法》,调整了志愿者年龄、服务时限、奖励机制等方面的内容,并提出在各州建立志愿服务委员会。同时新成立了国家与社区服务机构,该机构合并了"行动"和"国家与社区服务委员会"的全部职能。总的来说，这一时期政府通过立法、行政等措施，建立了比较完善的志愿服务法律体系和管理机构。1997年颁布了《志愿者保护法》。2009年颁布的《爱德华·肯尼迪服务美国法》鼓励全美各年龄层的人参与社区志愿服务，重点领域包括救助穷人、改善教育、鼓励节能、加强保健和帮助老兵等，志愿服务立法体系得到进一步完善。

据"全球公益慈善环境指数"（The Global Philanthropy Environment Index，GPEI）2022年报告显示，在新冠肺炎疫情期间，全球范围内美国的志愿服务比例最高，达到22.2%。[①] 美国志愿服务和公民生活研究显示，在2020年9月至2021年疫情高峰期间，美国16岁及以上人口中有近51%（即1.247亿人）以非正式的方式帮助了他们的邻居。2021年，通过奉献自己的时间，美国人创造了1229亿美元的经济价值。[②]

（二）美国志愿服务的主要特征

1. 志愿精神深入人心

早在美国立国时，社区服务和公民参与传统已成为美国公民文化的精髓（Arthur, 2003）。从农业社会到高度发达的后工业化社会，美国的志愿活动一直蓬勃发展，志愿服务成为美国人重要的人生选择。包括志愿组织在内的非营利组织与政府和企业一起，共同构成了维护美国运转的三大支柱，志愿精神已经成为得到全民普遍认可的国家精神。自1992年开始，美国将每年10月的第四个星期日定为全国志愿者活动日。活动日期间，社区志愿服务组织打扫卫生、救助无家可归者，以及修建图书馆等。每年4月还举办全国志愿者活动周，除开展各种形式的志愿服务活动外，还要奖励表现突出的志愿组织及个人。

---

① 数据来自：英国志愿组织联合会网（https://www.ncvo.org.uk/news-and-insights/news-index/uk-civil-society-almanac-2023/financials/where-do-voluntary-organisations-get-their-income-from/#/）。
② 数据来自：美国驻华大使馆（https://mp.weixin.qq.com/s/ghx4Xo0Qpy44IqUHsRA75g）。

2. 社区志愿活跃

美国人有着强烈的社区认同感和归属感，对社区公共事务的参与热情非常高，社区志愿者及社区志愿组织在其中发挥着重要作用。社区志愿组织的宗旨是改善生活和强化社区，利用其组织内部的知识、技能或财富，通过各类服务性行动实现与体现对社会事业的关爱与奉献，或实施与完成对有困难的社会群体及个人的服务与救助（高嵘，2010）。美国社区志愿服务特别注重"社区动员"，鼓励社区成员参与到事关社区的优先事项、资源、需求和解决方案等事务中，通过代表参与、好的治理、建立问责制和实现变革等措施，实现社区居民参与包括志愿服务工作在内的社区公共管理（黄晓鹏，2012）。

3. 各级政府重视

美国志愿服务的发展离不开各级政府的推动与促进。从美国的历史来看，历任总统都非常重视志愿服务，联邦政府在不同时期制定了多种支持培育计划，例如老年志愿服务计划（Senior Corps）、美国志愿队计划（AmeriCorps）及学习和服务美国计划（Learn and Serve America）等，州和地方一级政府也充分利用志愿服务这一载体解决社会问题、回应社会需求。以社区志愿组织的活动资金为例，其60%来源于各级政府的资助，还有30%来源于服务收费，而自行筹集的资金只占10%左右（高嵘，2010）。此外，美国政府还积极出台优惠政策来促进志愿服务的发展。例如，在税收方面，制定优惠政策鼓励企业捐助社区服务事业；对于志愿组织兴办的社区服务项目，政府给予特定的免税政策，服务所得收入不需交税；个人在特定非营利性组织从事志愿服务，其服务时间可以抵税等。

4. 志愿服务法制化

美国大幅度的志愿服务立法始于20世纪60年代以后。美国在

1973年制定了《国内志愿服务法》，除此之外目前的志愿者法律法规主要还包括《国内志愿服务修正法》、1990年颁布的《国家和社区服务法案》、1993年颁布的《全美服务信任法案》、1997年颁布的《志愿者保护法》，以及2009年颁布的《爱德华·肯尼迪服务美国法》。美国在其他的相关立法和政策优惠上都显示出了对志愿者活动的大力支持的态度，对志愿者个人的物质保障方面也有很多相关政策法规。如美国《志愿者保护法》中专门有两条来保证志愿服务人员的权益：一是不得把志愿者与工人混在一起，不得把志愿者当最低工资人来使用；第二，必须保障志愿者最基本权益，比如医疗保障、社会保险要给予，以尽量保障在使用志愿者过程中不出问题。

三、日本的志愿服务

（一）日本志愿服务的发展历程

日本的志愿服务萌芽于20世纪50年代，为保护战后孤儿和促进青少年的健康发展，日本开展了青少年国际志愿活动与保障儿童健全发展的志愿活动。20世纪60年代，经济高速增长带来的污染问题促进了"居民参与型活动"的展开。与此同时，大阪志愿者协会、日本青年志愿服务协会等志愿者支援组织诞生。现在的志愿者中心的前身——善意银行于1962年在德岛县和大分县诞生。

20世纪70年代，随着家庭功能衰退现象的日益严峻，社区政策被引入日本。居民参与社区活动的增加促进了社区志愿者活动的增加，尤其是以残疾人为中心的"从设施回归家庭"改革的开展，促使面向重度残疾人以及老年人的家务、洗浴、用餐等一系列与生活服务相关的志愿者活动有所增加。作为社区志愿者活动据点的社会福祉协议会志愿者中心的数量也随之增加。与此同时,"构建人人都能乘坐的地铁"等社会行动型志愿者活动也相继展开。20世纪80年代,日本行政部门加强了对志愿者支持的方针,提出了重要的促进政策。同时,对应以家庭福祉为重点的政策变化,"居民参与式家庭福祉服务"成为社区福祉政策体系中的主流。1993年,日本厚生劳动省的附属机关中央社会福祉审议会发布了志愿者活动中长期振兴方略,其中特别强调志愿活动要与公私部门进行协作,志愿服务要针对政府公共服务所难以顾及的具有独特性的和个别性的需求,构建公司部门之间新的伙伴关系。

1995年,阪神·淡路大地震被认为是日本志愿服务的元年。在这次地震救援中,日本政府相关方面暴露了制度僵化、动作迟缓等弊端(黄凯频,2008),而民间志愿者以其快速灵活的反应有效提高了救援效率,成为救援中一支不可忽视的力量。志愿服务和相关团体也因此在灾后受到日本国民广泛关注。1998年日本政府推出了《特定非营利活动促进法》(NPO法),给原来已经初具规模的志愿服务团体等非营利组织提供了组织和法律保障。此后,将该法进一步细化,设立了《NPO法人》和《认定NPO法人》制度,强化了NPO法人的自律机制,从而保证志愿服务的健康独立发展。

2011年东日本大地震发生后,日本财务省专门推出了扶持志愿者团体的减税政策:从事灾区支援活动的志愿者团体募集到的善款可以被认定为"指定捐款",按照规定,指定捐款可以享受全额计入损失的税收优惠政策。① 该措施更加直接有力地推动了日本震后志愿者团体的发展。

当前,日本志愿者活动以非营利性社会团体为主要实施主体。截至

---

① 数据来自:日本国税厅(https://www.nta.go.jp/publication/pamph/koho/kurashi/html/04_3.htm)。

2023年底，日本全国共有NPO社会团体50082家。① 政府通过对NPO法人资格的审查与认证，相应予以税收优惠等政策面的支持。同时，在行政层面，地方各级政府通过对志愿者活动的宣传推广、情报信息网络的整备、人才培养等方面的综合体制建设进行全面的支援（胡伯项、刘雨青，2015）。NPO中心的设立逐渐成为潮流，志愿者中心组织也更加完备，相关项目、培训及管理发展科学化、规范化。

（二）日本志愿服务的主要特征

1. 文化基础深厚

与拥有基督教文化的欧美不同，日本志愿精神源自佛教和儒教的影响所带来的慈善理念以及地区共同体相互扶助的理念。这些理念在明治维新后，与慈爱、博爱等西欧的精神理念相结合，被重新引入日本社会，对许多开展社会福利事业的人产生了影响。但是，进入20世纪90年代后，日本关于志愿精神的讨论发生了很大的变化，不再是把志愿者仅当作政府服务的补充或对抗对象，而是更加关注其对人权的思考、与他人关系的建立及非营利性事业开展等方面的特点。

2. 志愿服务类型广泛

日本的志愿者活动类型多种多样，可从主题型及地区型两种方式来分类。主题型多是围绕一个主题，更接近于专业志愿者活动（例如：医院志愿者活动、震灾志愿者活动、自然环境保护活动、青少年国际志愿者活动等）。地区型多是在社区或是市区范围内开展的活动，更具有地区服务性。如：

（1）以老年人和残疾人为对象的活动：在福利设施里开展娱乐活动，外出或业余活动的援助，盲文翻译，手语，朗读等。

---

① 数据来自：日本内阁府NPO（https://www.npo-homepage.go.jp）。

（2）以儿童和青少年为对象的活动：陪儿童玩耍，帮助孩子学习，对不良青少年进行心理辅导等。

（3）保护自然环境的活动：森林保护，海边清扫，可再生垃圾回收，动物关爱等。

（4）艺术和文化活动：美术馆或博物馆的讲解，指路向导等。

（5）活用兴趣及特技的活动：在养老院演奏或表演，园艺、电脑等技术的活用。

（6）支援受灾群众的活动：帮受灾家庭整理房屋，与灾民交流、安抚其情绪，物资分类与组织募捐活动等。

（7）安心、安全的城市建设活动：以居民交流为目的的茶会和沙龙，防灾活动，巡逻，指挥交通等。

（8）社区互帮互助活动：老人交流沙龙，育儿沙龙，为老人提供送餐服务等。

（9）其他活动：国际交流合作活动，募捐活动等。

3.政府推动作用显著

政府通过颁布法律和支持措施促进志愿服务发展。如：1968年全国社会福祉协议会"志愿者培养基本项目"，1973年社会服务活动支出被列入厚生劳动省的财政预算之中，1977年厚生劳动省"学童、学生志愿者活动普及计划"，1977年全国社会福祉协议会设立"志愿者保险制度"，1985年文部科学省"青年志愿者参加促进计划"。1990年，日本政府颁布《志愿服务振兴法》，这是促进志愿服务发展的全国性法律。1993年厚生劳动省"促进国民参与社会福祉相关活动的基本项目"，2001年全国社会福祉协议会"第二次志愿者、市民活动推进五年计划"及"加强和推进社会福祉协议会志愿者、市民活动中心的方针"。

第三节　部分发展中国家的志愿服务

志愿服务在发展中国家的发展迅速，其规模和种类不断扩大，已成为社会发展和个人成长的重要力量。针对发展中国家面临的贫困、教育、卫生和环境等问题，志愿服务为人们提供了一种参与社会的方式，通过提供帮助、解决问题和倡导变革，促进社会的进步和发展。本节主要介绍印度、巴西、俄罗斯和南非的志愿服务概况。

一、印度的志愿服务

从历史上来讲，印度传统文化中的daana（赠予）和seva（服务）是最早与志愿服务相关的概念。印度有记载的志愿服务和非政府组织的历史可以追溯到公元前1500年。从吠陀时期到佛教时期，印度教、佛教等宗教鼓励个人为社会服务的精神推动了志愿服务的发展，以文化传播、教育、卫生和灾难援助为宗旨的志愿性非营利组织广泛活跃在印度的土地上。

到了英国殖民时期，印度志愿组织的规模进一步扩大，在社会福利、基础教育和社会救济等领域发挥作用（Tandon，2002）。19世纪下半叶，受民族主义思潮影响，困境之友社团（Friend-in-Need Society，1858）、祷告者联盟（Prarthana Samaj，1864）以及印度全国大会（Indian National Conference，1887）等志愿组织成立。因此，印度志愿组织并不是中产阶级独创的。它们既不是发端于自由市场环境当中，也不是法治环境下的个性化产物，更不是诞生于强调自主权利的语境之下。相反，这些组织兴起于反抗殖民主义和反思传统文化的双重运动当中，是现代教育和自由主义意识形态共同作用的结果（Chandhoke，

2012）。

后殖民时代，印度政府加强了在社会福利和发展领域的投入，同时将志愿组织看作对其投入的一种补充，开始实施一系列社会福利计划，鼓励公民参与志愿服务。例如，印度政府的第一个五年计划指出："任何社会和经济重构方面的计划，都要将志愿组织纳入其中，利用它们提供的服务，并由政府给予最大程度的配合。"1958年，农村发展类志愿组织联会（AVARD）宣告成立，成为当时主要的志愿部门行业联合体。1969年，印度政府成立了国家志愿服务计划（National Service Scheme，下文简称NSS），这是一个旨在通过志愿服务活动培养学生社会责任感和领导能力的政府项目。NSS在全国范围内的大学校园中推广，鼓励学生参与社区服务项目。

20世纪70年代，从海外归来的印度精英大量进入志愿领域，促成了该部门的专业化发展。这一时期，印度志愿组织的工作中心开始转向干预、倡导和边缘群体维权动员等领域。20世纪90年代，印度第七十三条和第七十四条宪法修正案出炉，在城乡二元结构下扩大民主基础和提升公民参与成为共识。两条宪法修正案开启了志愿组织与地方政府合作的新篇章，大量志愿组织开始与地方政府及其代表机构合作开展不同的项目，同时也赋予了志愿组织新的任务：激发公民在民主化进程中的主人公责任意识和参与意识，同时监督扶贫项目的实施以确保目标群体受惠。

进入21世纪以来，印度各级政府对志愿组织的支持政策数量以及相关支出额度均不断上升（Kilby，2011），并开始为志愿组织参与政策制定创造空间。2004年，执政的联合进步联盟（United Progressive Alliance）宣布成立国家咨询委员会（National Advisory Council），作为与志愿部门联系的接口。成立后，该机构主要负责为乡政府提供政策和立法建议，其关注领域主要集中于社会政策和弱势群体权利方面。2007年，印度内阁表决通过了该国第一项志愿部门相关政策。该政策意在重新定义政府与志愿部门的关系，建立双方长期的、可持续的合作机制。

二、巴西的志愿服务

巴西的志愿服务历史可追溯到 20 世纪初。随着社会的发展和公民意识的提高，志愿服务越来越受到关注和重视，逐渐成为巴西社会的一个重要组成部分。巴西的志愿服务以社区为中心，志愿者们通过参与社区活动、帮助弱势群体和改善社区环境，为社会带来了积极的影响。

法治保障是巴西志愿服务的重要支撑。一方面，巴西近年来建立起了较为完备的志愿服务各类主体的法律框架，相关主体在符合相关法律法规并取得法律资格认定的前提下，可以获得公私合营、税收等方面的优惠待遇，提高了参与志愿服务的积极性；另一方面，除了法律法规等"硬法"规定外，"软法"也在志愿服务过程中发挥着重要作用，例如由社会组织制作的各类指南。此外，志愿服务法律框架实际发挥作用，还有赖于政府发挥作用，确保法律的实施和执行，并积极与社会组织配合和合作。

在组织机构层面，《巴西宪法》对结社自由权进行广泛保护，包括保证社会团体免于国家干预等，但禁止成立准军事组织。巴西传统的非营利组织类型包括《巴西民法典》所承认的协会（associação）和基金会（fundação）。2014 年以后，巴西又通过《公共行政机关与社会治理组织合营法》（LEI Nº13.019, DE 31 DE JULHO DE 2014，简称《社会治理组织法》）建立了社会治理组织（Organização da Sociedade Civil）的监管体制。社会治理组织就是非政府组织（NGO）所对应的巴西的法律概念。依据《社会治理组织法》，社会治理组织分为三类：不进行任何利益分配的私有非营利实体（Entidade privada sem fins lucrativos），以应对风险、抗击贫困、教育培训等为宗旨的合作社（sociedades cooperativas），以及专门从事公共和社会利益活动或项目的宗教组织（organizações religiosas）。《社会治理组织法》于2017年1月全面生效，被认为是巴西非营利组织发展的契机，有加强公私合营、增加公共资助、非营利组织网络的合营等积极作用。

社会治理组织可取得多种身份认定，仅在联邦层面就有"公益社会治理组织"（Organização da Sociedade Civil de Interesse Público，简称OSCIP）、"社会组织"（Organização Social，简称OS）、"社会救助实体认证"（Certificação das Entidades Beneficentes de Assistência Social，简称CEBAS）等身份。社会治理组织并非必须取得上述身份，但取得有关身份将有助于此类组织享受公共资助、税收等方面的优惠政策。例如，由巴西司法部认定的"公益社会治理组织"身份，要求申请组织在法定领域内活动并存续3年以上，不得有公共雇员和官员，并须满足透明度、责任制、利益冲突等多方面的要求；取得身份后可以通过特别合同与政府机构建立合伙关系，得到公共资助。

1998年，巴西颁布《志愿服务法》（LEI Nº 9.608, DE 18 DE FEVEREIRO DE 1998），将志愿服务（serviço voluntário）定义为"自然人向任何性质的公共实体或以公民、文化、教育、科学、游憩或人道援助为宗旨的私有非营利机构提供的无报酬活动"。《志愿服务法》明确，志愿服务不建立劳动关系，也不创设社会保险或类似的劳动性质的义务，但志愿服务提供者可以获得对其开展志愿活动的支出的补偿。《志愿服务法》同时规定，志愿服务提供者应当首先与公私实体签署结社协议（termo de adesão），再提供志愿服务，该协议应写明提供志愿服务的宗旨和条件。

2020年4月7日"世界卫生日",巴西的科学、宗教、法律、人权、新闻等方面的组织公开发表题为《为了生命与巴西的公约》（PACTO PELA VIDA E PELO BRASIL）的声明,敦促国家和联邦政府推动社会对话、及时采取措施、照顾弱势群体,遵守人类尊严原则和团结原则,并号召巴西全社会团结一致,以世界卫生组织等的科学指引为准绳,主动采取隔离这一最为有效的抗疫措施。这一宣言作为典型的软法文件,其强调的"团结原则"奠定了后续疫情防控志愿服务的基调,体现了软法文件在社会治理中的作用。文件颁布后,出现了多个社会组织参与的网络化疫情防控志愿服务项目。

三、俄罗斯的志愿服务

俄罗斯于2017年确立了"志愿者日"（День добровольца/День волонтёра）,同年12月6日第583号总统令《关于举办俄罗斯联邦志愿年》宣布2018年为俄罗斯的志愿年。这一法令的颁布彰显出俄罗斯在国家层面对志愿服务的重视。

实际上,俄罗斯在立法层面上很早就表现出对志愿服务的关注,形成了一整套完整的法律调整体系。在联邦法方面,1995年和1996年,俄罗斯分别颁布第82号联邦法《社会组织法》以及第7号联邦法《非营利组织法》。上述两部联邦法律中并未对志愿服务做专门规定,但涉及志愿组织的基本构成与主要活动范围。现行立法中调整志愿服务主体、程序和活动特点的主要立法为1995年8月11日第135号联邦法《慈善活动与志愿活动法》。该法规定了慈善活动与志愿活动的概念、实施目的、法律基础,并界定了联邦政府和地方自治机关支持慈善活动的可能形式,以及慈善组织的活动原则和特点。由于志愿服务存在于不同的领域内,《志愿防火法》《药品流通法》《俄罗斯联邦各民族文化遗址（历史和文化古迹）法》也对志愿服务进行了具体规定。2020年6月8日，第172号联邦法《关于修订〈俄罗斯联邦税法典〉第二部分第二十五章》的颁布，扩大了现有非营利组织（主要是社会性非营利组织，即致力于解决社会问题的非营利组织）名册中参与慈善活动和志愿服务的法人组织的税收优惠。

在行政法规方面，俄罗斯联邦政府令和俄罗斯联邦政府决议规范了志愿服务的活动理念，明确了其在某一阶段的发展重点与目标，使得俄罗斯的志愿服务组织发展得更为成熟。2018年12月27日，第2950号俄罗斯联邦政府令《2025年前俄罗斯志愿活动理念发展方案》颁布，其中对志愿活动的概念做出了新的阐释，并规定了对志愿者的专业培训要求以及对其的财政补贴政策。该政府令强调，志愿服务与慈善活动的开展应当以发展社会和青年政治为优先方向。2019年，俄罗斯联邦政府接连颁布第1067号政府决定《关于发展志愿服务中的统一信息系统》和第427号政府决定《关于批准〈2019—2024年后贝加尔湖边疆区志愿服务活动的部门间合作发展纲要〉》。决定内容与时代发展同频共振，俄罗斯的志愿组织与慈善组织因此在开展活动时拥有了更为及时、准确、详尽的法律依据。2020年4月30日，俄罗斯联邦总统普京通过"俄罗斯24小时"电视节目与志愿服务组织"我们在一起"进行会谈，并在会谈中宣布了一系列支持志愿服务组织的措施，其中最主要的是批准了"委托各机关为非营利组织提供支持的措施清单"。清单中着重强调了政府应当从经济上为非营利组织开展志愿活动提供支持。

同时，俄罗斯还逐步建立起了较为完善的志愿者激励机制。起初，俄罗斯志愿者激励机制的奖励形式较为单一，主要表现为授予奖（勋）章、荣誉称号等精神激励。经过数十年的发展，目前已形成物质奖励与精神奖励相互促进的志愿者激励机制，包括竞赛奖励、福利补贴、奖章荣誉、教育积分等。在国家层面，俄罗斯政府鼓励和支持各地在"国家志愿者日"举办盛大的庆祝、表彰活动。如《志愿消防法》第18条规定，在国家级志愿者竞赛中获胜的志愿消防员有机会获得高达100万卢布的奖金及国家勋章。除政府外，志愿服务组织也可依据组织章程奖励志愿者。如《志愿消防法》第16条规定，志愿消防协会的创始人（既可以是个人也可以是法人）有权确定志愿消防员物质激励的形式和金额，具体金额取决于建立和维护志愿消防队资金的数额以及志愿消防员的个人贡献。当政府、志愿组织对志愿者的奖励涉及教育、休假方面时，则需要志愿者所在单位及学校的积极配合。为保障该项措施得以落实，《志愿消防法》第18条明确规定，参加灭火任务的志愿消防员，其所在单位或学校应为其保留工作或学籍；志愿消防员因消防任务缺席工作的，可以获得金钱或休假补偿；志愿消防员服务满三年，经入学考试合格的，有资格进入教育机构就读。国家及志愿组织的举措，加之法律的有效保障，将志愿者的无私奉献与物质、非物质奖励紧密结合，有力地增强了激励制度的实施效果。

此外，俄罗斯非常重视完善各地区志愿服务基础设施的建设，在机构设置上表现为各地区志愿服务资源中心的建立。2017年，俄罗斯总统发布指令，引导和支持地区建立志愿服务资源中心，并明确"对志愿者进行培训"是各中心的主要任务。以该总统令为依据，各地区政府通过发布政府令的方式确定了本地区中心的志愿者培训规划。目前，在国家指令和地区规划的协同引导下，各地区志愿者培训工作卓有成效。例如，俄罗斯卡累利阿地区的志愿服务中心免费对学生和青年志愿者提供不定期培训。该中心的经费来源于地区政府的拨款、国家级志愿者竞赛奖金、地区青年领袖和活动家的捐助等，充足的经费来源推动了培训工作的顺利开展。阿尔泰地区的志愿服务中心与该地大学联合开展志愿者培训工作，通过发布手册、指南的方式，制定志愿者培训方案，培训内容包括专业培训、教育培训和综合培训等三类，培训对象涵盖体育、文化艺术、媒体等类型的志愿者。中心为各类志愿者制定了具体的培训方案：教育培训主要包括普及志愿服务基础知识、告知志愿者权利及义务、宣传志愿服务精神等内容；综合培训主要通过志愿服务实践提升志愿者技能。雅库茨克地区的培训中心在培训结束后为志愿者提供电子版证书，学习有偿课程的志愿者还能获得额外的专业教育证书或高级培训证书。该证书在全国范围内有效，便于志愿者在其他地区开展专业的志愿服务活动。

四、南非的志愿服务

南非拥有丰富的志愿服务传统，这种传统在种族隔离制度时代的社会服务运动中得到了进一步的发展。自南非实现民主化以来，志愿服务机构和活动一直是南非社会的重要组成部分。

南非有众多非政府组织，它们遍布在全国各大省份和主要城市，服务范围涵盖了众多社会领域，如黑人经济赋权、妇女发展、儿童福利、家庭暴力预防、犯罪预防、HIV 与 AIDS 等相关疾病救助、环境保护、冲突管理、国内和国际和平重建等。这些组织都力图弥补南非在种族、社会、经济、文化、教育等各个领域的鸿沟，尝试实现政府曾经向民众许诺却无力兑现的诺言。其中许多组织在种族隔离制度结束之前便已经出现了。当时，这些组织多被视为对抗种族隔离政权的非法组织。但是，这些组织恰恰弥补了种族隔离制度之下政府失败造成的社会服务供给空缺。在曼德拉获释及其他政治组织解禁之前，这些非政府组织策动对当局的反抗，表达其所属社区的需求，并通过其他途径来提供社会服务。种族隔离结束后的南非，依旧面临着种族冲突、贫富差距、暴力犯罪等社会问题。南非的非政府组织也一直在寻求填补政府因无力同时治理所有弊病而日益扩大的漏洞（Mark，2015）。

南非的法律渊源主要包括宪法、制定法、普通法（包括法学经典著作及判例法中的司法先例）和传统的习惯法。在志愿服务组织立法方面，南非的非政府组织的主要法律渊源包括《南非共和国宪法》《公司法》《非营利组织法》《信托财产控制法》《所得税法》《增值税法》《金融情报中心法》，此外还有《南非公益组织免税指南》等供参考的文件。

根据相关成文法和普通法的规定，南非有志愿协会、慈善信托、非营利性公司三种类型的非政府组织。第一种是根据普通法成立的志愿协会，由一群志愿共同努力实现相同慈善目标的人组成，并通过相关的章程实现组织管理。机构常设主席、秘书和会计等，通常志愿协会是独立于其成员的法人实体。根据南非相关法律的规定，志愿服务组织的志愿者并不是雇员，因此也没有资格领取薪水，但是根据具体的志愿服务组织的财务状况，志愿者可能有权获得相应的补偿，各个组织有其不同的补偿政策和报销流程。此外根据《所得税法》第18条的规定，不仅现金捐助可以申请所得税免税，单纯提供"服务"也可以享受免税政策。

第二种是根据成文法成立的慈善信托，典型代表如纳尔逊·曼德拉儿童基金会。慈善信托由信托委员会管理，慈善信托的受托人在某些情况下需承担个人责任，因此须以信托及其受益人的最大利益为重，勤勉谨慎地履行其职责。第三种是根据成文法成立的非营利性公司。此类公司由董事会管理，非营利公司的成员与股东相似，是指在该非营利公司中拥有权益的人，公司章程将列明成员享有的权利以及参与公司管理的程度。非营利公司是独立于其成员和董事的法人实体，然而在某些情况下非营利公司的董事可能要承担个人责任，如存在疏忽大意、重大过失或欺诈等情形。

非政府组织申请注册时又可以分为五种类别：第一种是根据《公司法》(The Companies Act [Act 71 of 2008])注册的非营利公司（Non-Profit Company，下文简称NPC）；第二种是非营利组织（Non-Profit Organization，下文简称NPO），NPO是指在南非社会发展部非营利组织主管机构（Non-Profit Directorate of the Department of Social Development）注册的实体，注册时要以实现公共利益为目的，并且要符合《非营利组织法》(The Non-Profit Organization Act [Act 71 of 1997])的相关规定；第三种是公益组织（Public Benefit Organization，下文简称PBO），根据《所得税法》(The Income Tax Act [Act 58 of 1962])的相关规定，PBO是在南非税务机关（South African Revenue Service）登记免税的实体，以非营利性方式进行公益活动，不得使用其资源直接或间接地支持、推进或反对任何政党，有权享受广泛的财政利益，包括部分所得税免税、捐赠税免税以及部分不动产转让税免税等；第四种是社区组织（Community-Based Organization），即由其所在的单一社区的成员管理的基层组织；第五种是与南非的黑人经济赋权政策（Broad-Based Black Economic Empowerment，下文简称BBBEE）相关的社会经济发展（Socio-Economic Development，下文简称SED）目标所涉及的法律即《黑人经济赋权法案》(The Broad Based Black Economic Empowerment Act of 2003)。BBBEE旨在激发国家经济潜力的同时帮助黑人进入经济主流，该政策鼓励企业通过企业社会投资（Corporate Social Investment，下文简称CSI）回馈社会。根据BBBEE指导方针，企业税前净利润的1%应用于SED项目。由于此法案对于国有性质公司具有法律约束力，政府在做出经济决策时必须适用这些准则，因此在南非经营的大多数公司都有一项CSI政策，以支持某种形式的慈善或其他类型的发展项目。

本章小结

志愿服务经历了相当漫长的发展和演变过程，包括萌芽、拓展、规范三个发展阶段。在全球化趋势下，志愿服务从孤立封闭走向交流合作。志愿服务几乎是每个文明社会不可缺少的一部分，它为发达国家和发展中国家福利的提高和社会的进步做出了重要贡献，在国家地区治理和社会经济发展中扮演着重要的角色。

案 例

中国香港地区志愿服务发展[①]

一、香港地区志愿服务发展概况

我国香港地区是整个亚太地区志愿服务的发达地区，经过多年的发展，已形成了颇具特色的志愿服务发展模式。在香港，志愿服务被称为"义务工作"，志愿者被称为"义工"。总体而言，20世纪70年代以前，香港义务工作以社会自发参与为主。1970年，义务工作协会（义工局前身）在香港社会福利署（以下简称"社署"）资助下成立，标志着香港义务工作逐渐迈入专业化阶段。21世纪初，香港义务工作的服务范围日益多元化，从关注社会弱势群体的社会救济服务，逐渐扩展到文化教育、环保医疗、体育运动、国际盛事和应急救援等各个领域。

[①] 本案例主要参考孙婷：《政府责任视域下的香港志愿服务发展》，《山西师大学报（社会科学版）》2011年第6期。基于教材体例及教学需要有所改动。

二、政府责任视域下的香港志愿服务

20世纪70年代,港英政府发表社会服务白皮书,提出建立政府与非政府机构的"伙伴"关系,以及社会服务政府与非政府机构共同负责的模式。经费方面以政府提供为主,民间筹措为辅;服务方面以民间提供为主,政府提供为辅。这实际上就奠定了香港地区发展义务工作的基调,社会和政府在义务工作中形成了良好的互动合作模式。具体来讲,地区政府主要在以下几个方面发挥着重要作用。

1. 政府提供了有力的财政支持

香港义工服务的资金来源各有不同,主要包括三个方面:政府拨款、社会和个人捐款、自办实体创收。另外,政府还为以自身资源营办非政府资助福利服务的部分慈善机构提供了租金、差饷、地租津贴等。专责义务工作发展和推动的义工局是在社署的资助下成立的。目前义工局的经费主要来自香港特别行政区政府、香港公益金及香港赛马会慈善信托基金。除了政府直接拨款和购买服务外,政府也对慈善团体给予非常透明的税收优惠。根据《税务条例》第88条,获豁免缴税资格的属公共性质的慈善机构及信托团体名单,会在香港税务局网站上定期更新公布,供公众查阅。

2. 政府加强相关机构建设

1997年社署正式成立义务工作统筹课(下简称"义工统筹课"),1999年义工运动督导委员会(后更名为"推广义工服务督导委员会")成立,其下专设4个小组针对学生及青年、工商机构、社团开展推广宣传等工作,义工统筹课为委员会及其工作小组执行有关推广工作。社署辖下十一分区均成立了推广义工服务地区协调委员会,同时成立了十一区义工服务分区办事处,为各新成立或有兴趣成立义工队的机构提供协助。推广义工服务督导委员会、义工统筹课在香港地区义务工作中发挥了重要的统筹、支持和监管作用。义务工作发展局在性质上是独立的非营利民间组织，作为专责义务工作发展和推动的重要组织，获得政府大力支持，承担了义务工作的枢纽角色，推动着政府和社会的良好合作。在政府支持下，义工局作为重要的工作平台，引导、协调着全港义务工作。

3. 政府注重监管和失范行为预防

香港地区并没有专门的义务工作立法，但政府通过涉及义工活动和义工性质组织方面的一系列监管和预防措施，在实践中较好地规范了义工组织的行为，保证了义务工作的质量和其服务公益目标的实现。针对慈善筹款活动，香港廉政公署防止贪污处制定《慈善机构及筹款活动的管理》；社会福利署还制作有《慈善筹款活动最佳安排参考指引》《慈善筹款活动内部财务监管指引说明》。另外，还制定有《领导你的非政府机构——机构管治——非政府机构董事会参考指引》《受资助非政府福利机构的人事管理》和《受资助非政府福利机构的采购程序》等，以保证相关机构在员工聘任、采购制度、董事会管理等内部管理方面有足够的监察和制衡，进而提升民间组织董事会的管治和领导能力。

为了确保接受政府资助的服务机构能有效提供高质量的服务，政府还制定了一整套服务表现检查制度，以厘定及评估服务表现。为促进受资助机构加强对下属单位服务表现的管理和问责，提高管理效率，社署于2003年改进了评估方法。另外，社署还设计了包括基本服务规定、服务素质标准、服务量标准和服务成效标准在内的服务表现标准，还专门制作有《服务表现评估手册》。

4. 政府大力倡导和支持义工服务及组织

香港地区在实践中通过多种途径大力倡导义工精神，支持义务工作，注重营造良性的社会氛围，鼓励公众积极参与义务工作。具体来讲，政府有鼓励结社的传统，义工组织注册制度简便，成立门槛低。义工总领袖由行政长官夫人担任。2010年香港特区政府《施政报告》中明确提出，"香港青年服务团"计划，鼓励香港青年积极参与，向内地贫困地区提供较长期的服务。社署每年都会开展义工评选、嘉奖、宣传、推广活动，鼓励社区、社团、企业、个人参与义工服务。推广义工服务督导委员会按义工每年累积的服务时数为标准，签发由"义工总领袖"行政长官夫人及社会福利署署长联署的嘉许状。委员会每年均筹办义工嘉许典礼，表彰义工对社会的贡献。

5. 政府推动义工服务队伍专业化

香港义工的专业化与政府重视社会工作专业化的传统是分不开的。在香港社会，社会工作和义务工作彼此依存、相互促进，已形成了"社工引领义工、义工协助社工"的社工、义工联动机制。这既能充分发挥社工的专业优势，也能最大限度发掘义工的服务力量，从而实现社会服务质量的最优化。香港专业化的社会工作为义工服务提供了丰富的理论和实践指导支援，同时也为义务工作提供了大量的专业人才。因为香港义工要接受社会工作者等专业人员的指导并接受福利服务机构的培训。政府也非常关注义工服务的专业化，许多机构都设有义工相关培训课程。香港地区规定凡年满15岁或以上，有志投入义务工作及提高义工服务素质的人士，都有机会参与培训。完成个别项目课程，便可获取有关课程的出席证明信，修满指定学分及服务时数，可获发优质义工奖项。

▲案例分析题

1. 在香港地区，政府为推动志愿服务发展主要采取了哪些措施？
2. 如何理解香港地区的政府和志愿组织之间的"伙伴"关系？

3. 香港经验给内地志愿服务带来哪些启示?

▲ **本章思考题**

1. 国际志愿服务发展历程与国际形势有着怎样的联系?
2. 国外志愿服务的发展过程有何规律?
3. 国外志愿服务盛行对其社会发展带来了怎样的影响?
4. 国外志愿服务发展对我国有哪些启示?

第三章

志愿服务政策与管理体系

第三章　志愿服务政策与管理体系

1. 了解我国志愿服务的发展轨迹。
2. 了解我国志愿服务的基本政策。
3. 了解地方志愿服务的发展。
4. 熟悉我国的志愿服务管理体系。
5. 了解具有中国特色的志愿服务管理经验。

●党的十八大召开至今，我国志愿服务事业迎来了前所未有的发展机遇。在习近平同志领导下，党中央对志愿服务工作给予了高度关注和重视，制定并实施了一系列关键性的工作规划，颁布了多项关键政策和法律法规，为志愿服务的繁荣发展提供了坚实保障和有力支撑（沈威，2021）。本章围绕我国志愿服务政策与管理体系展开，首先介绍了我国志愿服务的发展轨迹，随后介绍了我国当前采取的志愿服务政策。之后再对全国各省市的做法和特色进行比较和整理，筛选出北京、上海、广东、浙江、四川、辽宁等六个代表性省市的经验进行分析（谭建光，2021）。最后本章还介绍了新时代中国志愿服务体系的发展，以及具有中国特色的志愿服务管理体系。

第一节　中国志愿服务的基本政策

一、中国志愿服务的发展轨迹

中国的志愿服务伴随着改革开放出现，是长期开展的学雷锋活动的发展和延续（陈仁荣，2009）。40年来，从早期的"学雷锋，做好事"到20世纪80年代末借鉴我国港澳义工引入志愿服务理念，再到成功实现从计划经济条件下的"无私奉献"向市场经济条件下的"志愿服务""非营利服务"的转型，以服务社会、服务他人为目的的中国志愿服务逐渐由小变大、由弱变强，成为构建社会主义和谐社会的重要因素，体现出强大的生命力。回顾中国志愿服务四十多年的发展，我们可以清楚地看到它的发展轨迹。

（一）公益转型（1978—1986）

十年"文革"对社会公德造成了极大破坏。20世纪80年代初，批判陈旧、僵化思想观念，激发物质创造的热情成为影响广大民众特别是青年的主流思考。这个阶段，各种机构沿用"学雷锋，做好事"的方式年年开展"学雷锋"活动，但止步于形式化、短期化，出现"雷锋叔叔三月来了四月走"的现象。因此，中国的公益服务必须实现观念变革创新发展才能具有新的生命力。

（二）自发探索（1987—1993）

在改革开放前沿的深圳，一群充满激情的青年，受到香港、澳门地区"义务工作"理念的启发，深刻认识到其公益属性，主动汲取并融合了"学雷锋，做好事"的优良传统，开启了对志愿服务模式的先驱性探索。正是在这种背景下，"志愿服务"的概念犹如春日破土的幼苗，在这片热土上悄然萌发。1990年，深圳见证了全国首个正式注册的志愿者社团——深圳市义务工作者联合会的成立。这一创举不仅填补了国内空白，更引领了一股风潮。随后，全国各地积极响应，不同省份和地区相继孕育出形态各异、命名独特的志愿组织，共同构成了中国志愿服务事业的雏形。尽管这些处于萌芽阶段的"志愿服务"项目，大多由青年及其他年龄段的热心人士自发组织、自主运作，规模有限，社会影响力尚待提升，但它们为中国志愿服务事业的长远发展积累了宝贵的先行探索经验。

（三）组织推动（1994—2000）

1994年，在团中央的倡导与引领下，中国青年志愿者协会应运而生，标志着中国志愿者行动进入了其发展历程中的第二阶段——一个持续拓展与深化的关键时期。借助于各级共青团组织的广泛联络，青年志愿者协会迅速在全国范围内构建起一套从国家到地方，覆盖省、市、县乃至部分社区与乡村的四级组织体系。在这一过程中，不仅城市社区，连偏远的乡镇与农村地区也纷纷设立了镇（街）级青年志愿服务中心和社区（农村）青年志愿服务站，有效延伸了志愿服务的触角，提升了基层社会的服务能力（李连军，2010）。值得注意的是，尽管1995年在北京举办的联合国第四次世界妇女大会一度激起了公众对于民间志愿服务的浓厚兴趣，但当时真正参与并投身于具体服务行动的群体仍然相对有限，未能形成广泛的参与热潮。通过对这一时期志愿服务活动的深入分析可以发现，正是共青团系统所推动的青年志愿者行动，为中国志愿事业的普及与发展奠定了坚实的基石，起到了不可替代的作用。

（四）多元发展（2001—2007）

随着改革开放进程的不断推进，中国日益融入全球化的浪潮之中，国际重要行动与事件对国内社会的影响愈发显著。2001年，全球范围内举行的"国际志愿者年"庆祝活动，成为推动中国志愿服务事业迈向新阶段的重要契机。这一活动不仅加深了中国青年志愿者协会与联合国志愿人员组织之间的交流合作，还促使社会各界意识到，志愿服务是一项关乎全体公民福祉的公共事业，并非局限于青年群体的专属活动。

受此活动的积极影响，政府部门及各类群众组织开始高度重视志愿服务的价值与作用，逐步将其纳入政策议程与工作计划中。与此同时，越来越多的企业、非政府组织以及其他社会机构被激发出了参与志愿服务的热情，纷纷投身于这一事业中，形成了多元主体共同参与的良好态势。

至此，中国志愿服务事业步入了一个全新的发展阶段，突破了以往由单一职能部门主导的传统模式，实现了多部门、跨领域的协同推进，展现了其蓬勃的生命力与广阔的发展前景。

（五）全民参与（2008年以后）

2008年有两件大事，深刻地改变了当代中国的志愿事业。一是突如其来的"5·12"汶川大地震，千百万志愿者踊跃奔赴救灾第一线。二是百年盛事北京奥运会，百万志愿者参与服务，让各国领导人、运动员、媒体记者、现场观众、场外群众都对中国志愿服务有了新的认识（陈仁荣，2009）。联合国志愿组织中国项目官员曾说"2008年将是中国志愿服务元年"，最主要的标志就是全民参与的志愿服务时代来临。从2005年《中共中央关于构建社会主义和谐社会若干重大问题的决定》提出"建立社会志愿服务体系"、2007年党的十七大报告提出"完善社会志愿服务体系"到2008年由中央文明委牵头、团中央和民政部配合共同建立志愿服务的新机制，逐渐取得成效，中国志愿服务真正开始步入正常发展轨道（白志刚、刘波、尤国珍等，2015）。

二、新时代中国特色志愿服务的基本政策

中国特色社会主义进入新时代后，党中央高度重视志愿服务在推进国家治理体系和治理能力现代化进程中的重要作用。习近平总书记多次强调，志愿服务是社会文明进步的重要标志，志愿者事业要同"两个

一百年"奋斗目标、同建设社会主义现代化国家同行（朱红、张晓红，2020）。

（一）将志愿服务纳入国家治理总体规划

党中央高度重视志愿服务，并将其纳入国家治理总体规划之中。自2013年第28个国际志愿者日以来，习近平总书记多次给成就突出的志愿服务团队回信，充分肯定和高度赞扬了他们积极参与志愿服务的精神。总书记每次回信都会引起全国范围内的学习与讨论，甚至会促成一些新措施的出台。例如，2013年12月5日，习近平总书记给"本禹志愿服务队"回信后，教育部专门开会要求推进青少年志愿服务制度化常态化，中央精神文明建设指导委员会专门印发《关于推进志愿服务制度化的意见》；2014年3月4日，习近平总书记回信"郭明义爱心团队"后，各地各部门召开座谈会深入推进学雷锋、学郭明义活动常态化；2020年3月15日，习近平总书记在给北京大学援鄂医疗队全体"90后"党员回信后，全国高校掀起了全国范围内联学接力、互动分享的学习热潮。

（二）推动中国志愿服务走上制度化发展轨道

党的十九大报告指出，要推进志愿服务制度化，强化社会责任意识、规则意识、奉献意识。为"贯彻党的十九大关于推进志愿服务制度化的决策部署，落实《志愿服务条例》，加强对志愿服务组织的指导，规范志愿服务行为，支持志愿服务组织发展"，民政部办公厅于2018年3月20日下发《关于做好志愿服务组织身份标识工作的通知》，对做好志愿服务组织身份标识工作做出了一系列明确规定。2015年，民政部颁布《志愿服务信息系统基本规范》，教育部发布《学生志愿服务管理暂行办法》，中央文明办、民政部、教育部和共青团中央联合发布《关于规范志愿服务记录证明工作的指导意见》。2016年，中共中央宣传部、中央文明办、教育部、财政部、民政部等国家部委及全国总工会、共青团中央、全国妇联等群团组织联合印发《关于支持和发展志愿服务组织的意见》，文化部制定并印发《文化志愿服务管理办法》，全国人大通过《中华人民共和国慈善法》。2017年底，国务院颁布《志愿服务条例》，成为我国志愿服务发展的里程碑，极大促进了我国志愿服务事业的健康有序发展和制度化建设。在全国性志愿服务立法工作的带动下，地方性政策法规相继出台。

（三）有序推广全国志愿服务信息系统

随着志愿服务的发展和信息网络技术的进步，自2015年开始，民政部开始着手改造建设全国志愿服务信息系统，中央文明办、民政部和共青团中央组织有关单位制定了《志愿服务信息系统基本规范》(中国志愿服务发展报告，2017)。2016年，志愿服务信息化建设工作写入《"十三五"国家信息化规划》。2017年6月，全国志愿服务信息系统正式上线运行。全国志愿服务信息系统以大数据和云技术为理论和技术依托，并充分借鉴了"志愿云""志愿北京"等已有的志愿服务信息系统的建设经验与成果。全国志愿服务信息系统的建立和规范化、标准化的发展，有利于汇集大大小小志愿服务系统中分散的志愿服务信息，并按照统一的标准进行整理。通过查重归并和比对分析，能够形成全面的、完整的、规范的、准确的全国志愿服务信息数据库，从而实现全国志愿服务数据信息的交流共享。习近平总书记"高度重视大数据的发展应用，提出了一系列新思想新观点新论断，形成了重要的大数据观"。

第二节 地方志愿服务政策

一、我国地方发展志愿服务的特色做法

中国志愿服务发展经历了从自发探索到组织推动、再到统筹协调与体系建设阶段。自 2006 年党中央提出建立"社会志愿服务体系"以来，在党和国家的重视、推动下，很多地区积极探索、创新经验。张晓红等在 2011 年提出：北京是政府主导、社团推动的志愿服务体系；天津是城乡联动的社区志愿服务体系；杭州是政府支持培育的志愿服务体系；广东是广泛合作的志愿服务体系；上海是文明互动的志愿服务体系；济南是以举办大型赛事为契机加速志愿服务体系建设；四川是内外互动的志愿服务体系；香港是紧密关注社会需求的义工。其他专家调查分析所选择的地区，很多与这些典型地区重叠（谭建光，2021）。经过十多年的探索实践，我国进入"健全志愿服务体系"的新阶段。本节对全国各省市的做法和特色进行比较和整理，筛选出北京、上海、广东、浙江、四川、辽宁等六个代表性省市的经验进行分析。

（一）北京：注重顶层设计的志愿服务体系

作为国家的政治中心，北京在社会建设和治理方面扮演着"首善之区"的角色，对各项工作的标准和推动力度尤为突出。在这一背景下，志愿服务成为连接基层单位服务热情与社区民众生活需求的桥梁。北京市开创了"综合包户"这一独特服务模式。1983 年 2 月 27 日，大栅栏街道隆重举行了"综合包户"协议书的签署仪式，团中央第一书记、民政部副部长、北京市委书记等高层领导出席仪式，他们对学雷锋"综合

包户"活动给予了高度评价与支持。这一事件,不仅是北京迄今为止有文献记录的最早志愿服务活动之一,也是北京志愿服务发展历程中的重要里程碑。

北京志愿服务体系的构建,自始至终体现出顶层设计与基层探索的有机结合,展现出强大的生命力。其鲜明特色主要表现在以下几个方面:

首先,党政领导的强有力支持是北京志愿服务体系的核心特征。在北京,无论是志愿者还是志愿组织,都积极主动地接受党的领导,紧密遵循党中央的指示和市委的部署,将志愿服务融入党政工作的全局之中。北京的志愿服务体系呈现出"政府主导、社团推动"的鲜明特点,具体表现为党政部门对志愿服务的高度关注与深度参与。例如,北京市志愿服务联合会的会长由市委常委担任,宣传部、政法委、团委等关键部门则作为副会长单位,这种格局高、影响力大的配置,在全国范围内的志愿者社团中独树一帜。从市委常委会、市政府常务会议到各区、镇街的党政会议,志愿服务发展议题均被列入讨论与决策范畴。市委组织部等相关部门更是出台了《意见》,旨在鼓励党员在志愿服务中发挥模范带头作用,从而在全市范围内营造出党组织引领、青年带头、干部群众广泛参与的良好氛围。

其次,北京市高度重视枢纽型社会组织的建设,以志愿服务联合会为核心,为各类志愿服务组织与团体提供全方位的指导与支持。自2009年起,北京市基于奥运会志愿服务的成功经验,率先提出了"枢纽型"社会组织的概念,旨在汇聚各方社会力量,共同为首都精神文明建设、经济社会发展、社会治理创新、城市生态发展等领域贡献力量。

再次,建立健全法规政策体系是北京志愿服务事业发展的又一亮点。自2003年起,围绕青年参与社区志愿服务、民生改善和治理创新的目标，团市委配合市委市政府出台了一系列政策规定。特别是在筹备和举办北京奥运会的过程中，北京市制定了一系列与国际接轨、凸显中国特色的政策制度，推动志愿服务事业从推广普及阶段向注重质量、提升内涵的高级阶段迈进。近年来，在北京市委、市政府的领导下，文明委统筹、文明办牵头，联合团市委、民政局等相关部门，共同制定了一系列新的政策法规与制度措施，构建了较为完善的制度框架，为志愿服务的健康发展提供了坚实的法制保障。

此外，北京市充分发挥青年志愿者的先锋作用，他们在志愿服务中始终扮演着主力军的角色。一方面，来自各大高校的青年志愿者积极参与国际赛事和城市文明建设，为提升城市形象和促进文化交流做出了卓越贡献；另一方面，众多青年员工和新兴职业青年利用自身专业技能，投身于志愿服务之中，为社区居民和农村群众提供关爱与帮助，共同致力于建设和谐家园，创造美好生活。

最后，北京志愿服务事业的国际化发展亦是其特色之一。早在1980年，联合国开发计划署便在北京设立了办事处，联合国志愿人员组织随即在京建立了项目处，与北京团市委、北京志愿者协会等机构合作开展了多个国际项目，如"2008年北京奥运会促进中国志愿服务发展"项目，不仅提升了奥运会志愿服务的专业水平，也为全国各地传播了志愿服务理念与知识。近年来，北京市通过举办各类国际赛事，派遣志愿者参与国际交流，邀请国际专家学者来京举办志愿服务论坛等形式，不断加强国际合作力度，丰富志愿服务文化内涵，展现了北京作为国际化大都市在志愿服务领域的开放姿态和创新精神。

北京志愿服务事业的发展历程与特色，充分体现了其在党政领导支持、枢纽型社会组织建设、法规政策完善、青年先锋力量发挥以及国际合作拓展等方面的独特优势，为全国志愿服务事业的发展提供了宝贵经验和示范引领。

（二）上海：专业导向型的志愿服务体系

上海志愿服务体系建设具有良好的社会基础，在近代发展慈善公益的同时，也最早引入志愿服务形式。20世纪初期，基督教青年会就在上海开展志愿服务，为早期的产业工人提供教育辅导和生活帮助。改革开放以后，上海市利用高等院校多、科研机构多的特点，引入专家学者、专业人士的资源，与社会组织和与社区机构合作，探索志愿服务的专业化、精准化、高效化发展路径。

一是注重统筹协调机制。上海市是最早由文明委统筹、文明办协调志愿服务事业发展的地区，为全国创造了经验。早在20世纪80年代，上海就率先重新倡导"学雷锋，做好事"；在20世纪90年代提出"学雷锋，树新风"，探索学雷锋志愿服务的经验，逐渐形成文明委、宣传部统筹志愿服务，团市委推进青年志愿服务创新发展的格局。上海市通过这种格局很快动员全社会的力量参与志愿服务，形成浓厚的志愿服务氛围。

二是科学设计制度规范。上海市鼓励和支持高等院校、科研机构积极参与志愿服务发展，发挥专业人士的特长，为志愿者和志愿组织设计科学规范的制度措施，既有利于精准服务群众需求，也有利于保障志愿者权益。特别是在浦东新区发展的时候，积极探索"社会组织+社会工作+志愿服务+公众参与"的发展路径。"浦东模式"成为全国各地区发展社会组织、发展志愿服务的榜样。这些制度措施，成为构建志愿服务体系的有力支撑。

三是发展专业志愿服务组织。上海市发挥优势，建立多种类型的志愿服务专业促进组织。最早通过上海市社会科学院社会发展研究院、复旦大学、华东师范大学等建立社会工作与志愿服务的研究机构、督导机构，直接深入社区辅导提升志愿服务专业水平。后来，还鼓励成立"恩派""绿映""社邻家"等专业支持性组织，为志愿服务提供智力支持。目前，上海市的专业支持型社会组织数量多、水平高，还为全国其他地区提供专业支持。

四是构建社区志愿体系。上海充分发挥志愿服务对于民生改善、邻里守望、治理创新的积极作用。徐中振（1996）分析，"上海的社区志愿服务活动不仅承担着政府行政组织难以有效提供、市场营利组织不愿提供的许多服务功能，以社会成员自助和互助的方式解决日常生活中多样化、个体化、情感化的各类特殊困难和问题，而且在充分组织和利用社会资源、发展社区各类公共事务和公益事业方面逐渐萌发并形成一种社会参与的基本方式和结构性因素"。在社区机构和志愿组织主动探索、深化服务的基础上，上海市委、市政府在2016年将建设"100个社区志愿服务中心"纳入"十大民生实事"，为志愿者和志愿组织在社区开展服务活动提供健全的阵地网络。同时，徐中振还提出，"志愿服务的精细化转向，将进一步提升上海志愿服务的内涵与质量，并从整体上推动志愿服务的模式转型"。

（三）广东：创新融合型的志愿服务体系

广东省地处改革开放前沿，最早创办经济特区、创办外资企业、发展市场经济、开展市场竞争；同时，也最早诞生志愿服务，引领新的社会风尚。

一是借鉴中外成功经验。广东省作为中国的"南大门""南风窗"，改革开放初期成为华侨探亲的主要地区，珠江三角洲地区很多人就是从归国华侨、港澳同胞口中听到"义工""志工"的词汇，了解到外国及港澳志愿服务的状况。如广州市在率先对外开放、中外交流的环境中，出现青少年特别是中小学生的思想困惑、心理困惑，甚至极端倾向。这时候，一批热心人希望开展热线服务帮助青少年，恰巧从华侨、港澳同胞了解到志愿服务经验，就确定设立"手拉手"志愿服务热线电话。佛山市也是在一些港澳同胞的影响下，禅城区、南海区的一批热心人组建"佛山义工团"，开展志愿服务。深圳特区的热心人借鉴广州、佛山的经验，主动到香港与义工社团交流沟通，在1990年创办了中国内地第一个依法注册志愿者社团———"深圳义工联"。一直以来，广东省志愿者和志愿组织与外国及港澳地区的交流合作非常频繁，"请进来、走出去"的合作服务较多，逐渐形成融合创新的志愿服务体系特色。

二是社团探索创新。广东省尤其是珠江三角洲地区志愿服务发展的鲜明特色，就是社团多、团队多。谭建光（2021）分析，"党政兴办的志愿社团、民间成立的志愿社团、境外机构进入的志愿队伍、公民自发的志愿群体，相互合作、共同服务，为广东省的繁荣富强和群众的幸福生活提供帮助，产生良好的效果"。从"广东志愿者（I志愿）"网查询的数据，广东省共有志愿服务组织与团体132 502个，其中依法注册的志愿服务组织21 865个，备案记录的志愿服务团体110 637个。这些社团和团体自主探索发展、自主服务社群、自主传播文化，构成广东省丰富多样、新颖活泼的志愿服务格局。

三是鼓励多元探索。广东省志愿服务发展中最值得关注的一个特色就是"志愿者"与"义工"的并存。其实，两者的英文来源都是一个词volunteer，引进中国内地以后，在广东省的不同市县，就采用不同的称谓。广州市及大多数地区，与全国一样称谓是"志愿者"；深圳市以及在珠江三角洲地区部分地区称谓是"义工"。这种鼓励多元探索，允许不同称谓的文化氛围，有利于志愿者和志愿组织在不同的选择和比较中，更多体验志愿服务的特色魅力。同时，不论是"志愿者"的组织发展与体系特色,还是"义工"的组织发展与体系特色,都为全国各地提供了参考借鉴。

四是积聚人民群众力量。广东省作为改革开放前沿地区,各项工作的"先行先试"都是为全国做探索。在志愿服务发展中,积极探索吸引和激励广大人民群众参与、壮大志愿服务力量的有效方式。广东省率先提出"我志愿、我快乐""志愿服务是一种时尚生活""让志愿服务成为生活方式"等,改变原来认为志愿服务"高大上""神圣不接地气"的观念,推进志愿服务的生活化与常态化,让城乡群众习惯"点滴志愿""随手志愿""时时志愿"。

(四)浙江:根植本土型的志愿服务体系

浙江省志愿服务发展快、志愿服务体系化程度高,志愿文化深入城市和农村,营造出浓厚的志愿服务社会氛围。

一是依托深厚文化发展。从宋代以来,浙江省以及江南地区就成为文化交织与融合的新中心。既有中原文化的南迁,也有江南文化的根植,还有海洋文化的浸润。改革开放以来,浙江省志愿服务发展也获得这些丰富文化的熏陶。因此,浙江省提出"孕育浙江特色的志愿服务文化——在文化制度建设中应注重志愿理念的重塑,形成全社会的志愿文化自觉,形成共享共治的氛围;同时加强志愿成果转化,在总结浙江经验和模式、研究志愿服务理论的基础上,引导志愿服务实践,提升志愿服务的影响力"。浙江省的志愿服务文化,将志愿服务的深厚文化、本地特色与创新元素相结合,让志愿者和志愿组织充分发挥,创造出富有特色魅力的志愿服务内容和形式。

二是多样经济形态支持服务。浙江省经济非常发达,尤其是民营经济基础雄厚。民营企业承担社会责任、参与慈善公益、回报家乡父老的热情，也成为支持志愿服务发展、推动志愿服务走向深入的动力。一方面，很多企业建立志愿服务队伍，发挥专业优势和资源优势，创新志愿服务项目；另一方面，企业资助社区、农村、学校的志愿服务组织发展，鼓励开展适应社会文明需要和城乡群众需求的服务。

三是打造志愿服务精品项目。浙江省既有新时代文明实践志愿服务项目大赛，也有青年志愿服务项目大赛，还有阿里巴巴等企业支持的慈善公益大赛也包含对志愿服务项目的支持。这样，本土根植的志愿服务项目蓬勃发展，具有旺盛的生命力。

四是建设志愿服务规模组织。浙江省在打造规模化、集团化企业群的同时，也在打造规模化、集团化的志愿服务组织群。目前，以杭州、宁波等城市为代表，通过"公羊会""红领之家"等发展壮大，推动志愿服务组织规模化、精品化。现在，其他市县如温州市、湖州市等也发展富有特色、富有影响力的志愿服务组织。浙江省以"志愿文化"与"江南文化"的融合为基础，吸收国内外志愿服务经验，构建根植本土的志愿服务体系，具有非常重要的启迪价值。

（五）四川：民间活跃型的志愿服务体系

四川省志愿服务体系的建设既有历史文化传统，更是充分利用当代发展的机遇和资源。一个条件是大学生志愿者"西部计划"的促进作用。进入21世纪，团中央、教育部、财政部等启动"西部计划"志愿服务，最初的重点落地省份就是四川省，并且不断总结经验提供全国参考。另一个条件是汶川大地震灾后志愿服务的活跃，为四川省留下众多志愿组织和志愿项目的资源。张胜康（2010）分析，"'5·12'抗震救灾过程显露了公民社会中公民的良性互动和友好合作关系，预示了中国社会未来发展的新方向。在大灾大难面前，中国人的自我救助、自我管理能力迅速提升，参加社会公共事务的意识空前强化"。在此基础上，四川省充分发挥民间力量活跃的特点，推动志愿服务发展繁荣。

一是善于汇聚各方力量资源。"汶川大地震"灾后志愿服务，吸引全国许多地区的志愿组织前往参与，包括北京、上海、广东、云南、黑龙江等地的志愿组织，也包括中国香港、澳门、台湾的志愿组织；此外，还有美国、英国、新加坡等外国志愿组织前来参与。这些国际国内的志愿组织在参与四川各市县的灾后救援、安置服务后，有些留下一段时间持续服务，有些培育四川本地的志愿者团队发展，有些与四川志愿组织建立长期的网络联系。共青团四川省委、四川省青年志愿者协会善于汇聚和发挥这些国际国内志愿组织的资源，通过开展论坛交流、培训讲座、专业辅导等方式，不断提高本地志愿组织的能力。

二是激励城乡群众的参与热情。四川省不仅做好成都、绵阳等城市社区的志愿服务，而且充分发挥"西部计划"青年志愿服务的资源和影响，积极发展农村志愿服务。"西部计划"志愿者在服务的山区农村、帮助山区留守儿童的同时，也传播了志愿精神和志愿文化，带动了当地干部群众参与志愿服务，形成乡村互助的社会氛围。

三是推动打造特色志愿服务品牌。四川省志愿服务将本地特色与国内趋势、国际影响相结合，打造了很多富有全国影响力的志愿服务品牌。从历届中国志愿服务交流会暨青年志愿服务项目大赛的获奖项目看，四川省都拥有较多金银奖项目，在全国引起关注。此外，成都市作为社会组织发展快、社会服务项目多的城市，培育了许多具有中外融合特色的服务项目，让社区农村的志愿者广泛参与。四是注重社会文化习俗影响。

四川省提出创造志愿服务的"西部特色"，提出凸显"川味"志愿服务，最主要的就是特别认真的服务、特别热情的服务、特别有韧性的服务、特别有影响的服务，融入了四川人的个性特点，具有鲜明特色。

在中西部地区，四川省是志愿服务发展快，较早探索和建设志愿服务体系的地区，是值得学习借鉴的重要省份。

（六）辽宁：精神传承型的志愿服务体系

辽宁省作为东北地区的重要省份，志愿服务也独具特色、富有活力。一是发挥精神财富的作用。辽宁省既有"雷锋精神"，也有"郭明义精神"。尤其是鞍山市以这两种相互传承的精神为资源，开展"志愿者之城"建设。"党的十八大以来，辽宁省鞍山市充分发挥'一座钢城，两代雷锋（雷锋、郭明义）'的丰厚资源和传统优势，广泛宣传和普及'奉献、友爱、互助、进步'的志愿精神和'行善立德'的志愿服务理念，不断推进志愿服务工作、规范化建设，激发全社会参与志愿服务的热情。"（中国志愿服务联合会，2017）同时，抚顺市作为"雷锋纪念馆"所在地，不断总结"雷锋精神"的新元素、新特点，面向全国交流推广。因此，辽宁省获得"雷锋精神""郭明义精神"的滋养，形成富有生命力的志愿文化。二是注重典型人物的示范带动。辽宁省在雷锋、郭明义等事迹的带动下，广大干部群众对于"学雷锋，做好事"、对于志愿服务都有天然的亲和力，乐意互相帮助、乐意关爱互助。俗语说"东北人都是活雷锋"就是这种社会现象的体现。三是构建社区农村互助网络。针对东北地区包括辽宁省农村幅员辽阔的特点，近年来注重推动城乡志愿服务的联动，推动城市志愿组织深入农村服务并扶持农村志愿者团队的发展。因此，志愿服务体系建设的重点，就逐渐包括农村志愿服务的力量培育和网络建设等方面。

二、地方志愿服务发展的经验启示

我国不同地区的志愿服务体系建设，有许多可以相互借鉴的经验，值得我们关注和思考。

第一,构建"中国特色"体系。如果说改革开放初期,中国内地的志愿服务发展较多吸收和参考我国港澳及外国的经验。那么,经过四十多年的探索实践后发现,党的宗旨、雷锋精神、中华传统、外国经验等都是促进我国志愿服务发展的要素。在传承、借鉴与融合的基础上,需要创造志愿服务的"中国特色"。陆士桢(2020)提出,"中国特色的志愿服务基本形成了从上到下、有组织有领导、全面性制度化的发展格局"。在中国特色社会主义新时代,志愿服务不断发展和丰富,构建富有生机活力的体系,也成为社会发展进步的重要组成部分。在实践探索的基础上,经过长期的研究分析,我们提出"中国特色"志愿服务体系的含义,就是在党和国家鼓励和支持下,人们在参与服务社会、帮助他人的行动时所构建的组织、实施、传播、保障等机制的总和,具有科学性、系统性、有效性、活跃性、创新性、成长性等特征。要引起特别关注的是,科学性、系统性、有效性是志愿服务体系共有的特征;活跃性、创新性、成长性则是青年参与构建志愿服务体系所带来的新特征。这种体系既有组织动员的作用,也有自主参与的活力,为中国志愿服务发展繁荣提供良好基础。

第二,彰显"一核多元"优势。虽然志愿服务诞生初期有社会自发、民间活跃的基础,但是很快获得党和政府的重视与支持,并且逐渐获得党组织的坚强领导。不论是北京大栅栏"综合包户"志愿服务获得团中央、民政部、北京市委的重视与支持;还是深圳市"义工联"发展初期就获得市委、市政府的重视和支持。尤其是2006年以来党中央的重要会议、重要决议都提到志愿服务,提出指导要求。进入新时代,党对志愿服务的领导和支持作用更加凸显。党的十九大报告提出:"坚持党对一切工作的领导。党政军民学,东西南北中,党是领导一切的。"

在志愿服务领域，既包括各级党组织为志愿服务发展把握正确的方向，为志愿组织和志愿项目的发展提供有力支持；也包括在各类志愿组织中建立党组织，发挥核心领导作用，发挥党员志愿者的示范带动作用，让志愿服务在经济社会建设和社会治理创新中更有作为。

第三，发挥"青年先锋"作用。青年志愿者始终是志愿服务事业发展、志愿服务体系建设中的"先锋力量""活跃力量"。与20世纪90年代青年志愿者行动"一枝独秀"的环境不同，现在是全社会志愿服务发展、全民参与志愿服务，青年团员成为其中一支力量。与此同时，在党的领导下，文明委统筹协调志愿服务体系建设，青年志愿服务体系成为其中的重要组成部分。青年有敢想敢干、爱思考、爱创新等特点，必然在志愿服务发展中率先探索、率先实践，不断积累创新的经验，为志愿服务体系建设提供参考借鉴。

第三节　志愿服务事业管理体系

一、新时代中国志愿服务体系的发展

我国进入新时代以来，在中央文明委的统一领导下，在中宣部、中央文明办的统筹协调下，有关部门积极配合、社会各界广泛参与，志愿服务取得了长足进步，发挥了社会治理作用，彰显了新时代志愿服务价值。

首先，一系列中央政策文件为新时代中国志愿服务体系的法治化提供了依据。2014年，中央文明委印发《关于推进志愿服务制度化的意见》，要求建立完善志愿服务长效工作机制和活动运行机制，推进志愿服务制度化。2016年，经中央深改组审议通过，中央文明办会同有关

部门制定发布了《关于支持和发展志愿服务组织的意见》、发布了《关于公共文化设施开展学雷锋志愿服务的实施意见》。2017年，国务院颁布《志愿服务条例》，这是我国第一部关于志愿服务的全国性专门法规，对规范和促进我国志愿服务事业发展具有里程碑意义（张翼等，2020）。该条例开宗明义指出，"制定本条例"的目的在于"保障志愿者、志愿服务组织、志愿服务对象的合法权益，鼓励和规范志愿服务，发展志愿服务事业，培育和践行社会主义核心价值观，促进社会文明进步"。在新冠疫情的预防治理中，各地志愿者主动宣传《中华人民共和国突发事件应对法》《中华人民共和国传染病防治法》和《中华人民共和国国境卫生检疫法》，深入解释依法进行疫情防范的重要性，深入践行依法防疫的时代内涵，将志愿服务纳入法制轨道，将民众自发的防疫治疫活动纳入法治渠道。实践证明，现代化的志愿服务，就是法治化的志愿服务。

其次，经过多年发展，中国志愿服务事业已经初步实现组织化。当前，我国注册志愿团体已超过68万。其中，机关单位、企业主管的团体占总数的43.51%，在民政部门登记注册与挂靠在社区的团体分别占总数的17.69%和16.18%，社会自发组织的志愿服务团体占总数的8.58%，其余为高校团体和社会组织团体。在组织化的同时，志愿服务的区域联合与跨区域联合也渐成趋势：从全国和各地的整体状况看，全国已有中国志愿服务联合会、中华志愿者协会等全国性志愿服务行业组织和重点领域志愿服务行业组织。与此同时，我国在23个省份成立了省级跨领域的枢纽型志愿服务组织，在大多数市级区域成立了地区性志愿服务组织，完善了志愿服务的行业化组织过程。

最后，中国特色志愿服务事业专业化进程不断加速。改革开放以来持续四十多年的发展，使我国发生了从农业社会向工业社会再向后工业社会的大转型，这种转型提升了城乡居民的收入水平，改变了城乡居民的生活方式，使恩格尔系数下降到28.2%（其中城镇居民为27.6%，农村居民为30.0%）。这说明我国居民加快了消费升级步伐，将越来越多的收入用于人力资本的提升、安全舒适居家环境的改造、身心健康的维护、社会交往方式的改变等方面。正如习近平总书记指出的那样，中国人的消费方式已从模仿型波浪式阶段向个性化多样化阶段转变。在这个转变过程中，伴随人民对美好生活需求的提升，其对志愿服务质量与志愿服务的专业化要求也提高了。因此，志愿服务需要适应于时代变化而与时俱进地改革；志愿者需要及时提升自己的智能化、多样化服务能力；志愿服务组织需要以项目化为抓手，调动志愿者的学习积极性，构建丰富多彩的专业队伍，针对需求侧的变化促进志愿服务的供给侧改革。近年以来，我国志愿服务的模式发生了从单纯打扫卫生、扶弱助残、大型会议秩序维护等向教育、科技、文化、卫生、治安、环保、养老等专业化领域的转型，志愿服务活动也开始由零星分散、突击性、节日性、仪式性向日常性、社区性、多样性转变。

二、新时代中国特色志愿服务管理体系

（一）党委领导新时代中国特色志愿服务发展

党的领导为志愿服务组织的行动提供行动纲领和科学理论指导，是志愿服务组织行动的灵魂和主心骨。因此，在志愿服务组织的活动实践中，要始终坚持无产阶级政党的领导，加强对志愿服务组织成员的教育与管理。中国共产党对志愿服务组织的领导主要是思想领导和政治领导。在思想领导方面，习近平新时代中国特色社会主义思想为志愿服务发展奠定了理论和思想基础。在政治领导方面，中国志愿服务联合会第二届会员代表大会选举产生了新一届领导机构，中宣部常务副部长、中

央文明办主任兼任会长，体现了中国志愿服务管理体系的重大变革。志愿服务组织要把中国共产党的奋斗目标当作自身的奋斗目标，把中国共产党的阶段性任务当作自身的阶段性任务。随着中国特色社会主义进入新时代，我国的主要矛盾发生了变化，解决这一矛盾、充分满足人民群众对美好生活的需要成为党现阶段的奋斗目标，这也将成为志愿服务组织的任务和目标。

（二）政府主导新时代中国特色志愿服务发展

政府是新时代中国特色志愿服务发展的主导力量，各级政府和部门越来越重视志愿服务在社会发展中的重要作用。第一，为了促进志愿服务理论和实践的发展，政府和相关部门组织制定一系列有利于志愿服务发展的政策规定，并通过一些政策、文件为志愿服务提供指导意见，积极推动志愿服务的发展。2014年，中央精神文明建设指导委员会印发《关于推进志愿服务制度化的意见》，文件中明确要求要完善志愿服务的长效工作机制及活动运行机制，这为新时代我国志愿服务的制度化发展提供了制度和理论上的依据。2017年颁布实施的《志愿服务条例》指出："国家和地方精神文明建设指导机构建立志愿服务工作协调机制，加强对志愿服务工作的统筹规划、协调指导、督促检查和经验推广。"第二，政府不仅增加拨款来支持公益事业，而且设置专门的机构及专项资金，以此来为志愿服务的发展提供资金支持。第三，政府还通过多种方式来拓宽志愿服务的发展渠道，如通过购买志愿服务组织的服务来开展公益事业项目，既为志愿服务组织提供了资金和机会，又发展了社会公益事业。

（三）中国志愿服务联合会发挥枢纽作用

中国志愿服务联合会是由志愿者和志愿组织自愿组成的联合性、全国性、非营利性的社会组织。党的十八届三中全会提出了"支持和发展志愿服务组织"的重要目标和任务,为落实这一要求,中国志愿服务联合会应运而生,逐渐成为我国精神文明建设的重要抓手,不仅对志愿服务活动制度化的开展起到了重要推动作用,而且成为引领社会文明风尚的重要力量。第一,联合会始终秉持"普及志愿理念,弘扬志愿精神,培育志愿文化,组织开展志愿服务活动,推动形成'我为人人、人人为我'的社会风尚"的宗旨,从人民群众的切实需要出发开展志愿服务活动,如通过推出"邻里守望"等品牌服务扩大帮扶面;充分发挥共产党员及共青团员的模范作用,动员公务人员及公众人物积极参与到志愿服务中来;通过组织联合的方式来深化服务效果,目前已经实现在全国31个省(自治区、直辖市)组织区域的全覆盖;开发"志愿云"系统,并与越来越多省市对接;依托微信公众平台等平台积极探索"互联网+志愿服务"模式;汇聚志愿服务力量助力脱贫攻坚事业。第二,联合会组织专家学者编撰出版了中国志愿服务领域第一部辞书——《中国志愿服务大辞典》。第三,成立中国志愿服务联合会专家委员会、中国志愿服务联合会教育培训师资库,推动志愿服务法制化、制度化。

(四)群团组织助推新时代中国特色志愿服务发展

群团组织是中国特色志愿服务的先锋力量,也是志愿服务的重要载体,始终发挥围绕党的中心工作和国家发展大局组织动员群众的特殊优势,可以有效提升党和政府的公信力。在我国,群团组织最显著的性质和特征,就是当好党和政府的参谋和助手,发挥党委和政府广泛联系广大人民群众的桥梁和纽带作用。以群团组织主管的志愿服务组织为骨干,以蓬勃发展的民间组织为基础,我国已经逐渐形成覆盖面广、服务能力强的志愿服务组织结构(罗敏、胡礼鹏,2016)。党的群团组织具有较强的实力，能够承担大的政府服务项目，动员社会资源的范围广，社会影响力大，是我国志愿服务的主要组织力量，具有引领和示范作用。第一，群团组织依托政府而存在。除了执政党所带来的基因联系，群团组织的人员编制和经费来源也依赖政府支持。第二，群团组织是社会组织的"枢纽"。如共青团是青年社会组织的中枢，孵化和培育了一大批青年社会组织，并鼓励和引导青年社会组织承接相应的公共服务。第三，群团组织与企业紧密相连，拥有强大的动员能力，如工会几乎覆盖了所有规模以上的企业，妇联在长期的工作中，发掘并联系着所有的妇女创业典型和各行各业的先进榜样。

（五）志愿服务组织发挥重要载体作用

社会组织、政府与企业组成的三大组织体系，是促进社会进步和发展的重要力量。社会组织是志愿服务的重要参与者，同时也是志愿服务的重要载体。党的十八大报告指出，"加快形成政社分开、权责明确、依法自治的现代社会组织体系"；十九大报告指出，"加强社区治理体系建设，推动社会治理重心向基层下移，发挥社会组织作用，实现政府治理和社会调节、居民自治良性互动"。第一，为了落实这些要求，我国政府大力推进社会管理体制机制的创新，为社会组织的孵化和培育营造了良好的环境和氛围。第二，随着常态化、深入化和平民化的邻里互助志愿服务的发展，社会基层民众广泛参与的互助型组织日益壮大，自发性社会志愿服务组织应运而生。由退休老教师自发组成、专门为社区青少年儿童提供辅导服务的"4点半学校"，由退休法律工作者组成、为社区居民提供法律援助的"社区法律援助中心"，由热爱运动的社区居民组成、为全体社区居民提供体育健身服务的"社区健身运动俱乐部"等，立足并服务社区，不仅在一定程度上弥补了社会管理的疏漏，而且使更大范围的人群享有平等参与社会管理的机会，大大提高了普通群众的参与度，在我国的志愿服务中发挥着越来越重要的作用。

本章小结

我国的志愿服务政策与管理体系已经成为促进我国社会健康发展的结构性因素。虽然当下依旧存在着一些待完善的地方，但是我们要敢于实践、勇于探索、善于创新，力争让中国特色志愿服务体系的顶层设计更为系统、内容架构更为成熟、运行机制更为顺畅。鼓励地方在志愿服务实践中因地制宜、各显神通，培育发展具有自身特色的品牌服务项目，积极推动志愿服务从单一模式向多元化模式发展。未来的志愿服务事业发展要扎根基层、立足社区、创新理念、创新思路、创新手段，处理好服务与治理、传统与现代、专业化与社会化的关系。

新时代新征程，中国特色的志愿服务体系必将日益完善，志愿服务事业也将获得更高质量的跨越式发展，为全面建设社会主义现代化国家贡献更大力量、发挥更大作用。

案　例

美国的志愿服务制度建设[①]

美国志愿服务制度的发展经验举世瞩目，本案例聚焦于全民参与志愿服务的保障制度、因地制宜的社区志愿服务制度、完善的志愿服务法

---

① 本案例主要参考周湘宁：《我国志愿服务制度完善研究》，湖南大学2014年硕士学位论文。基于教材体例及教学需要有所改动。

律制度、志愿服务的政治保障制度和网络推动下的志愿服务信息利用制度，分别进行阐释。

第一，全民参与志愿服务的保障制度。志愿服务在美国历史悠久且深入人心，完成志愿服务早已成为美国文化传统。志愿服务人员活跃在从家庭、学校、教堂、社区、机关，到县市镇、州乃至全国性的一些活动中。参加志愿服务完全出于个人的自愿，一旦参加，就必须以足够的热情和尽责的态度去完成任务。此外，美国人普遍把参加志愿服务活动视作实现理想与抱负、扩大社会交往、积累工作经验、显示自己才能或赢得社会尊敬的重要途径。美国志愿服务涉及范围非常广，项目丰富，人数众多。2011年全国参与志愿服务的人数比例达到26.8%，共计服务70亿小时，创造经济价值170亿美元。

第二，因地制宜的社区志愿服务制度。在美国众多的志愿服务内容中，社区志愿服务的地位极为重要。由于资本主义生产方式的盛行，美国人价值观念中最重视的仍是他们的家庭、朋友以及他们所在的社区。社区服务的宗旨就是改善生活质量、提高社区服务。社区服务组织利用组织内部拥有的知识、技能和财富，完成对有困难的社会群体及个人的救助行动，或者通过各种服务行动去实现对社会事业的关爱与奉献。美国拥有数量庞大的社区志愿者，目前活跃在美国大中小型城市社区内的非营利性组织和志愿组织共有150多万个，占到美国各类组织的6%左右。约有800万人在社区组织中从事各类服务工作，占全国就业人数的10%左右，此外，每年有9000万人次的志愿者，从事社区类服务工作。根据参与人员所具备的专业知识、社区志愿服务的组织形式可以分为两大类型：一类是由居民、社会工作者、学校、社区委员会等自发组织起来的一般性服务组织；另一类则是由具备专业知识与技能的志愿者所组成的专业性服务组织。

第三，完善的志愿服务法律制度。目前，美国志愿服务法制化越来越完善，早在1973年美国就制定了全国性的志愿服务法，目前美国的志愿服务法律法规体系包括《国内志愿服务修正法》《国家和社区服务法案》《全美服务信任法案》《志愿者保护法》等。美国在与志愿服务相关的立法方面均显示出了对志愿服务活动的大力支持，与此同时，很多相关政策法规也保障了志愿者的物质实际需要，比如联邦与州均设有专门机构，每年都设有专项资金，对志愿者的服务绩效进行评估，有志愿服务经历的个体可以加学分，对于升学、就业都十分有利，杰出志愿者还可以得到政府的表彰。《志愿者保护法》中专门有两条来保护志愿者的合法权益：一是不得把志愿者与工人混在一起，不得把志愿者当最低工资人来使用；第二，必须保障志愿者最基本权益，比如医疗保障、社会保险要给予，以尽量保障在使用志愿者过程中不出问题。

第四，志愿服务的政治保障制度。美国历任总统都十分重视志愿服务，美国联邦政府也在不同时期出台了多种支持志愿服务的计划，从而为志愿服务的高质量发展奠定了稳固的基础。从州和地方一级政府来讲，随着社会问题的增加和各种社会需求的逐渐紧迫，志愿服务成为解决问题和为公民实现道义的途径。如果以社区志愿组织的活动经费为例，其中60%来源于各级政府的财政支持，30%来源于服务收费，通过自行筹集的资金只占到10%左右的比例。稳定的资金来源在很大程度上鼓舞了志愿精神的发扬与推广，从而保障了志愿活动的持久性与稳定性。此外，美国政府还出台了优惠政策，比如在税收方面，如果在特定非营利性组织从事志愿服务活动，那么服务时间可以用来抵税。在金融危机深深困扰美国的时期，时任美国总统奥巴马就曾希望通过恢复美国人对志愿精神的信念，为美国克服经济困难助一臂之力。

第五，网络推动下的志愿服务信息利用制度。网络在美国正成为现代社会最重要的提供志愿服务的独立平台,因此虽然美国的志愿服务组织非常之多,但由于从全国到地方信息化程度非常高,比如国际狮子会、基督教青年会等志愿服务组织,均有详尽的信息。内容包括详细的活动项目介绍、志愿者招募、审核到后期对志愿者服务的评估文案。志愿服务组织之间也建立了信息联网,以便彼此可以及时介绍对方所需的志愿服务信息和推荐志愿服务人员。

▲案例分析题

1. 美国志愿服务制度建设有哪些经验启示?
2. 在国家的志愿服务事业发展和建设中,政府应该扮演什么样的角色?
3. 美国志愿服务状况对我国志愿服务制度完善的启示有哪些?

▲本章思考题

1. 参与我国志愿服务事业的主体有哪些?
2. 各地在志愿服务事业采取的政策上有哪些值得推广全国的经验?
3. 美国的志愿服务政策和管理体系对我国有哪些启示?
4. 我国志愿服务管理体系有哪些不足和待完善的地方?
5. 我国志愿服务事业面临着哪些难题?如何解决这些难题?

第四章

志愿者管理

第四章 志愿者管理

1. 了解志愿者的定义、分类与价值。
2. 掌握志愿者招募的渠道和选拔的方法。
3. 掌握志愿者的培训方法和素质提升渠道。
4. 掌握志愿者激励和督导方式。
5. 了解对志愿者进行评估的方法。
6. 熟悉志愿者管理的流程并能解决简单的管理问题。

● 自2008年北京奥运会的举办和汶川大地震的发生以来，志愿者作为一个特殊群体逐渐为大众所熟知，而随着志愿服务活动的不断展开，志愿者队伍也在不断扩大。截至2024年，全国已有实名志愿者总数2.37亿人、志愿队伍总数135万支、累计开展志愿项目总数1252万个、累计志愿服务时间总数532600万小时，并且累计记录时间人数达8683万人次[1]。2017年12月1日，《志愿服务条例》开始实施，国内的志愿服务规范化水平不断提高，但由于我国的非营利组织发展起步较晚，对于志愿者队伍的管理制度与方法并不完善，存在诸多不足。社会组织如何对志愿者进行从"选""育"到"用""留"全流程的有效管理，是能否发挥志愿者这一社会组织中重要且最具特色的人力资源价值的决定性因素。本章围绕志愿者管理展开，主要介绍志愿者的定义、分类与价值，以及志愿者的招募、选拔、培训与素质提升的方法和渠道，还有如何对志愿者进行激励与督导。

---

[1] 数据来源：中国志愿服务网（https://chinavolunteer.mca.gov.cn/site/home）。

第一节　志愿者的定义、分类与价值

一、志愿者的内涵

（一）志愿者的定义

志愿者（volunteer）一词来源于拉丁文中的"voluntas"，其意为意愿。在国际社会中，志愿者源于战争时期的人道主义援助，志愿者制度的确立可以追溯到第二次世界大战后福利主义的抬头，但志愿者本身的存在则历史悠久。中国古代的扶危济困、赠医施药可以看作志愿者的雏形，而西方志愿者起源的重要概念建基于罗马时代的博爱精神和基督教的宗教责任以及救赎观念。起源于19世纪初西方国家宗教性的慈善服务的志愿服务已经持续一百多年的时间，在此期间确立的志愿者制度，弥补了政府对社会支援的不足，同时结合政府、商界和民间的力量，为维护社会秩序和世界和平做出了重要贡献。

对于志愿者，国际上并未有统一的概念。联合国将志愿者定义为"自愿进行社会公共利益服务而不获取任何利益、金钱、名利的活动者"。具体指在不获取任何物质报酬的情况下，能够主动承担社会责任、奉献个人时间和助人为乐的人。在西方较为普遍的观点是：志愿者是职业之外的、不受私人利益或强制法律驱使的人们，其目的在于改进社会，提供福利。国内由于内地和港台地区对于"volunteer"译法的不同，关于志愿者的称呼也不尽相同，内陆地区一般称之为志愿者，香港地区则倾向于称为义工，而台湾地区则称之为志工。这三种称呼本质上没有太大的区别，其核心概念是一致的。丁元竹、江汛清（2001）认为志愿者是自愿贡献个人时间和精力，在不计物质报酬的前提下，为推动人类发展、社会进步和社会福利事业而提供服务的人员。郁建兴（2019）认为，志愿者是指"在自身条件许可的情况下，参加相关团体，在不谋求任何物质、金钱及相关利益回报的前提下，在非本职职责范围内，合理利用社会现有的资源，服务于社会事业，为帮助有一定需要的人士，开展力所能及的，切合实际的，具有一定专业性、技能性、长期性的服务活动的人"。而于2017年12月开始施行的《志愿服务条例》则首次从国家层面界定了国内的志愿者的概念，即以自己的时间、知识、技能、体力等从事志愿服务的自然人。这一概念可以从三个方面来理解：第一，志愿者是自然人；第二，志愿者在主观上是自愿的；第三，志愿者付出了一定的时间、知识或者劳动。

从上述观点中我们可以发现，虽然各种定义在表述方式上存在差异性，但其概念核心具有共同点：志愿者是自愿而非强制性的；志愿者是以服务社会公益为目的提供服务；志愿者不期待获取物质报酬；志愿者往往通过非营利组织这个渠道提供服务。基于此，我们将志愿者定义为：参加一定组织或团体，在不获取任何物质报酬的前提下，自愿提供时间、知识、技能或体力来从事志愿服务活动，以服务公共利益的个人。

（二）志愿者的特点和志愿者精神

志愿者作为非营利组织中重要的人力资源，既具有人力资源的共性，又有着其特殊的性质。首先就是自愿性，这是由公益活动本身的性质决定的，也是区别于其他人力资源最大的特点，参与活动完全没有强制性；其次是无偿性，志愿者参与志愿活动是出于自身精神意识的驱使，并不为获取任何物质报酬；最后就是不稳定性，由于志愿者参与活动的时间和地点并不固定，所以志愿者具有较强的流动性和随意性。

联合国前秘书长科菲·安南在"2001国际志愿者年"启动仪式上的讲话中指出："志愿精神的核心是服务、团结的理想和共同使这个世界变得更加美好的信念。从这个意义上说，志愿精神是联合国精神的最终体现。"这句话指出了志愿精神的本质，表达了人们对志愿服务的由衷赞美。1993年，团中央发起实施中国青年志愿者行动。1994年12月5日，胡锦涛同志在中国青年志愿者协会成立大会的贺词中指出，"使奉献、友爱、互助、进步的青年志愿者精神在青年一代中发扬光大"。当前，"奉献、友爱、互助、进步"的志愿者精神已广泛为社会所接受。

二、志愿者的分类

通常情况下，在志愿服务组织中存在着很多的志愿者，他们根据工作性质，可以分为三类。

（一）管理型志愿者

是指在志愿服务组织中参与或者承担领导和决策职能，维持组织整体的运转和规划组织未来发展的志愿者，如理事会成员、工作会成员、部门领导和顾问等。这一类志愿者一般素质和能力较强，并且社会经验丰富，是志愿服务组织的领导核心。在机构中，他们不仅要承担领导职责，与员工沟通，推进组织的工作有序展开，还是组织的决策者。

（二）日常型志愿者

是指参与或承担志愿服务组织日常事务工作，包括策划、管理、协调等的志愿者，如工作人员、秘书、宣传员等。这一类志愿者和其他志愿者一起参与志愿服务组织的日常事务工作，共同上下班。

（三）项目型志愿者

是指参与志愿服务组织的各项项目或者活动的志愿者，主要集中在项目或活动开展期间，他们一般为项目提供技术或者知识的支持。他们以项目或活动的开始而参与工作，以项目的完成结束工作，具有短期偶然性。

三、志愿者的价值

（一）对社会的价值

首先，志愿者从事志愿活动有助于建立和谐社会。建立一个人们各尽其能、各得其所的和谐社会，是人类数千年来不断追求的共同理想，而一个和谐美好的社会一定是稳定、公正、提倡和谐互助、追求平等友爱的。志愿者所从事的志愿服务活动弘扬奉献、友爱、互助、进步的志愿者精神，恰恰体现了人与人之间、人与自然之间的融洽和谐，这与建设社会主义和谐社会的本质要求是一致的。第一，志愿服务可以推动营造人与人之间相互关爱的人际关系。第二，志愿服务可以推动人与社会之间的相互融合。志愿服务可以关注到弱者的利益，扶危济困，开展行动服务于市场机制和政府部门无暇顾及的社会成员。第三，志愿服务可以促进人与自然的和谐共处。

其次，志愿者从事志愿活动有利于更好地开发配置人力资源。在当今世界上，无论从哪个方面来说，人力资源都是组织最重要的资源，其重要性毋庸置疑。然而，由于我国市场尚未发挥出人力资源配置的主体作用，不能按照市场经济的要求进行人力资源的供应和接收，导致社会上人力资源无法达到最优配置。而志愿服务等非市场因素的作用是对市场基础性作用的有效补充，志愿服务与社会实践、价值创造密切关联，对于人力资源开发配置具有独特的作用。第一，发挥志愿服务的整合对接作用，优化人力资源配置。志愿服务可以将多余的人力资源与人才紧缺领域整合，对接供给端与需求端，使得施助者和被助者都能各得其所，如青年志愿者扶贫接力计划和大学生志愿服务西部计划等。第二，发挥志愿服务的价值替代作用，实现人才效益转化。志愿服务本质上是一种劳动创造，具有金钱的价值替代作用，可以创造社会经济效益。因为志愿服务本身是不图物质报酬的，活动经费来自社会赞助，没有机构的内耗问题，因此可以以较低的成本高效率地创造社会效益。

（二）对志愿服务组织的价值

第一，志愿者有助于降低志愿服务组织的成本开支。随着志愿服务组织规模的不断扩大和其所承担的社会责任的加重，其对资金的需求也在不断增长。尽管我国近年来志愿服务组织发展较快，但资金问题仍是首要问题，而志愿者参与到志愿服务组织的项目中则能够缓解项目的资金压力。例如志愿者参与2008年北京奥运会以及近年来各种大型赛事，不仅提供了各种优质服务，而且节约了大量的运行成本。国际奥委会前主席萨马兰奇曾指出："如果我们要支付志愿者在工作、责任和个人损失方面付出的代价，那将是政府或奥运会组委会不可能支付的一笔令人瞠目结舌的数额。"

第二，志愿者为志愿服务组织提供了充足的人力资源。由于资金的缺乏，志愿服务组织很难吸引到足够多的优秀专职人员，并且当前志愿服务组织的活动均以项目的形式开展，但是志愿者的加入则可以在一定程度上满足项目对人才的需求。同时，由于志愿者的"自愿性"，志愿服务组织还可以吸纳后备志愿者以避免志愿者中途退出所带来的损失。这样的话，志愿者就构成了志愿服务组织的"人才库"，为志愿服务组织提供充足的人力资源。

第三，志愿者可以帮助志愿服务组织提高服务质量。志愿者来自社会的各个阶层，可以将志愿工作拓展到所有社会领域，从福利范畴扩展至其他预防性及发展性的工作层面上，服务的对象也不仅仅局限于老弱病残、孤寡贫困。同时志愿者在与服务对象接触的过程中，可以更好地了解他们的需求，为志愿服务组织提供及时、有效的信息，有利于志愿服务组织提供更加全面的服务。

第四，志愿者可以帮助宣传志愿服务组织的宗旨。志愿服务组织以服务大众为宗旨，不以营利为目的，具有自愿性、利他性和自治性。志愿者怀揣着对组织宗旨的认可加入志愿服务组织，接受相应的培训，他们身上体现着志愿服务组织的宗旨和特点。当他们和其他人接触时，可以通过自己的言行举止使人们逐步了解到志愿服务组织致力于使社会变得更加美好的理想和抱负，也就帮助志愿服务组织传播了服务大众的宗旨。

第五，志愿者有利于志愿服务组织的团队建设。志愿者的加入，弥补了志愿服务组织专职人员技能和时间上的不足。此外他们还可以从较广的层面上给出建设性的建议和意见，帮助志愿服务组织解决问题。他们的这种参与和积极的热情都有助于志愿服务组织培养团队精神，增强成员的归属感，提高工作效率。

（三）对志愿者个人的价值

首先，有助于志愿者发挥特长、丰富知识。参加志愿服务给了志愿者发挥才能的空间，可以选择适合自己的活动施展一技之长，实现自身价值的同时又可以学习新知识、新技能，在丰富多彩的社会实践中开阔眼界、提升能力。

其次，有助于志愿者提升价值理念。志愿者在参与志愿服务的过程中不仅获得了技能的培训和知识，也深切体会了志愿精神，内化了志愿服务的宗旨。有利于他们培养高尚道德情操、遵守社会公德、关心公益事业。

最后，有助于志愿者发展人际关系。志愿者来自不同阶层、不同职业，具有不同的年龄分布，志愿服务活动为他们提供了相互交流的机会，拓宽了他们的社交范围，增加了社会关系。

第二节　志愿者的招募与选拔

一、志愿者的人力资源管理体系

志愿者的加入，不仅可以促进社会组织工作的顺利开展，也能够减轻社会组织的经济负担。如何对志愿者进行有效的人力资源管理，建立合理的志愿者管理体系，是社会组织建设的重要内容。

不同于专职人员领取组织薪水，对志愿者的管理不涉及薪资，也无晋升、降职等问题，所以过去志愿者的人力资源管理体系都是采取较为简易的结构，主要围绕志愿者的日常招募和活动纪律维护，对于志愿者本身的管理和支持相对薄弱。很多志愿者由于志愿服务体验感一般，沦为一次性参加者，志愿持续意愿较低。粗糙化的管理也导致志愿队伍鱼龙混杂，专业性差，活动质量无法保障，志愿服务效果不佳。随着社会公益事业的发展，对志愿者的"质"与"量"的需求都在不断上升，过去那些专业能力低、团队稳定性差的志愿团队，已经无法满足现代社会需求。当代志愿者的人力资源管理主要应该关注的是如何吸引并留住志愿者，提升志愿者专业能力，以及志愿者的激励和督导问题。

志愿者的管理实际上是一个非常复杂的过程（如图4-1）。其中志愿者个体经过招募组成了各种志愿者团队，志愿者团队在对成员进行相应的培训之后实施各类志愿服务活动，而对志愿者的激励、督导和评估则贯穿于整个志愿服务活动管理过程中。此外，组织的规章制度是志愿者管理的基础和保障。

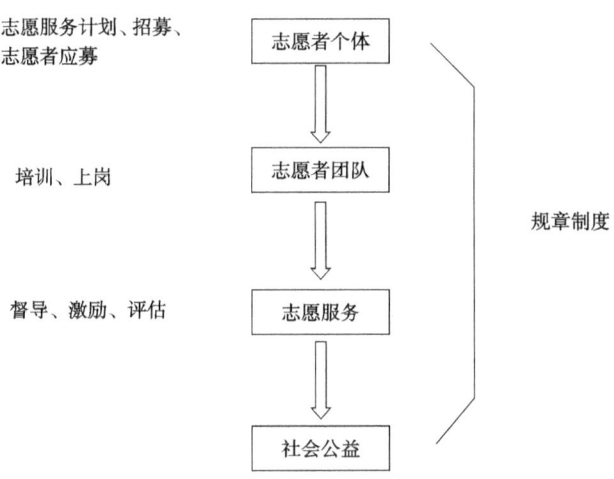

图4-1　志愿者管理机制简图（朱丽亚，2005）

二、志愿者的招募

志愿者的管理从志愿者的招募就开始了，但实际上在志愿者招募之前存在着一个志愿者规划的时期。非营利组织的志愿者规划是指根据非营利组织的项目服务宗旨，科学地预测在未来内外环境变化中志愿者的供给与需求状况，制定必要的志愿者获取、利用、保持和开发策略，确保非营利组织对志愿者在数量和质量上的需求，使志愿者与非营利组织的需求相适应。志愿者规划阶段往往需要做以下几个方面的工作：调查分析、预测供需、制定规划、实施评估。

在这之后，就真正进入了志愿者的招募工作中。

（一）制定志愿岗位说明书

招募志愿者，首先应考虑组织需要志愿者做什么，这就需要对志愿者的岗位进行分析，并说明志愿者所要从事的志愿服务的工作任务、职责要求、工作保障及工作收获等方面的内容（北京志愿服务发展研究会，2014）。

一份合格的志愿岗位说明书应包括：岗位名称及所需要的资格条件（如知识、技能、经验、个人态度等），工作时间、内容和形式，与岗位相关的激励和保障措施。岗位说明书必须与项目活动的计划要求相吻合，从而实现招募目标和志愿服务要求的最佳配合。

（二）确定招募标准

志愿者的招募标准根据岗位说明书来确定，是对所要招募的志愿者的数量和质量的进一步说明。招募标准可以分为基本标准和关键标准：基本标准用来确定志愿者能否做这项工作，关键标准则用来考量志愿者能否做好这项工作（维娜，2018）。

基本标准包括三个方面的内容：志愿者的技能是否与岗位职责相匹配，志愿者的性格是否与团队角色相匹配，志愿者的价值观是否与组织价值观相匹配。高质量的志愿服务需要专业技能的支撑，如果志愿者能力不符合岗位要求，不仅影响服务质量，还会打击志愿者积极性。而志愿者的性格和所承担角色相吻合、价值观和组织相匹配，则是充分发挥志愿者自身价值和提升志愿服务质量的前提条件。关键标准则是指诸如沟通能力、协调能力、责任心、奉献精神和解决问题的能力等岗位胜任能力。

（三）发布招募信息并选择招募方式

在确定了需要招募的志愿者的数量和质量之后，就要发布招募的信息。如何吸引志愿者，是所有志愿组织最关心的核心问题。只有充足的志愿者资源，才能保障组织活动的正常开展。

过去大众了解志愿活动的渠道比较有限，参与途径较为狭窄，组织在招募志愿者时面临信息影响度低、寻找专业人士难度大等问题。志愿组织与志愿者之间存在严重的信息不对等，亟须建构合理的招募渠道。社会组织不应当墨守成规，拘泥于过去的传单发放和海报宣传等老式方法，应当借助互联网优势，线上可以利用微信、微博等渠道发布信息，在网络论坛和组织官网发布信息，还可以到"志愿汇"等专类APP发布信息，此外寻求社会知名人士的倡议转发也可以加大社会影响力。线下可以利用学校、社区、单位等固定场所进行宣传。

一般来说，志愿者有以下7种常见的招募方式（王存良，2016）。

1. 暖身招募：主要是为了某项大型活动而开展的临时性志愿者招募，志愿者多是通过短期的培训上岗。这一方法适用于两种情况：短时间内需要大量志愿者（如某次特别事件）；专业性要求不强、无须特别资格。暖身招募的基本方法包括分发宣传品、利用媒体（期刊、报纸、广告等）、演讲。

2. 目标招募：先了解愿意从事此项志愿工作的目标群体，然后直接对这些目标群体进行招募，这种招募具有明确的方向性，同时也限制了招募对象的范围。目标招募适用于招募具有特定技能或者具有特定心理特征的人，比如招募有心理辅导经验的人、法律专长者。做目标招募之前应该注意四个方面的问题：我们需要何种志愿者？哪里能招募到这些志愿者？我们怎样才能与他们联系？用什么方式能激励他们？

3. 暖身招募和目标招募的结合：通常是根据实际情况的需要综合二者的优点来进行。

4. 同心圆招募：又称为"懒人招募法"，是借助组织中现有志愿者或员工，通过邀请、扩散的方式，吸引周边人群进入志愿服务工作，这种方式可以降低招募成本并更容易使人信任组织，但是在录用和未来工作管理中容易形成新的非正式团体，给管理工作带来隐患。

5. 团体招募：通过创造一种自身组织的志愿文化并在社会中传播，进而让认可这种文化价值观的人主动寻求志愿机会，这种方式可以让志愿者达到良好的文化认同，在实践中能更好践行服务精神，但是周期较长，能够达到良好志愿认同的群体有限。

6. 协助招募：通过某些专职提供志愿者服务的社会团体（包括地方志愿者中心、企业和社团等）的协助，委托代为招募志愿者，这种方式大大简化了组织自身的工作内容，但是在沟通和监管上增加了一定难度。

7. 联合招募：有志愿者需求的组织联合起来，进行定期、集中的志愿者招募，这种方式影响力大，通过资源整合也可以降低总体的成本，但是间隔周期较长，灵活性较差。

以上各种招募方式兼具优点与缺点，在实践工作中可互为补充。而事实上，在很多志愿活动招募志愿者的过程中，各类非营利组织都是综合运用多种招募方式，招募方式的组合本身也是一种运营策略，这对于我国目前较为单一的志愿者招募方式而言具有一定的反思和借鉴之处。

三、志愿者的选拔

招募是为了识别和吸引潜在的志愿者，而选拔志愿者是为了在潜在的志愿者和提供的机会之间找到一个很好的匹配。这是一种尝试，试图找到一个高效的组合，其中志愿者既拥有合适的技能、经验以及饱满的热情，又可以满足其需求和兴趣。志愿者的甄选与营利组织中的甄选过程类似，包括笔试、面试、技能测试、心理测试和情景模拟等方式。但是由于志愿者是比较特殊的人力资源，为了避免资源的浪费，在志愿者的甄选过程中应遵守以下标准：志愿者具备完成工作所需的技能、经验和动力；志愿者应认同组织的文化和宗旨；志愿者提供志愿服务的动力应该得到满足；志愿者被安排的岗位能够使其充分发挥能力和贡献；志愿者有足够的时间保证完成既定工作。

志愿者的选拔过程如下。

1. 提供组织的志愿者手册。非营利组织应该将组织的目标、宗旨、政策、服务方式，项目活动内容，工作要求，规章制度以及所需的志愿者人数制成志愿者手册，提供给应募的志愿者参考。

2. 填写登记表格。应募的志愿者应该详细填写个人履历、经验、能够投入的时间、所擅长的专长和技能、期望参与的志愿工作的类型与种类等信息，以便于非营利组织进行筛选。

3. 初次筛选。非营利组织根据组织章程成立相应的人力资源甄选小组，根据应募者填写的信息，以组织志愿者手册所需的志愿者数量、工作要求和应募者的专长以及兴趣为基础，初步筛选出符合组织活动要求的应募者，接受进一步的选拔。

4. 有效的面谈。一般来说，非营利组织在招募从事相对较为长期且固定的服务工作的志愿者时，都需要进行有效的面谈。其目的是让申请者对工作要求有更深的了解，同时也能交换双方的期望，以判断双方是否合适。面试是筛选志愿者的前提，在面谈时应注意两个问题：第一，组织需要知道关于将志愿者安置在各个职位上的事；第二，志愿者也应该知道一些必要的信息来决定是否承担这项职责。

至于选拔过程中的筛选标准应该如何确定，是每个非营利组织在进行志愿者招募与选拔之前就应该考虑的事情，不同工作性质和特点的非营利组织着眼的重点不同。这里介绍塞克斯卡（Cvetkoska）等人在2011年提到的一家机构的选拔标准,该机构使用层次分析法(AHP)在几个决策标准上挑选学生作为志愿者。他们确定了七个标准,即简历、计算机技能、语言、学生志愿服务的动机、技能、创造力和主动性。而他们这种标准和霍华德(1999)所关注的招募和选拔过程类似,霍华德采用的标准是志愿者的简介、成为志愿者的理由、志愿工作的种类、技能和可用性(Mazlan et al., 2018)。不同的情况所要采取的标准不同,应因地制宜地指定选拔标准。

在完成招募和选拔工作之后,非营利组织就可以与合适的志愿者签订合同了,其中包括志愿者和非营利组织在志愿服务过程中各自应承担的责任。

因此,志愿者的招募与选拔可概括为如下流程(如图4-2)。

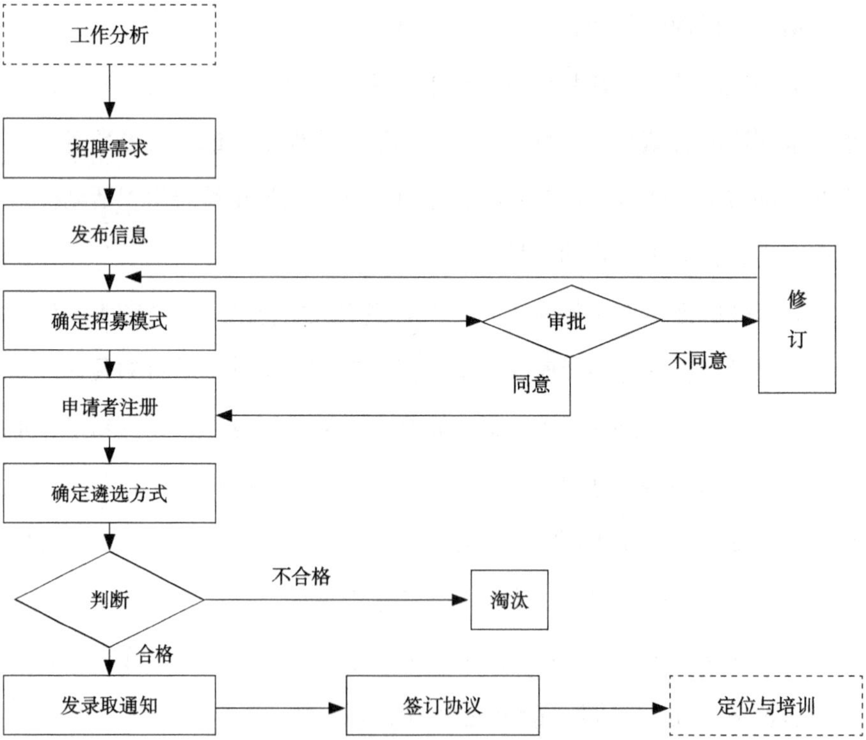

```
工作分析
  ↓
招聘需求
  ↓
发布信息
  ↓
确定招募模式 → 审批 ─不同意→ 修订
              ↓同意           ↑
申请者注册 ←─────────────────┘
  ↓
确定遴选方式
  ↓
判断 ─不合格→ 淘汰
  ↓合格
发录取通知 → 签订协议 → 定位与培训
```

图4-2 志愿者招募与选拔过程(宋玉芳,2005)

第三节　志愿者的培训与素质提升

一、志愿者培训与专业能力的提升

培训是志愿者管理流程中非常重要的一个环节，提供培训是志愿服务组织应尽的义务，同时接受培训是志愿者的基本权利。非营利组织志愿者培训是指非营利组织传授志愿者完成其工作所必需的知识、技能、能力和态度的过程。作为一名现代社会的志愿者，只具备最基本的奉献精神已经无法满足社会服务多样化的需求，志愿者的专业能力提升，将是志愿团队人力资本提升的重要砝码。

志愿者的专业能力提升，一方面来自培训和学习，另一方面来自实践经验。对于新志愿者，必要的培训流程是不可或缺的，主要通过对组织的背景介绍以及项目所需技巧讲解，来增强志愿者的实际工作能力。例如，医疗志愿者对于心肺复苏术等基本医疗常识应有所掌握，支教志愿者应该对当地状况和所授课内容较为熟悉。而对于已经在志愿服务过程中获取一定经验的老志愿者来说，有关志愿经验的交流和反馈，以及知识技能的更新换代、与时俱进是必要的。志愿者可以参加经验分享会，进行经验交流。志愿骨干还应该为新志愿者创造一定的决策和管理机会，让他们在项目中磨砺自己的能力，这样除了单纯作为志愿者进行奉献外，还能发挥个人才智，在其他层面上体现个人价值。

志愿者的人力资本，不仅体现在专业行动水准和服务技能上，而且体现在项目成效和服务质量上，而后一方面依赖志愿者高情商的心灵力量。专业的志愿者，不仅在服务技巧上完善自我，在服务态度上也是一流的。志愿者在提供社会服务时，必须学会如何处理工作中遇到的情感压力，如志愿服务互动中，受到疾病、贫困、灾难影响，而出现的抑郁、悲伤等负面情绪（Tuckey & Hayward, 2011）。组织在培训过程中要专门注意这一点，并且对于志愿者身上出现的负面情绪，要及时予以疏通和开导，保障成员的情绪管理能力永远在线。

（一）志愿者培训的目标

1. 提高志愿者的服务水平

参与志愿服务的人员仅有浓厚的热情是远远不足的，还须具备一定的服务技巧、行为准则、交流方法、应变能力等，这样才能够圆满地完成志愿服务的任务，保障大型活动的有序进行。经过科学、有针对性的培训，志愿者被分配到大型活动的各个服务岗位，运用自己所学的专业知识为大型活动的顺利推进提供各种支持。因此，把志愿者的社会责任感和服务热情转化为高效的志愿服务，是对志愿者进行培训的主要目标。

2. 提升志愿者的综合素质

社会学理论认为，人类天生具有社会属性，只有在集体环境中，个人才能确立和塑造正确的人生观和价值观。在非营利组织中，志愿者接受培训的过程就是一个典型的集体环境。在这个过程中，志愿者相互影响，共同进步。一方面，志愿者培训注重团队精神的培育和团队协作能力的提升，这在一定程度上会增强志愿者的心理素质、抗压能力和人际交往技巧，提高他们的团队协作意识和能力；另一方面，培训内容不仅涵盖了志愿服务的基本知识和技能，还包括大型活动的专业知识和相关服务技巧，这将拓宽志愿者的视野，让他们学习到新知识，有助于全面提升志愿者的素质和能力。

3. 宣传志愿理念，培育志愿文化

中国古代的儒家提倡"仁爱"、道家主张"积善成德"以及佛教强调"慈悲为怀",这些公益慈善观念对于我们将"助人为乐""赠人玫瑰,手有余香"等品质作为塑造个人良好品德的行为规范具有深刻影响,是我国传统文化中志愿服务的基石。在20世纪六七十年代,学雷锋和做好人好事等活动是那个时代的志愿行为。以2008年汶川地震救援活动和北京奥运会为发展标志,我国志愿服务活动开始蓬勃发展。而大型活动的参与人数众多、社会关注度高等特点,更是极大地推动了志愿服务在我国的壮大。培训环节为推广志愿理念、培育志愿文化提供了有利条件。"奉献、友爱、互助、进步"的志愿精神,教育我们要积极向上、不断进取、与人和谐、共同奋斗。对志愿者的培训,使志愿精神深入人心,强化了志愿精神对志愿者社会人格的塑造,培养了志愿者的志愿情怀和整个社会的志愿文化。此外,广泛开展志愿者培训工作,还可以建立起相关的教材体系和教师体系,从而推动我国志愿服务常态化、规范化发展。

(二)志愿者培训的过程

1. 培训需求分析

任何培训都不是盲目进行的,只有确实存在相应的需求时,培训才有必要实施,才能产生真正的实效,志愿者培训也不例外。因此,开展培训的第一步就是进行需求分析。如果需求分析就已经产生偏差,那么随后的培训工作只能是无用功,所以需求分析必须尽可能准确、详尽,通过分析组织和志愿者的现状和需求,确定培训的目标,从而为形成培训的总体实施方案创造条件。

一般来说,志愿者培训需求分析的方法主要有以下几种。

(1)申报法。志愿者管理部门向志愿组织及相关单位发放申报表或调查表,了解他们的培训需求,这种方法比较正式,但收集的需求信息往往比较粗略。

（2）问卷调查法。通过给志愿者或志愿者服务对象发放问卷来了解志愿者培训需求。志愿者培训机构可以根据各个志愿活动的特点，事先对曾经举办的类似活动的志愿者或志愿者服务对象进行问卷调查，经过综合分析，可以得出培训需求。

（3）任务分析法。通过分析志愿者工作任务的重点和难点来确定培训需求，针对需要分析的工作岗位，将工作任务、工作标准以及完成任务所需的知识和技能，与志愿者的实际情况进行比较和分析，最终确定培训需求。

（4）面谈法。通过与志愿者面谈，了解情况并确定他们的培训需求。这种方法主要是针对少数特殊专业岗位志愿者，由于是面对面直接交流，所以所获信息较为真实，但需要花费较多精力。

2. 培训计划制定

通过培训需求分析，确立了培训目标之后，结合相关志愿活动的工作安排，志愿组织就必须制定和实施详细的志愿者培训计划。制定培训计划就是要把培训目标具体化和可操作化，即根据既定培训目标，合理而具体地安排学制、课程、教师、教学方式、教材、考核、设施、场所等培训要素，从而为培训项目制定出切实可行的操作方案，努力使培训成果最大化。一般来说按培训计划的时间跨度可将培训计划分为长期、中期、短期和单项培训计划四种类型。

设计合理的培训计划一般要遵循以下原则：一是标准化。即要求志愿组织首先要具备制定计划的正式规则，这些规则使计划制定成为一个标准的程序，既节省了计划制定的时间成本，又保证了计划的质量。二是普遍性。即培训计划必须适应不同的志愿者工作岗位、不同的志愿者和不同的培训需要。三是有效性。制定培训计划时一定要以培训需求分析和评估的结果为基础，针对志愿者岗位工作，以现有资源为限度，这样才能保证计划能够落到实处，达到预期的效果。

3. 培训方式和培训内容确定

通常非营利组织对志愿者的培训采取以下一些方法：①讲座。以讲座形式为志愿者传授认知性材料和口头指导。②研讨。志愿者以小组的形式就某个特定的培训主题进行讨论。③经验练习。模仿实际的工作，培训志愿者在以后实际工作中处理可能遇到的问题的能力。④角色扮演。让志愿者参与到与真实情况一样的场景中去。⑤案例研究。志愿者根据提供的案例材料，确定问题，并提出解决方案。⑥视听技术。利用录音、录像及互联网等视频技术对志愿者进行培训。

志愿者培训内容可归纳为两个范畴，基础理论和技巧训练。每项培训活动需要平衡两者的比重，避免培训活动流于表面化。基础理论内容主要包括志愿服务工作概念和非营利组织的服务宗旨、发展历程、取得的成果等。技巧训练主要包括：①志愿服务技巧即人际沟通技巧、自我认识及活动程序设计技巧；②特别技巧培训，包括急救训练、小组合作技巧；③管理技巧培训，主要有服务策划课程、领袖才能训练、资源管理等。

4. 实施培训

实施培训计划就是按照制定的计划实际推行志愿者培训工作，最主要的是落实培训机构、人员、管理人员、教师，以及培训时间、场所、经费、教材、设施等一系列与培训计划有关的因素，按计划使培训各环节的活动有计划、有控制地协调开展。

5. 培训评估反馈

培训评估是指对培训效能发挥程度或培训目标的实现程度进行科学分析、比较、综合、判断的过程。任何一种培训都必须接受效果评估，否则培训将流于形式,起不到任何作用。及时的评估和反馈不仅能够监控培训是否达到预期的目标,还能够对以后的培训进行改革和优化,既是检验培训的最终效果,也是规范培训相关人员行为的重要途径,因此这个环节不能省略。通常,培训的评估与反馈最重要的是把握培训评估的层次、调整培训项目和沟通培训项目结果。

二、志愿者培训过程应注意的问题

志愿者的培训关系到非营利组织对志愿者管理工作的成效的高低,但是由于在非营利组织开展的大型项目中,志愿者的数量多、水平不一、性格各异,仅仅由非营利组织来培训,任务是十分艰巨的。因此,大多数情况下,非营利组织都是与其他组织或机构来共同协作对志愿者进行培训。由于志愿者培训是为项目而服务的,因此一般时间较短、人员比较集中,在这个过程中难免会出现一些问题。

(一)与志愿者的工作时间、居住地点冲突

对志愿者的培训往往选择在周末或是节假日,以免与志愿者的工作时间发生冲突。但是遇到志愿者工作加班或是出差等却是难以避免的;同时,组织一般会规定参加培训的地点,对于路程较远的志愿者来说,就要花更多的时间、精力和金钱,这样有可能会影响到志愿者工作的积极性和参加培训的效果。

(二)培训方法和内容设置的不合理

对于志愿者培训的方法和内容,既要达到服务于非营利组织项目的要求,又要与志愿者的特征相适应。然而,志愿者数量多、特点不同,不可能因材施教。同时,对志愿者的管理培训必须依照预定的项目进程进行,不可能花更多的时间在培训方法和内容的研究上面。因此,会出现培训与志愿者的需求不相适应的情况。

第四节　志愿者的激励和督导

一、非营利组织志愿者的激励

（一）志愿者参与志愿服务的动机

激励就是组织及其个人通过设计适当的奖酬形式和工作环境，以及一定的行为规范和惩罚性措施，借助信息沟通，来激发、引导、保持和规范组织及其个人的行为，以有效地实现组织及其个人目标的过程。激励是一个循环往复的动态过程：以动机为起点，而动机又来源于未满足的需要，动机促使人们去达到目标，当目标达到之后，需要得到了满足，此时又会产生新的需要，不断推动人们产生具有方向性的行为。由此可见，要探寻志愿者的激励机制，就必须明白志愿者参与志愿服务的动机。

对于志愿者参与志愿活动的动机研究，国内外主要有两种取向：一种是志愿服务的功能理论，从志愿行为的功能角度解释行为动机（邓国胜等，2015）。功能理论认为人类的大多数行为都是由特定的目标和需要所激发的，应该从这个行为所能实现或满足的需要出发去解释这一行为发生的原因。另一种是志愿服务的驱动力理论，从志愿行为的思想来源角度解释行为动机。例如，根据成员是自发参与还是由组织动员划分，我国学者将志愿服务动机分为组织和群体压力下的被动参与和以自我实现需要和报恩为出发点的主动参与两种类型；或是以志愿者内在需求和外在诱因为参考，将志愿服务动机分为理想型、回报型、学习型、交往型、盲目型等五种类型；等等。两种理论在研究和应用中各有侧重，适用于不同的情况，但存在着动机标准主观、类别单一，思想与行为之间的割裂等不足。鉴于此，综合国内外学者对志愿者动机不同维度的研究，本书主要借鉴邓国胜教授等人提出的志愿者动机坐标理论（如图4-3）。

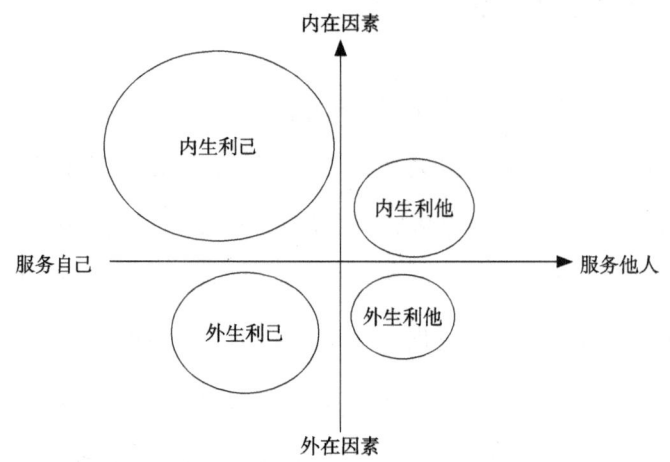

图4-3 青年志愿者参与动机类型坐标（邓国胜等，2015）

1."内生利己"型动机

"内生利己"型动机显示，服务他人与自我服务相结合的内在需求驱动着志愿者参与志愿服务。这与国内外已有的志愿者参与动机的研究在一定程度上相吻合。如弗瑞克等通过对美国红十字会455名18岁到89岁之间的志愿者进行调查发现，老年志愿者的动机更倾向于利他，而与老年志愿者相比，年轻的志愿者参与服务的原因更多是考虑自身发展（邓国胜等，2015）。在我国志愿者动机的研究中，一些学者认为志愿者动机来自利他动机和集体主义驱动，更多研究表明志愿者对偏向内心需求的动机比偏向于外在诱因的动机认同程度更高。青年志愿者的参与和奉献是建立在自我发展基础之上的奉献，不应与自身的发展相冲突。如企业员工志愿者有获得被尊重感的满足、成就感的满足、交友需求的满足、个人才能锻炼需求的满足等。由此可见，内生利己型的参与动机与青年人所处人生阶段的需求特征相吻合，说明青年人参与志愿服务的原因之一是助人利他的同时追求自我成长和发展。

2. "外生利己"型动机

"外生利己"型动机显示，外部因素（如组织激励、动员、奖励、回馈、政策法规等因素）以及服务自我的需求会对志愿者参与志愿服务产生影响。这一发现可以解释我国现阶段存在的组织动员现象，针对青年群体尤其明显。例如，青年志愿者中相当一部分参与者并非出自个人的意愿，而是政策、组织环境及群众压力等因素的作用，这类因素可能导致人们做出"不得不"利他的行为；此外，也说明了青年人面临着工作和升学的压力，外在诱因在一定程度上对个人参与志愿服务产生较大的影响。"外生利己"的动机类型与以往研究中的青年参与志愿服务背后政府推动、党政动员与组织动员等现象相吻合。

3. "内生利他"型动机

"内生利他"型动机类型，表明志愿者的参与动机与信仰、认知和从众心理等内在因素有关，且服务自我的需求因素并不明确。其中，宗教信仰等因素并非我国志愿者参与的主要因素，与我国社会发展的现实相吻合，也与涂敏霞教授等学者在研究中提出的志愿者参与动机是多元的，宗教精神动力并非其发展的主要驱动力的研究结论一致（涂敏霞、魏万青，2012）。从另一个角度来看，这也验证了许多人在参与志愿服务时的确存在着从众心理和盲目跟风的现象。

4. "外生利他"型动机

"外生利他"型动机体现了我国志愿者在参与志愿服务中受到家庭和朋友，以及社会环境、组织内部和周围同事等外在因素的影响。莱丝里·休斯廷克丝等（2011）通过对6个国家具有不同文化背景的5794名学生参与志愿者活动的动机研究，提出志愿服务的参与由个人决定，更多地受个人影响，当然某种程度上也受到巨大的社会力量的影响。由于我国志愿服务发展历史较短，与西方志愿服务中家庭因素是其中重要维度的情况相比，志愿者中以家庭方式或者受父母影响参与志愿服务的比例还比较低。

（二）非营利组织志愿者激励的内容

根据交换论的观点，大多数志愿者加入非营利组织并提供服务，必然是因为他们以自己加入非营利组织并提供服务为交换条件，要从非营利组织中获取一些什么。因此，非营利组织应根据这一情景，让志愿者在工作的过程中获得他们所期望的满足。

对志愿者的激励方式可以分为外在性激励和内在性激励。外在性激励即能满足个体外在性需求的激励，包括物质激励和社会情感激励。对志愿者的物质激励，例如分发给志愿者服装、礼品，颁发证书、纪念章等进行激励；社会情感激励则是通过友谊、认可、表彰、尊重等社会情感性质的方式进行激励。

内在性激励是指由工作本身所带来的满足感和成就感。内在性激励并不为外在性因素所影响，而仅仅是由工作中的内在力量推动的。根据马斯洛的需求层次理论，志愿者可以通过参加志愿服务来满足较高层次的需求，如自我价值的实现。

激励措施的形式多种多样，但始终要突出"关怀意识"——对志愿者的关怀。一份最具诚意的嘉许，坦诚地关心志愿者的需求，才是真正的嘉许，才是维系志愿者参与的重要原动力。

(三) 完善非营利组织志愿者激励机制

1. 确保志愿者能通过志愿服务满足自我实现的需要

当青年志愿者在参与志愿服务时，实现自我价值的满足感越强，他们继续参与志愿服务的决心就越坚定。因此，在设计和开展志愿服务活动项目时，必须将社会需求和志愿者需求有机结合，以便在更有效地服务社会的同时，也能满足志愿者的需求。例如：在安排活动时，要充分关注每位志愿者的自我潜能，努力让他们发挥所长；尊重志愿者的意愿，信任是保持志愿者参与的关键动力；为志愿者创造学习新技能和应对新挑战的机会；为志愿者提供适当的培训和成长机会等。

2. 强化志愿者的情感体验

若志愿服务精神无法激发个体的内心情感体验，即使在外部压力（如组织压力）的作用下，个体也可能仅在表面上接受服务工作，而无法实现精神转变，更不可能内化为个人品格和行为。因此，让志愿者与志愿服务产生"共鸣"是维持和激发志愿者参与热情的关键问题。在志愿精神内化过程中，情感体验至关重要。情感是人性的基础，只有通过深度的情感体验，才能将外部要求转化为内在需求。打动人心、获得认同的有效方式是借助具体形象和故事。人们面对抽象的统计数字和具体形象、故事时，反应往往不同。虽然抽象而枯燥的全国老人、下岗工人统计数字能让公众了解我国社会福利面临的严峻现实，但一张照片、一个故事却更能打动人心。因此，志愿者在选择服务形式时，不应放弃最基本的"一对一"服务，要以人为直接对象，真切感受"受人尊重"和"被人需要"，从而保持青年志愿者的内在动力。

3. 保障志愿者的权益

以往对志愿者的权益保障一直做得不够。"非法使用志愿者""志愿者意外无法获赔""志愿者的隐私被曝光"等现象时有发生，这大大降低了志愿者参与的积极性，也是志愿者人力资源管理中的短板。2017年出台的《志愿服务条例》，从法律层面上对志愿者的合法权益予以保护。志愿者在参与志愿服务时，应该享有以下几种基本权益的保障。

（1）自主权。我们熟知的志愿服务是志愿者自己报名、自主自愿参加的公益服务，但现实中仍存在一些组织或个人违反志愿者的意愿、强迫其进行公益活动的现象，如某些单位名曰"志愿服务"，其实却是领导安排的任务和工作委派的一部分；更有甚者，一些组织打着志愿团队的旗号，将所招募的志愿者作为免费劳动力，安排在演出赛事等活动中以谋取私利。因此，需要保障志愿者参与志愿服务的自主权。

（2）生命财产安全权。保护志愿者的生命财产安全，让其感觉到安心放心，减少其后顾之忧，是让志愿者专心投入志愿服务的必要前提。组织不仅要为志愿者提供生命险、财产险、伤害险、健康险等保险机制，在志愿者垫付的出差、交通及餐饮费用方面也要提供补偿。

（3）隐私权。志愿者参与志愿活动，首先需要在志愿系统登记信息，在志愿服务活动过程中有时需要与被服务对象进行当面交流沟通，甚至录像拍照记录，但是这并不代表志愿者的个人信息与肖像等隐私可以未经允许被随意曝光。

（4）知情权。志愿者参加志愿服务，首先需要明确组织的真实情况，以及项目的真实目的，当发现活动的内容、地点、工作条件、潜在风险等因素出现令自己为难之处时，可以及时调整。盲目指派志愿者的后果，可能是志愿服务糟糕的体验感和服务质量的下降。

（5）培训权。为了提高志愿者的专业素质和志愿团队的整体人力资本，从而获得高质量的志愿服务和高满意度的服务效果，志愿者接受培训是必要的。根据《志愿服务条例》第十六条，当志愿服务组织安排志愿者参与的志愿服务活动需要专门知识、技能时，应当对志愿者开展相关培训。

4. 建立社会激励机制

激励机制是保证注册志愿者制度长期化的前提。尽管志愿者参与志愿服务，服务社会，服务他人，并不是有目的的求得某种回报，但作为对志愿服务行为的一种褒扬，激励措施的规范、完善，既体现了党政对志愿服务行为的重视和倡导，也体现了社会对志愿服务行为的支持与肯定。

（1）构建多层次、多形式的志愿者表彰奖励制度

志愿者的贡献应得到适当的表彰或奖励，可以通过正式或非正式的方式进行。正式的奖励方式包括颁发证书、授予奖章等，可以在每年的特定日期，如国际志愿者日进行表彰仪式。非正式的表彰可以随时进行，一句对志愿者真诚的赞扬也是一种表彰方式。此外，还可以将志愿者的表彰与年度考核、优秀党员推荐和优秀员工推荐相结合。对于大多数志愿者来说，他们看重的不仅是证书或升职的机会，也包括精神层面的激励。

（2）建立志愿服务"储蓄"制度

时间储蓄制度又称时间银行，是把提供志愿服务与优先享受志愿服务结合起来，为志愿者设立志愿服务的"特殊账户"，把志愿者参加服务时间（与服务质量、实效挂钩）记录储存起来，在志愿者自身需要社会提供帮助的时候提取出来，优先得到相应时间的志愿服务。一张薄薄的志愿者时间储蓄卡，不单是志愿者个人参加志愿服务的回报——一方面它能让志愿者自己看到服务成绩，鼓励他们多做贡献；另一方面，它代表着被服务者和社会对志愿服务的一种认可，是对志愿者荣誉的确认。

5. 将志愿服务活动纳入法制化轨道

在新加坡，志愿服务机构为法定机构，法律确认其地位，并规定 7 月为"志愿服务月"，4 月为"关怀分享月"，颁发"社会服务奖""公共服务勋章"；韩国规定中学生每年必须参加志愿服务 40 小时，并作为升学考核、选拔的一个重要因素；墨西哥政府规定，每个大学生在校期间至少从事 6 个月的社会服务活动，将其作为获得毕业文凭的条件之一。我国尚未对青年参加志愿服务做出具体的时间限定，这种时间上的随机性和灵活性，在某种程度上削弱了青年志愿者服务意识的培养，也影响了青年志愿者服务精神的树立。

二、非营利组织志愿者的督导与评估

（一）志愿者的督导

志愿服务范围的扩大、内容的丰富以及服务对象的多元化等都对志愿服务提出了新的要求。尤其是在志愿服务项目的实施过程中，由于志愿活动持续的时间逐渐加长和工作任务的加重，部分志愿者可能会出现工作热情减退、工作态度消极甚至想要退出的情况，这时就需要对志愿者进行督导。志愿者的督导就是通过监督志愿者在志愿服务项目进行过程中的工作执行情况和完成情况，指导和协助他们解决所面对的问题，确保志愿服务顺利进行的过程。其目的在于对志愿者的工作情况进行及时有效的指导与纠正，并根据实际情况对各个岗位的志愿者进行适当的调配。

一般来说，如果按照督导和被督导的人数和督导性质进行划分的话，对志愿者进行督导的方式可以分为一对一的个别督导、小组讨论的团体督导和同一小组分享的同事督导（如表 4-1）。个别督导也即一对一地面对面交谈,具有充足的辅导时间,可以充分掌握志愿者的工作进度和情况,针对性地提出较为中肯的批评和建议;团体督导可以使得督导者与志愿者共同分享工作经验,通过讨论解决志愿服务中的共同难题;同事督导则可以降低督导的权威性,方便志愿组织活动,更容易获得志愿服务的经验。在志愿服务实施过程中,服务的情景复杂多样,服务的对象是多元化的,同样,志愿者来自不同的部门、文化和阶层。非营利组织在实际开展志愿服务督导活动时,特别是在遇到紧急问题时,不能过分强调某个督导方式,而应灵活使用多个督导方式。

此外,还有一些其他的志愿者督导方式,例如由各个部门的负责人对该部门的志愿者进行督导,定下小组的工作计划,并适时检查计划的完成情况;或者对志愿者进行现场督导,对志愿者进行直接观察,同时还可以与志愿服务对象接触,通过他们的反馈了解志愿者的工作情况。

表4-1 不同志愿服务督导方式的比较(彭华民,2010)

督导方式	个别督导(一对一)	团体督导(小组讨论)	同事督导(同类型志愿者或同一志愿服务小组)
志愿服务督导的技巧	诚恳倾听,指出志愿者的不足之处,开放接纳态度,委婉建议,提供示范性的方法和技术。	督导者要与志愿者建立良好关系;引导志愿者的行动方向;促使志愿者充分提出服务活动建议;适当处理志愿者的潜在感受;及时做好志愿服务阶段性反思、评估和表扬。	注意志愿者活动价值的共同性;志愿者活动小组一般不超过七人;有活动意向书,有反馈信息的渠道。
志愿服务督导的长处	辅导时间充分,具有较高的隐秘性;可以充分掌握志愿者工作进度和情况;能够提供充分和有效的服务示范。	防止产生志愿服务中的问题;有更多的机会分享到其他督导者和志愿者处理各种服务问题的工作经验;可以进行角色扮演、节省时间、经费和专业人员。	权威性降低,方便志愿服务组织活动和安排志愿服务会议,更容易获取志愿服务的经验。
志愿服务督导的不足	志愿者可能产生指导信息偏差,产生依赖性,可能缺乏志愿服务的其他方法。	个别督导时间不足,容易产生冲突,志愿者团体活动的隐秘性较低。	参与成员有时过于冷静,可能没有形成最终的权利和义务,可能得不到最好的指导建议。

(二)志愿者的评估

在项目开展过程中及项目完成后,需要对志愿者的服务做出客观的评价,严格来说,评估也属于督导过程中的一部分,是督导的继续,对于保持志愿者的积极性具有重要作用。志愿者评估就是非营利组织对志愿者的工作行为及其结果对组织影响进行评估的过程。评估方式分为非正式评估与正式评估、定量评估与定性评估。

1. 非正式评估与正式评估

非正式评估是指在志愿者进行志愿服务工作的过程中经常性地对其工作行为进行反馈,包括:表扬志愿者的工作并且鼓励其再接再厉;对志愿者的行为偏差提出建议;观察志愿者的工作进展如何;访问志愿服务对象,了解其意见;等等。非正式评估贯穿于志愿者整个工作过程中,花费时间较长,但其相当于一个激励过程,对志愿者影响较大。

正式评估是指在项目结束之后,对志愿者的工作表现进行正式的鉴定,对其优缺点进行记录和评价。例如召开工作总结大会,对志愿者进行奖励或者惩罚。

2. 定量评估与定性评估

定量评估是指通过一系列指标来进行评估。例如从志愿者参与行为的表现着手,用"参与密度""参与频率""参与时间"来判断(刘海萍,2003)。"参与密度"是指从事志愿服务活动的程度及接触工作人员的密集度;"参与频率"是指从事志愿服务活动的次数;"参与时间"是指从事志愿服务活动时间的长短。采用定量化的指标进行评估往往结果一目了然,但是有时会为了量化而使复杂的事物简单化、模型化,不能进行全面的评估,结果可能会被误解或曲解。

定性评估则是不用量化的指标进行的评估,主要通过对志愿者的深入访谈或者走访调查来获取基本资料,并在此基础上对资料进行编码整理，获取志愿者的思想与意见。这种方法可以避免上述定量评估的缺点，但其主观性较强，资料也难以收集整理，同时在志愿者人数较多时很难顾及每个志愿者。

当然，以上评估方式并非单独存在的，非营利组织应当根据不同的项目活动、不同的岗位，灵活使用非正式评估和正式评估、定量评估和定性评估或者二者相结合的方式进行。此外，还可以采用诸如个人评估、服务对象评估等评估方法。

本章小结

非营利组织的志愿者管理是一个循环过程，从志愿者的规划、招募与甄选、培训与素质提升，到志愿者的激励与评估，组成了一个管理循环。要对志愿者进行招募，首先就要确定组织对于志愿者的需求，之后通过合适的渠道发布招募信息，并按照一定的标准对志愿者进行选拔，这是对志愿者"选"的过程。而选拔之后要以合适的方式对志愿者进行培训，以提升他们进行志愿服务的素质和能力，这是"育"的过程。培训之后具有较高素质和能力的志愿者被分配到合适的岗位上，组织通过一定的激励和督导手段使志愿者的实际工作情况更加符合预期，在志愿服务工作圆满完成的同时，志愿者满足了自己的需要，愿意更进一步参与到志愿服务中去，这是志愿者"用"和"留"的过程。

案 例

绿城社工服务站[①]

绿城社工服务站由河南省郑州市金水区南阳新村街道办事处于2005年7月20日成立,是河南省首家专业社工机构,是郑州市首批人才工作示范联系点,也是郑州大学等十几所高校社会工作教育实习基地、全国多所大中专院校社会实践基地。服务站通过不懈努力,与学校、社区、企业事业单位进行合作,在全市组建了50家联络站。2014年5月31日,在固始县沙河铺镇成立了首家农村分站。绿城社工服务站发展到现在拥有专兼职骨干20人,其中专职社工6人,取得专业社会工作职业资格证志愿者近40人,注册志愿者1万余人。这样的发展离不开"助人自助"的志愿理念,居民在有困难时寻求志愿者帮助,同时又积极参与到志愿服务中去服务他人,在这种"有困难找社工,有时间做义工"理念的引领和指导下,越来越多来自不同职业和不同年龄层的志愿者加入了绿城社工服务站的志愿队伍。从年龄构成上看,绿城社工服务站现拥有向日葵志愿服务队、中学生志愿服务队、大学生志愿服务队、青年志愿服务队、567志愿服务队,分别代表了小学以下儿童、中学生、大学生、社会青壮年以及50岁以上老年人。不同年龄层的志愿者纷纷尽自己所能投入志愿服务中,为他人和社会贡献自己的力量。从职业分布上看,绿城社工服务站包括了学生、公务员、企业职工、教师、律师、记者、离退休干部等各种行业。其中退休、在职教师组合在一起,加入服务站举办的"周末爱心课堂"活动中,每周末为学生们免

[①] 本案例主要参考贾家辉:《非营利组织中志愿者管理面临的困难与对策》,《教育发展研究》2017年S1期。基于教材体例及教学需要有所改动。

费提供作业辅导。

绿城社工服务站采取了直线制的组织管理结构，直接有效地对志愿者进行管理。涉及志愿者的发展、组织、管理的部门，从结构上大致分为三部分，包括服务站站长、五个职能部门（项目部、综合办公室、联络部、社工部、义工部）以及下设五个志愿服务队。站长负责统领全局，对关于志愿服务的有关事宜进行分配、安排。项目部负责承担具体项目的整体策划、部署、实施。综合办公室处理站内日常事务，如档案管理、考勤、年度计划与总结等文件的起草，做好上情下达、下情上传。联络部负责外联策划、对外公关等，具体职责包括外联策划、方案起草、部门档案整理例如外联部工作期计划、总结等。社工部组织开展各项培训，包括专业培训、技能培训、具体活动培训等。义工部具体进行志愿活动的人员组织和活动实施，下设五大志愿服务队，分别是567志愿服务队、青年志愿服务队、大学生志愿服务队、中学生志愿服务队、向日葵志愿服务队。

然而，绿城社工服务站的发展并不是一帆风顺的。在对绿城社工服务站的访问中，相关负责人提到的第一个困难便是资金短缺，绿城社工服务站是南阳新村办事处下设机构，它的资金主要有两个来源：一部分来源于政府，另一部分依靠爱心企业的捐赠。但是政府的财政补贴是远远不够的，并且非营利组织自身筹集资金的能力也是有限的。另外服务站每年都存在人员的流失，流失的主要人群是大学生以及在职工作人员。大学生是流动性比较大的群体，往往随着毕业会流出原所在地，这种地域上的流动不可避免地造成志愿者的流失。而在职工作人员的流失主要是时间不充裕造成的，志愿活动开展的时间往往是不确定的，并经常会在工作日进行，这样也导致这部分工作人群逐渐降低志愿活动的参与度。面对志愿者流失的情况，非营利组织必须不断招募新的志愿者以维持组织常规的志愿活动，但实际情况是志愿者招募十分困难。此外，服务站志愿者主要由离退休人员以及学生构成，大多数人没有接受正式的志愿服务培训，没有系统的学习志愿工作的相关知识。而老年人学习新事物的速度较慢，学生在教育系统中也没有接受过志愿服务相关课程。最后，绿城社工服务站对志愿者进行激励的方法是每位志愿者在服务站注册后均能获得一个爱心时间存折，每次参与志愿活动或进行志愿服务后，将在时间存折上记录活动的时间、地点、内容、时长并由主管人签字确认，通过累积的时间来评定志愿者的星级。并且定期开展"优秀志愿者"评定活动，授予志愿者荣誉称号。绿城社工服务站未来想要更好的发展，就必须解决这些志愿者管理上所遇见的问题。

▲案例分析题

1. 绿城社工服务站在对志愿者进行管理时积累了哪些经验？具有何种优势？

2. 学生作为志愿者拥有一段固定的活跃期，该组织可以采取哪些措施，激励学生在毕业后还能持续地留在志愿团队里进行服务？

3. 该组织所面临的志愿者管理的问题有哪些？请总结出来，并提出解决这些问题的应对方法。

▲本章思考题

1. 如何理解志愿者精神？

2. 志愿者的招募方式和选拔方式有哪些？

3. 如何对志愿者进行培训和素质提升？

4. 在对志愿者进行激励和督导的过程中应该注意哪些问题？

5. 假设你是志愿组织的管理者，现在你的志愿者队伍主要由三类人构成：退休老人、在校学生和业余白领，现在需要依据不同类型的特点，对相应的成员进行有针对性的激励，试说说你的想法。

第五章

志愿服务组织

第五章 志愿服务组织

1. 掌握志愿服务组织的概念、特征、分类等。
2. 理解志愿服务组织的定位。
3. 理解志愿服务组织的组织架构意义、功能。
4. 掌握志愿服务组织常见的一些组织架构。
5. 理解志愿服务组织的制度建设。
6. 掌握志愿服务组织的财务管理相关内容。

●志愿服务组织作为志愿服务的重要载体和推动力量,是志愿服务的关系枢纽,关联着志愿服务的管理者、指导者与参与者,联系着志愿者和志愿服务受益对象。志愿服务组织的管理对于更好地开展志愿服务工作是至关重要的。本章节将分别介绍志愿服务组织概述、志愿服务组织的愿景与战略、志愿服务组织的组织架构与制度建设以及志愿服务组织的财务管理。

第一节 志愿服务组织概述

一、志愿服务组织的概念

普遍认为,志愿服务组织最根本的理论渊源是流行于20世纪西方社会的市民社会理论,这一理论在西方政治学中源远流长。该理论认为,市民社会是建立在民主社会的过程中同国家、市场一起构成的相互关联的三个领域之一,在这个领域中组织通过自愿而非强制结成,不以营利为目的。

在我国,志愿服务组织是一个相对较新的概念,《中国志愿服务大辞典》中指出，中国出现真正意义上的本土志愿服务组织始于20世纪80年代末期。在《志愿服务条例》出台之前，志愿服务组织并没有统一的标准概念，不同的省份对志愿服务组织的定义也有不同的侧重点，有些省份强调志愿服务组织的非政府性、非营利性，有些省份则强调志愿服务组织的合法性。而在2017年国务院颁发的《志愿服务条例》中，明确将志愿服务组织定义为"依法成立，以开展志愿服务为宗旨的非营利性组织"。2021年5月21日，依据志愿服务组织制定的国家标准《志愿服务组织基本规范》首次发布，其中对志愿服务组织的定义和《志愿服务条例》中的相同。

本书中，我们将志愿服务组织的概念分为广义和狭义两种。在广义上，志愿服务组织独立于其他社会组织，组织内拥有完整的组织体系、组织架构以及人员配备，志愿服务组织主要在公益互助、扶贫助弱、应急救援等领域开展服务活动，以志愿参与作为组织特征。在狭义上，志愿服务组织是指个人或团体依据一定制度程序在所在区域的民政部门进行注册、审核和登记的公益性机构。

对于志愿服务组织概念的理解，还需要辨析一些与之有关的概念。

（一）非政府组织。非政府组织侧重于强调该类组织与政府的区别，即非政府特性。

（二）非营利组织。非营利组织侧重于强调其和企业的区别，非营利组织的一大基本属性是公益志愿性或互益性。

（三）社会组织。社会组织是指公民自愿组成的，具有非营利性、非政府性等活跃在社会中的组织。志愿服务组织属于社会组织，但并不是所有的社会组织都是志愿服务组织，社会组织更多强调的是其非营利性。

（四）第三部门。这一概念是相对于政府和市场而言的。政府是第一部门,市场是第二部门,其余的都是第三部门。

(五)慈善组织。《中华人民共和国慈善法》规定,慈善组织是指依法成立、符合法规,以面向社会开展慈善活动为宗旨的非营利性组织。根据《志愿服务条例》,志愿服务组织是指依法成立,以开展志愿服务为宗旨的非营利性组织。从定义可以看出,两者不同之处主要在于服务宗旨不同,慈善组织是以开展慈善活动为宗旨,而志愿服务组织以开展志愿服务活动为宗旨。根据《中华人民共和国慈善法》中"大慈善"的定义,慈善组织包含志愿服务组织。

二、志愿服务组织的特征

国外广泛认可的志愿服务组织的特征,是美国学者莱斯特·M.萨拉蒙(2002)提出的志愿服务组织应具备的5个特征:1.组织性,即这些机构都有一定的制度和结构。2.私有性,即这些机构都在制度上与国家相分离。3.非营利属性,即这些机构都不向他们的经营者或"所有者"提供利润。4.自治性,即这些机构基本上是独立处理各自的事务。5.自愿性,即这些机构的成员不是法律要求组成的,这些机构接受一定程度的时间和资金的资源捐献。

我国的一些学者认为,我国的志愿组织具有志愿性、非利润分配性、公共利益性、起码的正规性以及自治性、一定的独立性等特征。本书倾向于认为志愿服务组织具有非营利性、志愿性、公益性、社会性、多元性、组织性这六大特征。

(一)非营利性。即不以获取利润为目的,同时所有利润都不向组织成员分配,非营利性是志愿服务组织区别于其他社会组织的重要特征。

(二)志愿性。志愿服务组织的志愿性,一方面体现在成员加入志愿服务组织的自愿性，其内在驱动力既不是利润也不是权力，而是以志愿精神为核心的利他主义和互助主义；另一方面体现在社会捐赠的志愿性。

（三）公益性。指组织的所有活动都不同程度地以公共利益为目标，以参与或倡导服务大众的公共事务为目的。

（四）社会性。志愿服务组织属于社会性组织，必须依法、依规独立自主地开展各种社会服务活动，组织内部要有基本的章程和制度框架，有完善的管理程序，能够独立自主地做出决策，带领组织成员和临时招聘的项目志愿者，执行各种志愿服务项目，开展志愿服务。

（五）多元性。即志愿服务组织的类型多元和涵盖的人群多元。所谓类型多元是指志愿服务组织既有占绝大多数党政或群团组织背景的机构，也有各类纯民间的、草根性志愿服务组织。而涵盖人群多元是指志愿服务组织既有由社区普通居民组成的志愿服务组织，也有具有行政性和影响力的党员志愿服务组织；既有以行业为依托的带有专业性的志愿服务组织，也有为完成某项具体活动而成立的普通志愿者组成的临时性志愿组织。

（六）组织性。志愿服务组织与那些单独的志愿者个体或临时组建的志愿者团体不同，无论是正式志愿服务组织还是非正式志愿服务组织，其都以组织的方式进行运行，都有一定的组织架构和权责制度，都有着明确的宗旨与目标，在社会中有着独特的价值与功能。通过组织化的运作方式，开展志愿服务活动向需要帮助的群体或个人提供服务，有利于维护社会和谐稳定。

三、志愿服务组织的分类

对于志愿服务组织的分类，总体上可以按照性质、功能以及是否注册登记等方面进行简要区分。根据性质可分为基金会、社会团体和社会服务机构三种类型；根据功能可分为枢纽型志愿服务组织、支持型志愿服务组织和服务型志愿服务组织三种类型；根据是否注册登记分为法人组织和非法人组织两种类型（魏娜，2018）。

参考以上的区分，本书将志愿服务组织分为正式和非正式的志愿服务组织。

正式志愿服务组织指的是经过政府部门或志愿服务协会批准成立的，在政府经过组织备案的组织。这些组织往往是专业的或是正规的机构，志愿者多数是专职的。这类组织可以公开招募、号召志愿者在当地或是其他地区允许的情况下，开展助老敬老、环境保护、精神宣讲、法律知识普及等多领域的志愿服务活动。举一些正式的志愿组织为例：中国青年志愿者协会、北京志愿者协会、各级共青团志愿组织，等等。正式志愿服务组织虽不是官办，但也不意味着政府不可以插手志愿组织运营。有大量的志愿服务组织依托所属辖区政府、街道办、村居委会、共青团、妇联等建立，例如各镇街道的志愿服务队、医院部门成立的医疗志愿服务队等，他们的大部分活动资金和运作方式都是由政府提供帮助并获得了政府的扶持。

非正式志愿服务组织指的是因为要开展公益性项目，从而临时组建的团队。非正式志愿服务组织在成立时不需要通过政府的批准，也没有在志愿者服务网或当地政府登记注册。非正式志愿服务组织存在于社会各个领域中，特别是在社区、村居中，有力地推动了社会公益事业的发展。这些从事志愿活动的社会团体，未经官方批准成立，完全是依靠民间志愿力量自发成立的。这些组织往往围绕某个公共事件临时组建，可能长久存在，也可能很快解散，组织整体的约束性、规范性较差，专业化程度低。

四、志愿服务组织的功能

志愿服务组织对于社会经济的发展和人类文明的进步具有十分重要的作用，在经济、社会、文化等方面扮演着重要角色，具体表现在以下几个方面。

（一）提供公共产品和服务

在市场经济社会，市场在各种要素的调节与分配中发挥着决定性作用。然而，像环境保护、弱势群体保护等领域的问题通过市场来解决是不切实际的。如果所有资源都由市场进行配置，那么在利益最大化的导向下，市场将无法驱动这些企业去生产或提供社会群体日常必需的公共产品与服务。所以，志愿服务组织这种不以营利为目的的第三部门通过动员与有效整合社会资源反而能够向社会提供公共产品与服务，以满足社会群体的需求。

（二）有效配置社会资源

志愿服务组织筹措大量的社会资源，并通过向社会提供志愿服务活动对各项资源进行合理配置，促进资金、技术等从城市向农村、从社会上层向弱势群体、从发达地区向西部地区、从发达国家向不发达国家流动，实现资源的再分配，增进整个社会的公益。例如大学生志愿服务西部计划，取得良好的效果，体现出志愿组织在合理配置社会资源上的优势和作用。

（三）满足社会多元需求

作为政府部门和市场部门以外的"第三部门"，志愿服务组织的行为是一种新型的资源配置方式，可以有效弥补政府失灵和市场失灵。我国志愿服务组织以扶贫、济困、扶老、救孤、恤病、助残、救灾、助医、助学等为工作重点，可有效弥补社会民生领域的薄弱环节，满足社会多元需求。

（四）促进社会和谐稳定

社会和谐是指社会中的人、事、物处于一种相对均衡的状态。志愿服务组织在化解社会冲突和矛盾、维护社会稳定等方面具有突出作用。志愿服务组织通过有组织的社会动员和社会参与，开展贴近生活的活动，解决公众面临的问题，提供公众所需要的产品和服务，这有利于在满足公众需求的基础上减少矛盾，促进和谐。

第二节 志愿服务组织的愿景与战略

组织的定位是一个组织建立核心优势、确定服务领域和建立组织品牌的过程。志愿服务组织和企业、政府不一样，它不以利益作为驱动力，而是以志愿精神为核心，凝聚和引导志愿者行动。其定位关乎组织的发展方向，是一种为组织设计核心价值与形象，以期志愿者和社会公众了解并认同志愿服务组织独特价值的行为，明确志愿服务组织的定位还可以有效引领组织的发展并指导组织工作的开展。本节将从志愿服务组织的愿景、使命和战略规划三方面来介绍志愿服务组织的定位。

一、描述志愿服务组织的愿景

（一）志愿服务组织愿景的含义和特征

愿景是有关未来方向和目标的意念和图景描绘，组织愿景通常由使命、目标和核心价值观三个要素构成。明确的愿景，能使志愿服务组织的员工和志愿者有共同的目标、共同的期待，同时，愿景为志愿服务组织的管理者、员工、志愿者、资金赞助者和潜在的支持者描绘出一幅充满希望的蓝图。愿景分为个人愿景和组织愿景。个人愿景是组织愿景的基础，组织愿景是个人愿景的升华。就组织愿景而言，它是组织成员就组织的未来所达成的共识，是组织有能力实现的梦想。

好的志愿服务组织愿景应该具有哪些特征呢？首先，愿景应该能够清晰地陈述，这是合格愿景的基本要求。其次，组织愿景是独特的。一个成功的组织，其愿景常常是独一无二的，能够反映出志愿服务组织的个性和看法，反映出组织存在的真正理由。再次，愿景应该是组织成员共同认可的。只有当组织成员及其他利益相关方共同认可组织愿景，才能激发他们奋斗的热情，才能形成强大的内聚力和驱动力。最后，组织愿景应该是稳定的、持久的。这并不是说愿景一成不变；随着组织内外环境变化，愿景也会进行一些调整，但愿景是组织精神的内核，在一段时期内应保持不变。

（二）志愿服务组织愿景的作用

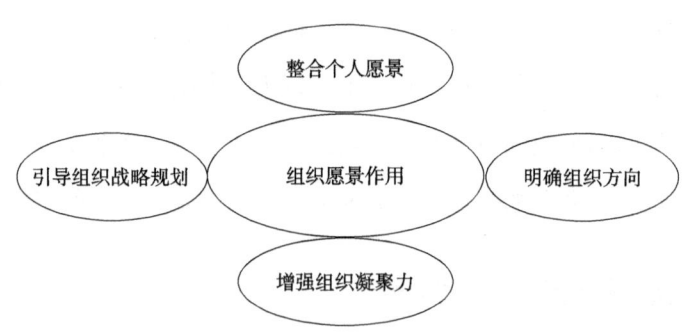

图 5-1 志愿服务组织愿景的作用图

1. 整合个人愿景

个人愿景是建立组织愿景的基础，而组织愿景是在与个人愿景的互动中形成的。志愿服务组织愿景的塑造，需要组织中员工、志愿者和管理者等本着平等和相互尊重的原则进行讨论,最终产生"这是我们大家的志愿服务组织的共鸣"。当个人愿景融入组织愿景时,就会自然地产生一种持久的激励与约束,形成强大的感召力和牵引力。

2. 明确组织方向

愿景为志愿服务组织指明了方向,为组织未来的发展确定了目标和路线。愿景使得组织所有的决策和行动都会更有针对性和战略性,能够更加有效地促进组织日常志愿工作的有效运转,让志愿服务组织不迷失方向,保证组织长久发展。

3. 增强组织凝聚力

愿景所引发的组织成员、志愿者的广泛共鸣,一方面可以提高成员对组织的忠诚度,另一方面会有效增强组织的吸引力。同时,愿景还可将组织内部各层级、部门、团队的理想和期望统一起来,减少组织内耗和冲突,增强组织凝聚力。

4. 引导组织战略规划

组织的愿景需要通过具体的战略规划来实现。愿景指出组织未来的生存领域、要成为什么样的组织,是未来理想状态的蓝图,它像旗帜一样引导组织战略沿着正确的方向不断前进。同时,在愿景实现的过程中,组织也需要通过不断地调整和优化战略规划、具体的行动计划,来适应不断变化的环境和组织内部变动。

总而言之,愿景在志愿服务组织管理中占有重要地位。任何志愿服务组织的管理者都不能忽视愿景的塑造和讨论。只有当愿景真正存在于人们脑中、能够被付诸行动且被融入组织日常运作的时候,愿景才能真正发挥作用。

二、明确志愿服务组织的使命

（一）使命的概念

使命在组织愿景中具有基础性和核心性地位。志愿者服务组织的使命是指志愿服务组织在社会中承担的角色、责任及其任务，志愿服务组织的使命是实现组织愿景的途径和方式，反映了社会对志愿服务组织的要求，也包含着志愿服务组织创始人和领导者的价值追求和抱负。一个没有使命或者使命不明确的志愿服务组织，很容易使组织成员、志愿者迷茫和消极，偏离组织发展方向，最终导致志愿服务组织的失败。因此，对使命的讨论能够确保志愿服务组织的发展方向，有利于志愿服务组织的长久发展。

（二）志愿服务组织使命的陈述

使命对组织来说就是其追求的远大目标，对于使命的具体表述则是简短的一两句话。如何用一两句话来描述清楚一个组织的使命是富有挑战性的工作。对于使命的描述，应该在明确组织目标的基础上进行，而且要富有感染力和号召力。使命的确定要基于对组织所要达成的目标、应该承担的责任以及要开展的服务内容的有效分析。例如，中华儿慈会的使命是：募集社会资金，开辟民间救助渠道倾心打造公信力；动员更多的社会力量帮扶更多的困境少年儿童；传播慈善理念，弘扬慈善文化。

志愿服务组织在确定使命时，应尽量让组织中的成员都参与进来，这样可以提高组织成员对使命的认同。此外，组织成员应对以下五个问题进行讨论：

1. 我们是谁？

2. 我们的服务对象是谁？存在什么样的需求要我们来满足？

3. 服务对象认为有价值的东西是什么？我们应该如何对这些需求和问题做出反应？

4. 我们的核心指导思想和价值观是什么？是什么把我们团结在一起？

5. 我们有什么优势和资源能确保高效地满足社会需求？

如果通过这些讨论能够使组织成员逐渐取得一致的看法，接下来就是对这些目标和内容进行语言上的提炼和概括。使命一旦确定，管理者的下一步工作就是让全体组织成员了解并认同这一使命，将这一使命融入日常工作。使命既不是一成不变的，也不是时刻在变的，它总是在一段时间内与组织的内外环境达到一种平衡。当内外环境发生重大变化时，管理者要敏锐地发现变化并修正组织使命，带领组织适应变化。

三、志愿服务组织的战略规划

在确定了组织的愿景和使命之后，志愿服务组织需要进行战略规划以达到组织的使命和目标。

（一）志愿服务组织战略规划含义

战略最早是指军事概念，随着不断发展，后来指的是为了实现某个远大目标制定的时间长、范围广的规划。战略规划是战略管理的核心概念，战略规划是指决定组织长期目标的一套系统方法。具体而言，战略规划是指对组织及其内外环境进行战略思考，从而确定组织的宗旨和目标、制定切实可行的计划、积极而有步骤地推动其实施，并及时加以调整的一整套系统的方法与过程。只有制定了战略规划的志愿服务组织才能在变化的环境中求得生存和持续发展，没有进行战略规划的组织则容易失去航向，出现混乱，甚至陷入困境和危机。

（二）志愿服务组织战略规划的作用

1.明确志愿服务组织发展的方向和目标

宗旨是组织一切活动的目的，没有明确的宗旨，就无法制定有效的战略。战略规划的一个重要任务就是确定组织的宗旨和目标，并据此制定实施战略规划的行动计划，从而排除了志愿服务组织管理的短视性，确保在取得短期成绩的时候兼顾长远利益。

2.为志愿服务组织抓住机遇和创造良好条件

志愿服务组织面对的外部环境总是不断发生变化的，这种变化，尤其是突如其来的剧变通常会为组织带来意料之外的机遇和挑战。通过战略规划，密切关注环境的变化，把握环境变化给组织带来的发展机会，积极预防潜在的威胁，使志愿服务组织得以在面对挑战时能够应对自如。

3.确定志愿服务组织的优先目标

任何组织的资源都是有限的，如何将人、财物等有限的资源运用于关键领域是十分重要的问题。志愿服务组织战略规划通过确定组织目标，分清主次，确定组织发展的优先顺序，将资源集中于最迫切的事情上，从而达到最佳的效果。

（三）志愿服务组织战略规划的步骤

图5-2 志愿服务组织战略规划步骤图

1.陈述组织目标

陈述志愿服务组织的目标时，应和组织的愿景和使命保持一致，目标的陈述不应背离组织愿景和使命，应该是组织愿景和使命的细化。同时，对组织目标的陈述应该有时间段的限制，比如3年或者5年内等。

2.进行战略分析

明确志愿服务组织目标之后，紧接着需要进行战略分析。战略分析是指通过资料的收集和整理分析组织的内外部环境，战略分析的内容包括外部环境分析和组织内部分析，战略分析的方法主要介绍一下SWOT分析法。

（1）外部环境分析。又叫趋势分析，是指对组织所处的外部环境进行的动态分析，意在把握各种主要外部因素的变化趋势，使组织能够顺应环境的变化并经常处于有利的地位以实现组织目标。外部环境分析主要包括以下几个因素：经济环境、政治法律环境、社会文化环境、技术环境等。

（2）组织内部分析。又叫组织诊断或评估，是指把组织视为一个动态的有机整体，对组织整体及其各组成部门的目标、资源、能力、组织结构和政策等进行系统分析。主要包括：组织资源分析、管理能力分析、组织结构分析、组织政策章程分析。

（3）战略分析的方法。在战略分析中，最常用的一种方法是SWOT分析法（见表5-1）。SWOT分析法亦称自我诊断方法，是指通过了解自己组织的优势与弱势，掌握外部机会，规避威胁，从而制定良好战略的方法。4个英文字母SWOT，代表优势（Strength）、劣势（Weakness）、机会（Opportunity）、威胁（Threat）的4个英语单词的开头字母组合，其中S和W主要用来分析内部条件，O和T主要用来分析外部条件。

表 5-1 SWOT 分析矩阵

外部分析	内部分析	
	优势 S	劣势 W
机会 O	SO 战略 发挥优势,利用机会	WO 战略 克服劣势,利用机会
威胁 T	ST 战略 利用优势,规避威胁	WT 战略 减少劣势,规避威胁

SO 战略是组织发挥内部优势且利用外部机会的战略；如果组织存在着外部机会，但内部又存在着劣势，妨碍外部机会的实现，组织可以采用 WO 战略，将战略目标定位为利用外部机会来弥补内部劣势；ST 战略是利用内部优势来规避或减轻外部威胁的影响；WT 战略是一种旨在减少内部劣势同时规避外部威胁的防御性战略。一个组织如果存在大量的外部威胁，又有许多内部劣势，那么这个组织将处于极不安全的生存境地。

3. 制定战略计划

这一阶段的主要任务是：战略规划小组在战略分析的基础上，结合组织的战略目标，根据确定的战略议题，提出处理战略议程中每个议题的具体计划。这些计划须有助于组织发挥优势，克服弱点，充分利用组织外部的机会并规避或遏制威胁。

4. 做出战略选择

在综合分析和评价各种备选战略的基础上，做出符合志愿服务组织战略发展需要的、具有实现性和可操作性的战略选择。

第三节 志愿服务组织的组织架构与制度建设

随着志愿服务事业的不断发展，志愿服务的地域和领域得到拓展，志愿服务组织也趋于成熟。搭建合适的志愿服务组织架构，是志愿服务组织有效运作和长久发展的必要条件。对于志愿服务组织的管理者而言，需要了解不同志愿服务组织的内部结构特点，以便于为自己的组织选择合适的组织架构。此外，现阶段志愿服务组织制度建设比较薄弱，受到志愿服务组织的发展阶段影响，进行志愿服务组织制度化建设有利于推动志愿服务组织规范化发展，保证志愿服务质量。

一、志愿服务组织的组织架构

（一）志愿服务组织架构的概念

组织架构指的是组织的结构设计。学者明茨伯格将组织结构定义为：组织结构是将劳动划分成不同工作，并协调这些工作的方式综合。著名管理学大师哈罗德·孔茨认为："组织的结构设计应该明确谁去做什么、谁要对什么结果负责，并且消除由于分工含混不清造成的执行障碍。"尽管这段话是针对企业组织结构设计而言的，但它同样适用于志愿服务组织的结构设计。组织结构对组织产生长远和重要的影响，它能够决定一个组织的运营效率。因此，在志愿服务组织结构设计中，各部门之间的权利与职责应该明确，只有这样才能开展高效的志愿者行动。

志愿服务组织的组织架构是指在志愿服务组织管理要求、管控定位、管理模式及业务特征等多因素影响下，在志愿服务组织内部，组织资源、搭建流程、开展业务、落实管理的基本要素。同时，志愿服务组织并不是一个封闭的系统，它与周围环境有着密切的关系，随着环境的变化，志愿服务组织结构也应该不断地适应该种变化。

（二）志愿服务组织架构的作用

1. 组织架构可以明确组织内部成员之间相互关系的性质

志愿服务组织架构可以明确每个成员在组织中是什么地位、拥有什么权利、承担什么责任、发挥什么作用。其作用和目的是通过这种共同约定的框架保证资源和信息流通的有序性，并通过这种有序性，稳定和提升该组织所共同使用的资源在实现其共同价值目标上的效率和作用。这里的资源不仅包括物质资源，也包括加入这个组织的每个成员的体力和脑力，即人力资源。任何一个组织都是由一个个独立的个人组成的，如果没有一个共同约定的框架对众多的独立个人在这个特定的社会群体中的相互关系和地位、作用做出明确界定，这个组织也就不能称为组织，而只能是一个没有共同目标、人员行为无法协调的零散群体。

2. 组织架构是志愿服务组织调整和更新自身目标体系的前提

志愿服务组织作为特定的社会组织，首先必须有特定的组织架构，为其资源、信息的流动提供方向和程序约束。这不仅由形成组织目标体系的决策指定，也必须在一定组织层次上由特定的岗位角色来完成。根据其内容所涉及问题的多少、影响面的大小，把形成组织目标体系的决策的指定活动分散到组织的不同层次、不同方面，让不同的岗位角色去完成。这本身就是一种资源、信息流动的程序约定。当组织因外部环境变化调整自身的目标体系时，有完善组织架构的志愿服务组织能够更好地调整和更新自身的目标体系，不致迷失方向。

（三）志愿服务组织常见组织架构的类型和特点

组织架构的种类有很多，这里主要介绍四种常见的志愿服务组织架构：直线制、直线职能制、事业部以及矩阵制。

1.直线制组织架构

直线制是最早出现的组织结构类型，各个组织层级通过直线的形式来纵向连接，指令信息自上而下进行传送，多个并列单元同时接收信息并执行指令，并且要层层向上反馈，其优点是权责清晰，决策果断。这种组织架构适合于规模不大且功能相对单一的志愿服务组织。

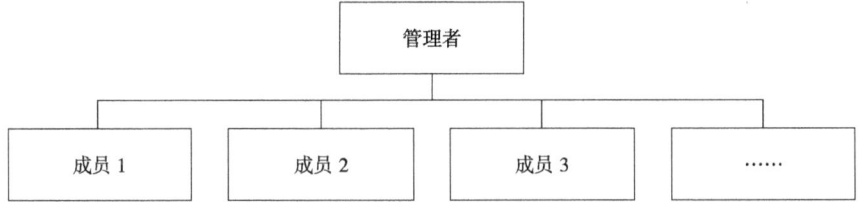

图 5-3 直线制组织架构

直线制组织架构一般由管理者和组织成员直接进行沟通（如图 5-3）。采用直线制组织结构的志愿服务组织往往处于初建时期，志愿服务内容比较单一，工作量和规模都相对比较小，工作重复程度也比较高，采用这样的组织结构可以提高工作效率和节约成本。随着志愿服务组织规模的扩大、工作内容的增加，直线制组织结构就不太适用了。例如，我们很多的小型志愿服务组织，由于人数等规模较小，往往采用直线制组织结构，当组织规模增大，就会进行相应的组织变革，使之更加适应组织规模和业务，推动组织长久发展。

2.直线职能制组织架构

这种组织架构是直线制和职能制组织架构的结合。直线制上面已介绍过，职能制组织架构的主要特点是职能部门任务专业化，避免了人力和物力资源的重复配置，便于部门发挥职能专长，激发职能人员的积极性，降低管理成本，提高运作效率。在这种结构下，下级单位所接受的管理部门具有双重性，既要接受最高层的领导，又要接受职能机构或人

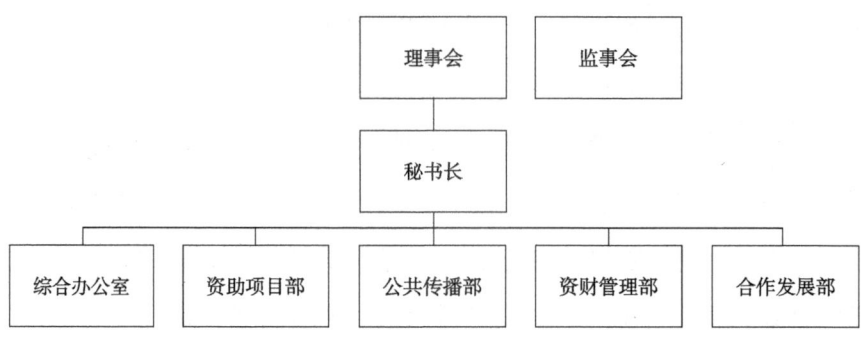

图 5-4　直线职能制组织架构（以国内某基金会为例）

员的领导。

理事会下设秘书长，秘书长下设五个职能部门，这是直线制组织架构，而秘书长下设的五个职能部门则是职能制组织架构（如图 5-4）。综合办公室主要负责一些行政工作；资助项目部主要负责项目上的工作；公共传播部主要负责宣传工作；资财管理部主要负责财务管理相关工作；合作发展部主要负责对外合作对接等工作。这种组织架构虽能发挥成员专业特长，但一定要注意加强职能部门组织之间的沟通，提高各职能部门对组织整体目标的认识，才能使志愿服务组织最大程度发挥该种组织架构的优点。

3. 事业部组织架构

事业部组织架构即是指志愿服务组织以某个服务、项目、地区为依据，将相关的下属组织结合成一个相对独立单位的组织结构。这些相对独立单位通常表现为分支机构等。事业部组织结构的优点是：有助于分支机构根据当地实际情况开展工作，提高效率；分支机构不是服从于职能部门而是服从于理事会，有助于提高决策的快速下达。缺点是：分支机构的增多带来管理幅度的增加，从而增加管理难度；分支机构有可能导致机构的重复设置，增大管理成本；分支机构也可能和职能部门产生分歧，从而增加协调成本。

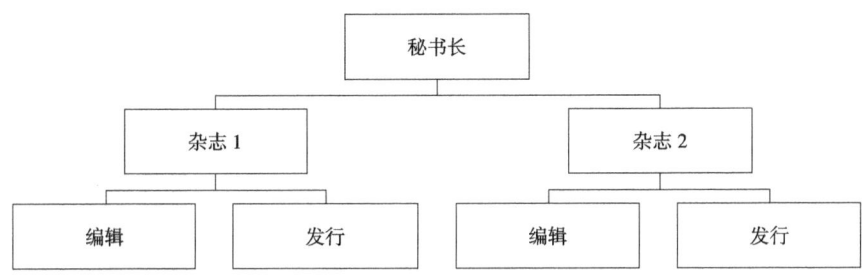

图 5-5　事业部组织架构（以某公益杂志为例）

国内某公益杂志采用的就是事业部组织架构（如图 5-5），秘书长下设两个杂志分支机构，两个杂志独立运营，可能在不同的地区，或者志愿服务的项目内容不同，各个分支机构之间没有领导关系，分支机构只接受公司管理层的领导，这种结构一般适应于较大型的志愿服务组织。

4. 矩阵制组织架构

矩阵制组织架构是综合利用项目系统和职能部门的组织架构，由纵横两套系统交叉形成。其中纵向是为完成某项专门任务而组成的项目系统，横向是志愿服务组织的职能部门。矩阵制组织架构打破了统一指挥的传统原则，当志愿服务组织面临的环境不确定性较高，对职能部门和项目系统存在双重要求时，矩阵制组织是一种理想的结构。

矩阵制组织架构的优点是：弹性大，可以集中资源迅速完成重要任务；由于集中了各部门专业人才，可以促进新观点和新设想的产生；多部门组合，可促进相互沟通和协调，有利于部门之间的合作；项目系统可促进部门的积极配合，提高项目管理的效率。矩阵制组织架构的缺点是：由于有些项目是短期的，容易产生临时观念，影响组织成员对职能部门的责任心；项目系统与职能部门之间容易因资源等产生摩擦；组织成员受到双重领导，容易影响志愿服务组织效率。

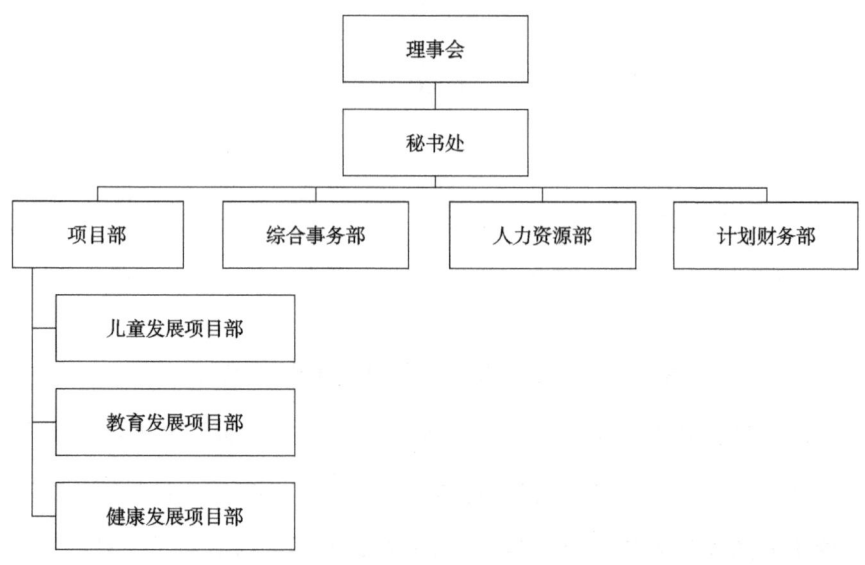

图 5-6 矩阵制组织架构（以某基金会为例）

图 5-6 展示的就是矩阵制组织架构，横向展现的是综合事务部、人力资源部、计划财务部等职能部门，纵向则是儿童发展项目部、教育发展项目部和健康发展项目部等项目系统。如前文所述，矩阵制组织架构有其自身的优缺点，采用这种组织架构的志愿服务组织应尽量将职能部门和项目系统更好地融合起来，减少资源的浪费，加强两方管理层之间的沟通交流，尽量规避矩阵制组织架构的缺点，将其优点最大限度地发挥出来，助力志愿服务组织内部运营和可持续发展。

二、志愿服务组织的制度建设

进行志愿服务组织制度化建设有利于推动志愿服务组织规范化发展，保证志愿服务质量。在不同的发展阶段，制度建设要求也不同。在初创阶段，规模小、人员少、机构简单，靠管理人员的经验和个人能力治理就能基本胜任。当达到中高级阶段，组织规模变大、人员众多、部门机构复杂，仅靠管理人员的经验和个人能力难以胜任，这时组织要能有效运转和管理就需要依靠团队力量，建立规章制度规范各种行为、流程。因此，如何制定制度、如何保障制度得到执行就变得重要，成为志愿服务组织的一项重要工作，比如成立专业的工作小组统一制定。

（一）志愿服务组织的规章制度的基本类型

规章制度根据其作用、适用范围等分为不同的类型，根据通行适用范围的分类习惯，我们可以将志愿服务组织的规章制度分为以下三类：

1. 志愿服务组织基本制度

基本制度适用于整个志愿服务组织管理，是组织的基础制度，组织内人人都要遵守的制度，包括志愿服务组织的章程、工作纪律制度等根本管理制度。这类制度文件在组织内比较少。

2. 志愿服务组织机构管理制度、流程

根据志愿服务组织所属的各组织机构的志愿服务工作特点编制。用于规范各组织机构的工作，不能适用于整个志愿服务组织管理。如秘书处管理制度、宣传部管理制度等。

3. 志愿服务工作方法、规范、标准

根据某一项工作范围、技术领域制定的专业技术性文件，不能适用于整个组织及组织机构的管理。如差旅费报销标准、志愿者行为规范等。这类技术性文件在志愿服务组织内属于最多的一种。

不同类别的规章制度应根据需要进行识别管理，即进行编号、格式、版本、修订等方面的规定。在制定规章制度前，较大规模的志愿服务组织应成立专门的工作小组进行统一规划、设计。

（二）志愿服务组织规章制度制定的基本原则

规章制度的制定是组织的一项重要工作。制度是透明而公开的，在制度化管理下，要求每一件事情都是程序化的、标准化的，这样做有利于工作人员迅速掌握自己需要的工作技能，有利于员工与员工之间、部门与部门之间、上级与下级之间进行有效的沟通，使组织内部的工作失误降到最低。要求组织上下"一切按照制度办事"，依据共同的制度准则来处理各种事情，而不是见风使舵、察言观色，也不会再因为人情而左右决策。规范的制度能够体现组织管理的公平、公正，谁不愿意在一个公平、公正的环境下工作呢？制度化管理不但有利于吸引外部人才，也可以为内部人才提供良好的晋升通道，促进人才的成长。如果能将组织内部的所有事务都纳入制度化管理中，就可以有效地杜绝工作决策中的"一言堂"现象，使组织的决策过程更加程序化、透明化，更加科学有据，更能经得起实践的检验和外部环境的考验，这将大幅度降低决策的失误率。为了使制度制定公平、科学、准确、减少失误，志愿服务组织在制度制定时应遵循一定的原则。

1. 合法原则

任何一个志愿服务组织都要合法运营，合法运营的前提是组织的行为遵守法律法规，规章制度是对组织行为的规范和约束。因此，制定的制度必须符合、遵守法律法规的要求，不能出现只遵守规章制度不遵守法律法规的情况、制度凌驾于法律之上的情况。

2. 公平公正原则

这里的公平公正包括两方面的要求：一是指制定的制度对组织内所有人要公平公正，不能出现例外情况；二是制度一旦制定，执行时组织内从上到下都要遵守，要创造"一切照制度办事"的氛围和条件。

3. 人性化原则

制度的制定除了遵守法律法规的原则外，也需要注意人性化。生搬硬套的东西行不通，人性化的原则体现在制度制定时能够用道德约束的不必用制度约束，标准不能过于苛责、过于细繁。执行过程中要考虑到员工的生理条件、组织工作环境、外部环境的影响等因素，不能搞一刀切，如新闻报道当地上班路线因交通事故大堵车，还要继续对迟到员工进行罚款就不合适。

4.可操性原则

制度的制定以志愿服务组织的实际需要为标准，不能够超前制定规章制度，这样容易引起误解，凭空想象、超前制定的制度会造成执行上的困难。最好的解决办法是在组织不同的发展阶段相应地修订或制定新的规章制度。制定规章制度时也不能凭空虚构，应该通过实际调查确定情况。只有科学合理的制度才能得到一致认可和遵守。

5.一致性原则

组织上下层级之间、各部门之间制定的规章制度不能出现相互抵触、前后矛盾。单一制度上下条文之间的内容和顺序应该相互协调，保持连贯，不要出现重复、前后矛盾的情况。一致性的另一个要求是规章制度使用的语言文字、形式应该一致。不能出现中文间夹杂外文或者是外文间夹杂中文的情况，但是可以两种或两种以上语言并列。

6.全面性原则

制度规定的事项和要求应该全面，不能出现遗漏，也不能出现错误，否则制度就难以得到有效执行。比如有规定无奖惩就无法发挥制度的威力，或者是遗漏某一环节的规章制度（如没有餐费报销标准），出现无法可依的情况。

（三）志愿服务组织规章制度编写基本格式与方法

1.规章制度编写的基本格式

规章制度的编写各式各样，不同的组织有不同的行文风格及习惯，这与组织文化有关系。不论怎样，其制度编写行文格式应该统一，万变不离其宗，基本要求如下。

（1）标题

制度的标题主要有两种构成形式：一种是以适用对象和文种构成，如《工作纪律》；另一种是以单位名称、适用对象、文种构成，如《寮步志愿者协会章程》。

（2）正文

制度的正文有多种写法，主要可以概括为三种情况：引言、条文、结语式，通篇条文式，多层条文式。

①引言、条文、结语式。先写一段引言，主要用来阐述制定制度的根据、目的、意义、适用范围等，然后将有关规定一一分条列出，最后再写一段结语，强调执行中的注意事项。

②通篇条文式。将全部内容都列入条文，包括开头部分的根据、目的、意义，主体部分的种种规定，结尾部分的执行要求等，逐条表达，形式整齐。

③多层条文式。这种写法适用于内容复杂、篇幅较长的制度，特点是将全文分为多层序号。如"1、2、3……，1.1、1.2、1.3……，1.1.1、1.1.2、1.1.3……"来表示条下的款。编号的方式有多种方式，但需要统一、尽量简洁。

（3）制定单位和日期

如有必要，可在标题下方正中加括号注明制定单位名称和日期，其位置也可以在正文之下，相当于公文落款的地方。

制度制定完成后需要进行评审，评审通过后，各相关负责人需要进行会签生效。制定完成的规章制度应在组织内部进行公示，并展开培训宣传工作，保证组织内每一个人都知晓其具体的内容并清楚自己的工作职责所在。

2.志愿服务组织规章制度编写的基本方法

制度编写遵循"5W1H"的方法：

    1. Why（为什么）：制定的理由。

    2. What（做什么）：制度适用的范围、用途。

    3. Where（什么地方做）：由哪个部门负责制定。

    4. Who（谁来做）：具体的负责人及工作人员。

    5. When（什么时候做）：开始时间和完成时间。

    6. How（怎么做）：具体编写方法。

第四节　志愿服务组织的财务管理

一、志愿服务组织财务管理的特征、目标与原则

（一）志愿服务组织财务管理特征

《民间非营利组织会计制度》明确规定非营利组织应当同时具备以下三个特征：第一，组织不以营利为目的；第二，资源提供者向组织投入资源，但不取得经济回报；第三，资源提供者不享有组织的所有权。由此，可概括出志愿服务组织财务管理的三个主要特征。

1.基于非营利性特征的志愿服务组织财务管理

志愿服务组织由于其具有的非营利性属性，在财务管理中往往较少甚至不考虑盈利类的财务指标，而是聚焦于组织内部管理规范化、可持续发展、自身战略规划的实现、愿景和使命的达成，以此发展出对相关财务指标的评估。

2. 基于社会效益导向的志愿服务组织财务管理

志愿服务组织更加关注组织运营对特定群体的利益或者社会公众的利益所产生的效益，更加关注志愿服务组织发展所带来的社会价值。

3. 基于财产所有权属性的志愿服务组织财务管理

志愿服务组织的资源提供者对资产不拥有所有权，志愿服务组织的权力机构及其成员对组织也不拥有所有权。受公益财产属性的影响，志愿服务组织的财务信息需要接受政府主管部门、捐赠人、社会公众等的外部监督。

（二）志愿服务组织财务管理目标

一个组织的财务管理目标取决于该组织本身的目标，志愿服务组织的目标是实现其愿景和使命，因此，可以将志愿服务组织的财务管理目标描述为：获取并有效使用资金，以最大限度地实现组织的愿景和使命。具体来说，志愿服务组织财务管理的目标主要包括以下几个方面。

1. 建立健全财务制度，规范志愿服务组织的财务行为

建立健全财务制度有利于使各项财务活动有法可依、有章可循，实现财务管理的规范化、法制化。财务制度的制定，必须以国家有关法律、法规和有关方针、政策为依据，紧密结合志愿服务组织财务管理的客观实际，按照国家关于制度财务制度的统一规定和要求进行。

2. 加强预算管理，保证计划和任务的完成

加强预算管理，有利于优化志愿服务组织财力资源配置，合理安排和使用各项资金，提高资金使用效益。科学合理地编制单位预算，并严格按照批准的预算执行，才能保证组织计划和行政工作任务的顺利完成。

3. 加强收支管理，提高资金使用效益

志愿服务组织收支管理，是预算顺利完成的重要保证。加强收支管理，有利于依法组织收入，合理安排支出，有效地使用各项资金，提高资金使用效益，保证单位预算顺利完成。

4. 加强财务分析和财务监督，如实反映单位财务状况

加强财务分析和财务监督，有利于保证志愿服务组织业务工作和财务收支计划顺利完成，有利于及时、准确地反映组织财务活动状况，使决策者掌握财务活动的特点和规律，为财务决策提供科学、可靠的依据。

（三）志愿服务组织财务管理原则

志愿服务组织财务管理要遵循以下三大原则。

1. 诚信原则

反映所在组织财务行为的财务记录和财务报表要真实、客观、完整、公允。

2. 透明原则

透明原则包括对内透明、对外透明、制度透明、过程透明、结果透明。财务公开是实现志愿服务组织财务透明的重要手段。志愿服务组织的财务公开，即组织向社会（资助者、政府、社会公众等）公开披露其重要财务信息。志愿服务组织的财务公开内容包括制度公开、政策公开、过程公开、结果公开等。

3. 制约原则

以制约理念建设志愿服务组织的财务系统，一方面要构建内部管理和内部控制的系统，使志愿服务组织内部管理有序化；另一方面要构建志愿服务组织的组织治理和财务治理系统，使志愿服务组织的领导得到

有效的监督和制衡。以制度、机制、治理结构保证志愿服务组织朝着对公众负责的方向发展，提升志愿服务组织的社会公信力，也使真正公益的、非营利的志愿服务组织能够脱颖而出。

二、志愿服务组织财务管理的内容

志愿服务组织财务管理的内容主要包括预算管理、筹资管理和投资管理。

（一）志愿服务组织预算管理

预算是志愿服务组织财务管理的计划环节，通过预算给出的是一个组织发展的蓝图。然而，不少志愿服务组织没有对财务预算给予足够的重视，认为"只要搞好财务收支平衡就可以了"，这种观念对志愿服务组织的财务稳定十分不利。

1. 志愿服务组织预算管理功能

预算是志愿服务组织根据组织的战略目标，对未来一段时间机构经营、资金的预测，是确保机构战略目标、计划能有效达成的管理工具。预算有四个基本功能：（1）为组织将有限的资源进行合理分配打下基础，便于内部沟通；（2）指明未来的筹资需求和时限；（3）为管理者的决策提供依据；（4）是评估项目绩效的基础。

2. 志愿服务组织预算管理内容

志愿服务组织预算管理是组织财务管理的一个重要组成部分，是组织进行各项财务活动的前提和依据，健全的预算管理是社会组织保持良好财务状况、实现持续发展的关键。社会组织预算管理通常包括预算编制、预算执行和决算三个主要环节。

(1) 预算编制

预算编制是整个预算管理活动的基础和起点。以志愿服务组织的愿景和使命为大前提，根据组织在这个预算周期内的阶段性目标，科学合理地编制预算。编制预算要充分考虑全面性。一是预算编制内容的完整性。编制的预算必须涵盖组织开展活动过程中所有需要预算管理的内容。二是预算管理环节的全覆盖。预算编制必须立足于预算管理的全过程，必须与预算执行和决算紧密结合。主要包括收入预算编制和费用预算编制。

(2) 预算执行

预算执行是指预算编制完成后具体实施的环节，就是将预算由计划变为现实的过程。在预算执行过程中，组织需要对预算执行的情况进行有效监督和控制，及时纠正出现的偏差，以确保预算目标的最终实现。对应预算编制，预算执行也包括收入预算控制和费用预算控制。

(3) 决算

决算是志愿服务组织根据预算执行结果编制的报告，是对预算执行情况的全面总结，是组织决策机构进行决策的重要依据。志愿服务组织通过对决算数据的分析，可以及时发现预算编制和预算执行中存在的问题，从而采取整改措施，不断提高志愿服务组织的预算管理水平。

3. 志愿服务组织预算管理方法

制定财务预算的方法多种多样，志愿服务组织可以根据自身的情况选择一种或多种交叉方法制定预算，主要的预算管理方法包括：(1) 递增预算法。(2) 项目预算法。(3) 零基预算法。(4) 弹性预算法。预算必须考虑项目的直接成本和间接成本，若有多个项目，间接成本可按照比例分摊下去。同时，也要考虑外部的经济环境的变化需求。

（二）志愿服务组织的筹资管理

志愿服务组织筹资管理是指组织通过各种渠道，采用不同的方式取得所需资金，是资金配置活动的起始环节。志愿服务组织筹资的目的主要是满足业务活动开展的需要，进而达成本组织的愿景和使命。志愿服务组织在筹资管理中应考虑以什么方式开展筹资活动、通过何种渠道筹集所需的资金、用多大的代价获取多少资金才最有利等问题。不同类型的志愿服务组织适用于不同的筹资方式。

1.志愿服务组织筹资来源

根据《民间非营利组织会计制度》，非营利组织的收入按照其来源分为捐赠收入、会费收入、提供服务收入、政府补助收入、投资收益、商品销售收入等主要业务活动收入和其他收入等。志愿服务组织具有非营利性，其收入来源是多种的，因此，其筹资方式也是多元的。以下介绍三种志愿服务组织筹资来源。

（1）接受捐赠。不管是在国内还是在国外，慈善捐赠都被认为是慈善筹资的最主要来源。慈善捐赠可以来自企事业单位，也可以来自个人；可以来自境内，也可以来自境外；可以来自特定对象，也可以来自非特定的社会公众。

（2）会费。志愿服务组织若是社会团体的形式，社会团体的组成要素是会员，会费收入成为社会团体收入的来源之一。通过吸收符合入会条件的会员加入，不断扩大会员基数，可以帮助社会团体筹集到更多的会费资金。

（3）政府补助。政府补助是志愿服务组织筹集资金的又一重要来源。政府补助来源于政府或者公共部门，以财政拨款的形式补助志愿服务组织开展公共服务或者公益慈善活动。

除了上述三种渠道以外，志愿服务组织还可以通过提供产品或服务、投资、与其他机构合作等渠道筹集维持组织日常运营和可持续发展所需的资金。

2.志愿服务组织筹资应遵循的原则

志愿服务组织通过筹资来获得支撑组织正常开展其业务活动的资金，筹资方式也是各种各样的，但无论用哪一种筹资方式，组织在进行筹资活动时，都要遵循一定的筹资原则。

首先，志愿服务组织一定要依法筹资，筹资活动一定要在相关法律法规的约束下进行；其次，筹资要适度，不能盲目追求数额，要结合组织的目标、任务、项目规模等，要提前做好精细化的预算，避免筹资不足或过度筹资；再次，志愿服务组织在筹资过程中应重视信息公开、透明，透明度越高，越会提高组织公信力，进一步增强组织的筹资能力；最后，要考虑筹资成本，考虑相关的人力成本、时间成本和机会成本等。

（三）志愿服务组织的投资管理

许多志愿服务组织掌握较多的财务资源，这些资金或者被暂时闲置，或者年度有结余。为了更好地实现组织的愿景、使命和维持组织长期稳定运行，志愿服务组织需要通过某些方式与途径开展投资活动，实现组织资产的保值增值。志愿服务组织的投资活动是指在确保本组织资金安全和日常支付流动性需求的前提下，实现资产的保值增值。

1.志愿服务组织投资的范围

志愿服务组织进行投资时，与一般企业追求高收益的目的不同，应当在确保操作稳健、风险合理的基础上实现保值增值，务必将财产的安全性放在首要位置。主要投资范围有以下三个。

（1）可直接购买银行、信托、证券、基金、期货、保险资产管理机构、金融资产投资公司等金融机构发行的资产管理产品。但不允许直接买卖股票，购买商品及金融衍生品类产品，投资人身保险产品。

（2）可通过发起设立、并购、参股等方式直接进行股权投资，但被投资方的经营范围应当与组织的宗旨和业务范围相关。

（3）可将财产委托给受金融监督管理部门监管的机构进行投资，且该机构应当在中国境内有从事投资管理业务的资质，但不允许以投资名义向个人、企业提供借款。

2. 志愿服务组织投资的基本原则

志愿服务组织投资应遵循安全性原则、流动性原则和收益性原则。安全性原则要求保证投资活动风险性低，资本金可稳妥地收回。流动性原则指的是所投资的资产变现能力强。保持适当的流动性可在一定程度上保障资金安全，使组织能够灵活地变动投资组合。虽然获取收益并不是社会组织的最终目标，但组织的投资终究是一项经济行为，必须重视收益性原则。在以上三个原则中，投资的安全性原则是首要原则。

三、志愿服务组织的财务分析与财务监督

财务分析与财务监督是认识和掌握财务活动规律、提高财务管理水平和资金使用效益、维护财经纪律、促进事业健康发展的重要手段。

财务分析的主要内容包括预算执行情况，资金运用情况，成本（费用）情况，财产物资的使用、管理情况等。财务管理部门应结合项目管理和服务的特点，建立科学、合理的财务分析指标。通过财务分析，反映业务活动和经济活动的效果，并将分析结果及时反映给秘书处和理事会，为其进行决策提供科学、可靠的依据。

财务管理部门要通过收支审核、财务分析等，对财务收支、资金运用、财产物资管理等情况进行监督检查。对违反国家财政、财务制度和

财经纪律的行为,要及时予以制止、纠正,性质比较严重的,要向领导及有关部门报告,并按有关规定严肃处理。

一般的志愿服务组织仅仅做基础会计记账的工作,甚至有的志愿服务组织是以第三方委托代理的方式记账,这些会给组织财务管理带来较大的风险。财务部门应是组织的战略部门,而不只是一个支持部门,要充分利用精确的财务核算为决策提供依据。

本章小结

本章主要对志愿服务组织进行了介绍。第一节主要介绍了志愿服务组织的概念、特征、分类以及功能;第二节主要从组织愿景、使命以及志愿服务组织战略规划介绍了志愿服务组织的定位;第三节介绍了志愿服务组织架构以及其制度建设,列举了直线制、直线职能制、事业部和矩阵制的志愿服务组织架构,以及志愿服务组织规章制度的类型、制定的基本原则和编写的基本格式与方法;第四节则介绍了志愿服务组织财务管理特征、目标与原则,财务管理的内容包括预算管理、筹资管理和投资管理,还有志愿服务服务组织的财务分析与财务监督。

案 例

江西X县爱心联合会[①]

江西X县爱心联合会前身为X民间公益联盟,于2012年更名为江

[①] 本案例主要参考黄麟:《志愿服务组织参与县域社会治理研究——以江西X县爱心联合会为例》,江西财经大学2022年硕士学位论文。基于教材体例及教学需要有所改动。

西X县爱心联合会,下辖助学分会、志愿者分会、关爱分会、应急救援队以及太阳升、渣津、深圳、上海、福建等9个分站,当时有会员287名,志愿者1961名。2013年9月联合会党支部正式成立,现有党员28名。

创办之初X民间公益联盟只有7名理事,之后因开会时7名理事有时不能到齐而扩展成21名常务理事,以保证常态化多数。2012年,X民间公益联盟筹备注册江西X县爱心联合会。缘由是接受社会资金时,X民间公益联盟没有对公账户来保管现金。有理事说把钱放到创办人郭先生账户上,郭先生觉得不妥,所以准备注册江西X县爱心联合会。郭先生注册时发现需要3万元注册费,为凑齐注册费,便召集100个会员,初始会员每人交300元会费。

注册之路坎坷不易,问题主要是批复流程进展缓慢。郭先生先后前往市民政局、省民政厅咨询情况,收到的答复是这件事归当地(X县)民政部门管,由当地批准,在他们那里备案就行。后郭先生找到X县宣传部万女士,万女士与当地民政局局长联系后,当天中午郭先生前往民政局汇报一个小时,注册申请终于在2012年12月批了下来,跑了一年才注册成功。

注册成功后,创办人郭先生带领成员前往《J日报》下属的J市义工联合会,学习组织管理、章程、运作项目以及基金会对接等事宜。2013年,J市搞了一个徒步登山的公益募捐活动,每有一位志愿者成功徒步到达山顶,基金会捐款1000元,20万封顶,郭先生带去了50人。

江西X县爱心联合会现有350余名正式注册会员,3000余名非注册志愿者。会员全部来自社会各阶层的民间人士。X县爱心联合会下设阳光助学分会、志愿者分会、关爱分会、应急救援队、徒步队,财务部、监督部、会员管理部、后勤部等工作部,成立了党支部、工会委员会、团支部、妇委会，加入了 X 县人武部应急民兵队伍，并设立了应急救援排。

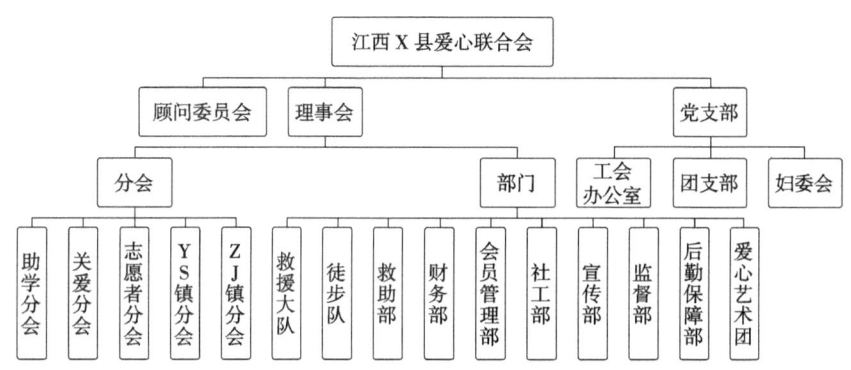

图 5-7　江西 X 县爱心联合会组织架构

▲案例分析题：

1. 江西 X 县爱心联合会属于志愿服务组织中的哪一种类型？

2. 江西 X 县爱心联合会的组织架构属于哪一种？

3. 江西 X 县爱心联合会的组织架构安排是否合理？如不合理，有什么问题？

▲本章思考题

1. 如何理解志愿服务组织？

2. 志愿服务如何进行组织定位？

3. 志愿服务组织登记管理的内容有什么？

4. 志愿服务组常见的组织架构有哪些？

5. 我国志愿服务组织的财务管理是否完善？有哪些需要加强的方面？

第六章

志愿服务项目管理

1. 建立与提升志愿服务项目管理能力。
2. 学习志愿服务项目的流程以及重点细节。
3. 掌握项目管理涉及的方法。
4. 理解将志愿服务项目化运作的必要性。
5. 理解并掌握怎样使志愿服务项目得到良好运作。

●志愿服务项目是指将志愿服务项目化，在一定周期内，面向特定对象或领域开展的，具有明确服务目标、服务时间、服务内容和服务保障的志愿服务活动。项目化确保了志愿服务能够高效、有序地进行，同时最大化其对社会的积极影响。志愿服务项目管理的核心环节通常包括项目的启动、设计、计划、运营、监测与评估，组织需要进行自身志愿服务项目的品牌建设来提升项目的合理性、影响力、可持续发展能力，确保资金来源的稳定和社会支持的长期稳定。

第一节 志愿服务项目管理概述

志愿服务项目管理是一个综合性的过程，它涵盖了从项目构思到最终评估的全部阶段，确保了志愿服务活动能够有效地响应社会需求，同时保证资源的合理利用和志愿者的积极参与。本节主要对志愿服务项目的概念、重要性以及定位进行讲解。

一、志愿服务项目的概念

志愿服务通常被认为是社会善意的表达，很容易融入需要额外人力和资源的机构项目。但是对志愿活动进行规划及其安全管理制度却往往被我们忽视，与社会工作、护理、医学和教师培训相关的专业学校，也很少涉及与志愿者一起工作的技术指导。然而大多数在人力服务部门的工作人员都有机会监督志愿者并与其一起工作。同时，这些工作人员也需要发展必要的技能来有效运作志愿服务项目，这样才能充分发挥志愿者的技能和才能。

志愿服务项目是指将志愿服务项目化，在一定周期内，面向特定对象或领域开展的，具有明确服务目标、服务时间、服务内容和服务保障的志愿服务活动。

我国不乏提供志愿服务的组织和个人，但可能因其缺失志愿服务人员管理规范、服务条例、激励办法等各类管理规章制度，在志愿服务开展过程中往往面临着效率低下、服务水平较低等困难。将志愿服务进行项目化管理，可以提升志愿服务开展过程中的精细程度，降低无效资源消耗，提升服务水平与效率（石静，2020），使组织更加灵活。

二、志愿服务项目管理的重要性

1963年，华盛顿当地报纸调查报道了一家名为Junior Village的组织，该组织为华盛顿无家可回的人和未成年儿童提供住所，但是目前面临受助人众多却人手不足的情况。殊不知，这篇报道给组织带来了一场"危机"。孩子们的境遇以及组织人手不足的迫切需求感召了社区里的很多人，结果涌现了大量志愿者来为该组织提供服务。Junior Village的工作人员面对这一因大量善意市民涌入而造成的混乱完全没有准备。

但是这场混乱也让Junior Village从美国国家心理健康研究所获得了一笔拨款，用于研究一个有组织、结构明确的志愿服务项目及其管理会对儿童抚育机构职能产生什么样的影响。Junior Village的志愿服务项目持续了两年半，为志愿服务项目管理提供了很多经验。该研究最重要的发现是,志愿服务项目需要工作人员的有力监督和参与。在这之前,组织工作人员往往会在志愿者到来时退出,因为许多人认为工作人员的身份让人们排斥,其只是为了维持公共关系。但是根据 Junior Village 的项目报告,一个好的志愿服务项目与管理取决于组织工作人员的参与度与贡献度。由于阻碍志愿者工作的许多问题都源于员工与志愿者的错误关系,因此项目团队得出结论,需要进一步培训员工与志愿者一起工作,此外,志愿服务的项目化运作也有效控制了组织的管理混乱,提升了资源利用效率。

三、志愿服务项目的定位

对志愿服务项目进行定位时,需要对受助人、组织以及志愿者之间的关系进行一定的了解(如图 6-1)。三者既有独立的区域,又产生了四个交叉重叠的区域(McCurley, Lynch & Jackson, 2012),项目定位在不同交叉区域内也会面临不同的情境。

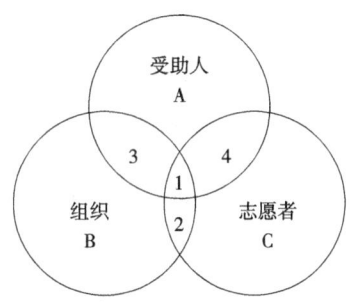

图 6-1 受助人、组织与志愿者环形图

(一)受助人 A

环 A 代表了受助人及其需求,该人群也是组织想要去帮扶的群体,受助人在此可能是个人、其他组织甚至是社会。此环中有很多受助人希望需求满足、存在急需解决的问题或是需要外部帮助解决困难。这些需求有些是短期的，也有些是需要长期满足的，甚至有些需求连受助人自己都不能明确表达（像是他们从未考虑过的长远发展机会）。

（二）组织 B

环 B 代表了组织及其所提供的志愿服务，也包括他们为了维持日常运作而采取的筹款或宣传活动。此环所涉及的活动关系到组织的生存和社会价值的实现。

（三）志愿者 C

环 C 代表了志愿者及其志愿动机，该环中的志愿动机或许也包括了"授人以鱼不如授人以渔"。

（四）完美的重叠区域 1

重叠区域 1 代表了志愿服务发挥完美作用的情况。在此区域内，受助人及其需求能够被组织提供的服务覆盖，并且志愿者也具有更强的志愿动机和动力来提供相应的服务。

如果组织的志愿服务项目刚开始筹划，那么这将是一个很好的区域来让组织对项目进行最初的定位，既可以更加容易地让志愿者具有服务动力、满足自身需求，又可以使项目围绕组织的核心使命来开展相关活动。

（五）较好的重叠区域 2

虽然区域 2 和区域 1 有所差别，但是定位在区域 2 的志愿服务项目还是可以取得不小的成果。区域 2 相比区域 1 少了受助人部分，是组织和志愿者部分的叠加，也代表了项目如果在该区域，将把组织需求和志愿者相连接。志愿者可能会把组织看作接受自己服务的"受助人"，例如协助组织或组织员工完成一些办公室内的工作，但是志愿者提供的这些服务也会间接使组织为真正的受助人提供更好的帮助。

如果志愿服务项目定位在区域2，管理者可能要在项目成效方面给予更多关注，并花费心思让参与的志愿者也能看到该成效以表明他们的贡献是有实际社会价值的，这样他们才更容易满足需求。实际操作中，项目管理者可以让志愿者看到其间接提供的服务对受助人产生的最终影响，也可以让管理人员或员工表达对志愿者协助工作开展的感激之情。

（六）潜力区域3

潜力区域3是组织需求和受助人需求的重叠区域，但是并没有包含志愿者。这一区域蕴含着组织拓宽志愿服务项目范畴的潜在机会，比如说组织及其员工在对该区域初次探索的过程中会新增一些志愿者岗位，之后可能会根据需要进一步开展志愿者的招募以及对新晋志愿者兴趣和能力的培养。

（七）危险区域4

区域4可以说明为什么有些优秀的志愿者会出现"好心办坏事"的情况。

该区域是志愿者需求和受助人需求的重叠部分，但是志愿者这部分的需求恰恰在组织提供的服务之外。举一个简单的例子，在"为行动不便人士送饭"的项目中，如果受助人存在轮椅修缮的需求，但是这个需求不在组织项目的服务范畴之内（或者说不在环B内）。这个轮椅修缮需求可能也会被项目志愿者察觉，在满足受助人群需求的动机驱动之下，志愿者也会在其能力范围内做轮椅修缮的相关工作，甚至希望扩大志愿者工作范畴，将这些"即兴工作"包含进项目。事实上，这些由志愿者个人内驱力产生的"即兴工作"已经超出了组织志愿服务项目范畴，只是志愿者的个人意愿。

唯一能够避免"即兴工作"出现的方法，是提前告知和培训那些渴望满足受助人需求的志愿者，例如可以让他们将轮椅修缮的需求转递给其他提供轮椅修缮服务的组织。值得注意的是，如果志愿者满足受助人需求的动机越强，那么他们越有可能做出超出组织项目边界的行为，此时他们的关注点集中在受助人及其需求，而非组织。这一"即兴工作"当然也有积极的一面，即可以帮助组织找到满足受助人需求的新路径，但同时也会让他们跳离组织目前已经成功开展的志愿服务项目，志愿者在服务过程中自行决定的行为越多，他们与组织的联结也会越弱。

第二节 志愿服务项目的启动、设计与计划

第二节将对志愿服务项目的启动、设计与计划进行讲解。在项目正式设计之前通常需要经过"需求分析""问题界定"来为项目定位，在项目设计过程中也需要学习使用一些有力工具，并且在项目设计完成之后制定切实可行的计划保证项目能够有效执行。

一、需求分析

（一）一个教学案例

小美是一个毕业于音乐学院的学生，目前在一个以促进教育公平为目标的非营利组织工作并担任了该机构中提升乡村素质教育水平项目的项目经理。她从社交媒体上面了解到，留守孩子们平时音乐美育的教育非常少，而提供音乐教育也符合自己的专业专长，于是小美凭借对当前留守儿童问题的认识开始着手录制乐器线上学习视频，并在线下积极开

展课程推广活动。但是连续两次的推广活动都没有得到非常顺利的开展，当地的留守孩子们似乎对这个课程并不感兴趣。

（二）案例中暴露的问题

小美为乡村留守儿童设计的课程在推广时失败的原因主要有三：

第一，小美在设计时仅结合了自己的特长，而设计项目内容并没有深入直接地去了解这些乡村儿童，在接受素质教育上所面临的实际的困难和需求到底是什么。

第二，小美选择的项目开展方式和方法可能也并不适合乡村贫困儿童这样的一个人群，比如他们并非像城市孩子们一样有各种各样的电子设备来观看课程。

第三，项目涉及的活动内容并不是很适合乡村，比如相较于西方的乐器教学，也许本地区的特色童谣和地方民谣会更加受欢迎。

由案例暴露出的上述三个问题也反映出当前公益参与者在项目设计过程中存在的一个普遍现象，即我们会更加看重自身能提供什么、有什么样的资源，而受助人需要什么的重要性退到了第二位。这样就很容易出现"我认为你需要什么"，用一些假设性的需求去替代受助人的实际需求，使得整个项目设计就失去了基础。实际上，项目设计者的自我感觉并不一定契合于服务对象的真实需求。

（三）识别和评估需求

深入且直接的调查并对需求进行识别和评估，是项目设计的基础。项目管理者需要以组织高层和志愿服务的视角，结合"受助人""公众"以及"组织工作人员"综合考虑并识别还没有被满足的社会需求。在此过程中需要考虑如下标准进行项目的选择：满足该社会需求的项目是有意义的；满足该社会需求的项目可以提供更好的服务；该项目所涉及的活动是志愿者对组织工作人员的补充而非替代；该项目可以将组织工作人员从不擅长的专业领域解放出来；该项目适合志愿者参与，贴合组织的使命愿景；能够使受助人得到真切的帮助并使他们满意。

在该步骤中，项目管理者如果识别到未被满足的社会需求，并决定围绕其计划和组织使命设计项目（例如管理人员发现社区行动不便的老人不仅有送餐上楼的需求，还有轮椅修缮需求，决定围着这个需求开展社区老人轮椅修缮志愿服务项目，为他们提供更优质的服务，方便他们的日常活动并改善他们的生活质量），那不妨也评估组织自身能力、审查和分析来自不同部门甚至不同组织的相关志愿服务项目，将成功的项目与失败的项目进行比较，并将项目的每一个步骤列举出来，以期发现某些共同点、模式、可进一步提升之处，提升项目可行性，方便之后的设计与计划。

在识别需求之后，要更进一步对需求进行评估，以更好完成项目的定位与设计工作。这主要从四个方面来开展：

界定人群（Who）：除了需要明确是哪类人群正在面对问题，也需要了解该问题是否具有普遍性。比如可能或已经面临危机的人有多少，需要服务的对象有多少，实际能够服务到的人又有多少，以回答"这是谁的问题和需求"。

需求描述（What）：不仅要描述问题和需求是什么，也要对各个服务对象的不同需求程度进行判断，以回答"这是什么问题和需求"。

问题如何产生（How）：明晰服务对象、问题和需求后，还需要深入了解问题是如何发生的（原因及发展现状），表层问题和底层问题是什么，这对选择项目内容和设计方法起着决定性的作用。

我们为什么能（Why us & Why now）：服务对象身边有什么其他力量提供了何种支持，之前的方法和路径为什么没有解决问题，我们为什么可以解决。

(四)评估常用的方法

评估需求常用的方法有三种——访谈、问卷和实地调研。在实际操作中，经常会针对同一个需求用到两种或者以上的方法。例如，可以先通过实地调研和访谈，深入了解几个典型对象面临的具体的问题，形成初步观点；进而再通过问卷去放大调查范围，了解类似人群在面对同样问题的情况下所影响的范围和深度，这样可以更准确全面地对现状进行一个诊断，为项目的设计奠定一个好的前提和基础。并且在某些时候，即使是对方明确告知了需求，也需要进行深入的现场调研，来确认需求的真实性和准确性。

1. 访谈

无论是通过电话或者家访进行一对一的访谈，还是一对多的访谈，都是全面深入了解受访者的好方式。在访谈中，非常重要的一点是选择正确的访谈对象。这里的"正确"并不代表不同类型的项目都有固定的访谈对象，而是需要根据项目的实际目标、访谈的目的去明确谁是合适的受访对象，以及谁是关键的访谈对象。比如，同样是教育类型的公益项目，如果核心的目标是改造当地的教育生态系统，当地的教育部门就应该被纳入关键的受访对象；而如果核心目标并不是改造教育的生态系统，而是关注学校的教学课程如何提升，那学校的校长或者老师就应该被纳入关键的受访对象。

访谈主要涉及五个部分。

(1) 开场介绍：如介绍组织自身、来访目的、获取相关授权等；

(2) 现状概述：如"目前本地的素质教育发展情况如何""面临的挑战主要是什么"；

（3）问题深入：可以列出问题提纲，将想要了解的问题展示给受访者；

（4）其他：可以由受访者补充或询问受访者的意愿和想法；

（5）概括总结：总结观点并与受访者确认准确性，询问是否有遗漏或补充。

2. 问卷

当面对的服务对象数量比较大，并且我们对服务对象可能面对的问题还有一些初步假设的时候，问卷法是比较好用的。

在问卷的设计过程中，我们不光要考虑内容，问卷的形式也需要符合受访者的条件。比如，虽然电子问卷在发放和统计的时候更有优势，但是面对一些特殊人群，如老年人或是残疾人的时候，可能就需要考虑提供第三方的辅助，或者提供特殊的音频、盲文等交互形式来进行问卷的收集。

3. 实地调研

很多志愿服务项目需要面对的是弱势群体，但在取得他们的信任之前，访谈和问卷并不容易获得他们真实的想法，只能通过实际的观察或者亲身参与，深入服务对象实际面临的处境当中，才能更加切身的感受服务对象的问题和需求，拉近与服务对象的距离。

（五）取得本机构各级管理者的支持

一个成功的志愿者服务项目离不开组织全体与志愿者的协同一致，以尽最大可能减少因错误的关系而出现的阻碍。因此，项目管理者有必要将自己识别和评估的社会需求以及未来项目的可行性与组织（尤其是各层级管理者）进行沟通，以获取各层级管理人员的支持和理解。事实上，项目并不能仅获得口头支持，要确保能达到以下目的：（1）获取项目的领导权;(2)让组织了解项目的社会价值,并同意选择在该领域中开展项目;(3)能够使志愿服务和组织人员分工相协调;(4)可以为志愿者争取到必要的办公场所;(5)能够挑选工作人员参与到志愿服务项目中;(6)能够获取组织资料和物质上的支持;(7)可以得到应对突发事件的资金;(8)确保之后项目开展过程中整体的协调统一。

从以上目的可以看出,取得各级管理层的支持并不只是简单的汇报,最终是要实现志愿服务项目与组织的统一,消除项目未来开展过程中可能遇到的问题。只有项目顺利开展,才能为志愿者提供优质的志愿服务体验,为受助人群提供优质的服务。

二、问题界定

(一)确定问题的优先级

受助人通常会有很多的需求,但组织的能力、资金都是有限的。如何在有限的资源下,去服务多元的、复杂的需求?可以借助第一节中"受助人、组织与志愿者环形图"(图6-1)来解决这一问题,与相关方共同确定需求的优先级。

从受助人A的角度需要思考两个问题:

问题1:这个需求究竟对他来说重要吗?满足这个需要,能多大程度上改善他的生活呢?

问题2:这个问题迫切吗?解决这个问题的时间窗口到底有多长?

同时,也需要综合考虑组织和志愿者的需求。比如一个问题非常重要,也非常紧急,但是当前未经培训的志愿者并不具备相关能力去解决这个问题(在重叠区域3),又或者看到具体的受助人需求,志愿者也有能力和意愿来解决这个问题,但是组织管理层或组织的资助方并不认同在这个领域开展服务（在危险区域4）。一个问题只有很完美地位于三个方面的交叉点（即重叠区域1），才是应该重点关注且最容易取得成效的。值得注意的是，这个讨论和需求优先级排序最好同受助人A和志愿者C一起完成，以避免先入为主的情况出现。

（二）问题定义表（模板）

带着排列好优先级的需求，可以尝试填写问题定义表（模板）。按照这个模板（如图6-2），可以通过回答七个问题，对所有的问题进行全面的总结和阐述。

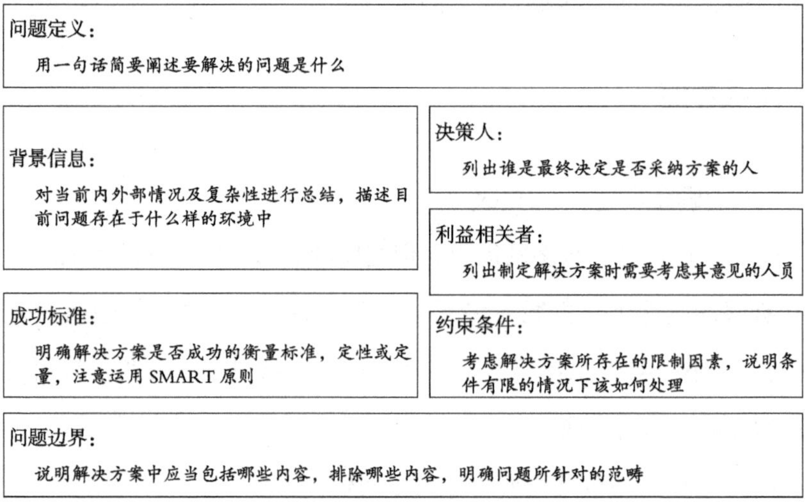

```
问题定义：
    用一句话简要阐述要解决的问题是什么

背景信息：                          决策人：
    对当前内外部情况及复杂性进行       列出谁是最终决定是否采纳方案的人
    总结，描述目前问题存在于什么样
    的环境中                        利益相关者：
                                    列出制定解决方案时需要考虑其意见的人员
成功标准：
    明确解决方案是否成功的衡量标准，   约束条件：
    定性或定量，注意运用SMART原则     考虑解决方案所存在的限制因素，说明
                                    条件有限的情况下该如何处理

问题边界：
    说明解决方案中应当包括哪些内容，排除哪些内容，明确问题所针对的范畴
```

图6-2 问题定义表（模板）

"问题定义"和"成功标准"可以讲清楚要去哪；"背景信息"回答的是现在处于什么地方；"决策人"和"利益相关者"合并在一起回答如何决策及由谁决策的问题；"问题边界"指的是主动选择哪一些约束，而"约束条件"则讲的是被动的受到哪些约束。需要注意的是，谈到利益相关者的时候，我们通常只会考虑到项目的直接服务对象和一些资助方、合作方，但利益相关者的范围比这要大很多，还可能包括间接被影

响到的人及其他对项目感兴趣的人,他们也会在很大程度上影响社会对项目的看法,甚至会影响到一些关键决策。

在问题定义表中,需要注意"成功标准"的设定。

1. 关于"成功标准",应该思考:如果这样做了,到底能带来什么样的成效和成果?

同时,"成功标准"也应该遵循SMART原则,SMART原则可以让"成功标准更加准确和具体"。具体化(Specific):成功标准不能模棱两可,要尽可能精准,使相关人员尽快理解具体要解决的问题。可衡量(Measurable):成功标准要避免衡量标准上的争议,通过量化的数据确保衡量方案最终可以真的解决问题。可实现(Achievable):成功标准要避免不切实际的幻想,问题本身要指向行动,比如应当采取哪些措施实现项目目标。相关性(Relevant):成功标准要避免一切不相关的目标,以防止偏离主题。时限性(Time-bound):成功标准的描述要包含明确的时间范围。

2. "成功标准"的设定并没有定式。涉及公益慈善的项目并不像商业项目那样有很多约定俗成的衡量标准,也不太容易直接转化成一种等价物去衡量。比如商业组织可以通过计算利润和市值来评判项目好坏,但对非营利组织而言就不能这样。一种好的方式是对现场观察到的现象进行总结提炼,抓住重点,形成非常规的成功衡量标准。这些方法将在下一节中提及。

3. 项目管理者也需要跟组织高层以及资助方进行充分沟通,帮助他们充分理解这些非常规指标与项目成效之间的因果关系,以及这个成功标准的定义。

三、项目设计

(一)内容设计

在明确要解决的问题和需求之后,需要将其分解为一个个小单元,让后续的管理和任务分配更加容易,这就需要"议题树"(Issue Tree)这个工具。"议题树"可以更容易地界定哪些部分应该得到优先解决,也可以有效避免经验主义直接跳到直观感觉所出现的答案上。

"议题树"拆解问题的时候,通常需要满足"左右相关"和"上下一致"两个原则(如图6-3)。"左右相关"指的是拆分内容:下一层的内容和上一层的内容是有因果关系的,如果能完成右边的两件事情,那大概率意味着左边的问题也能够被解决。"上下一致"指的是同一个层级的两个点,它的类型是一致的,且相互独立,不重叠,完全穷尽,无遗漏。

最常用的问题拆解方式是按流程进行拆分。比如"课前""课中"和"课后";也可以按照利益相关方拆分,比如"政府""受助人""非营利组织"以及"志愿者"等;还有按照时间进行拆分,比如"短期""中期"和"长期";以及按照内外进行拆分,比如"外部机会"和"内部能力"。

需要注意的是,按照"流程""利益相关方""时间"以及"内外部"等逻辑进行问题的第一层拆分,虽没有一个标准答案,但有好坏之分。判断标准不是哪一个没有遗漏,而是哪一个更能指导接下来工作的开展,因为"议题树"不只是简单的逻辑分析,更是行动指导。同时,从问题第二层拆解出来的对应行动并不是都要执行,按照"80/20原则",要将80%的精力放在那20%最重要的事情上。

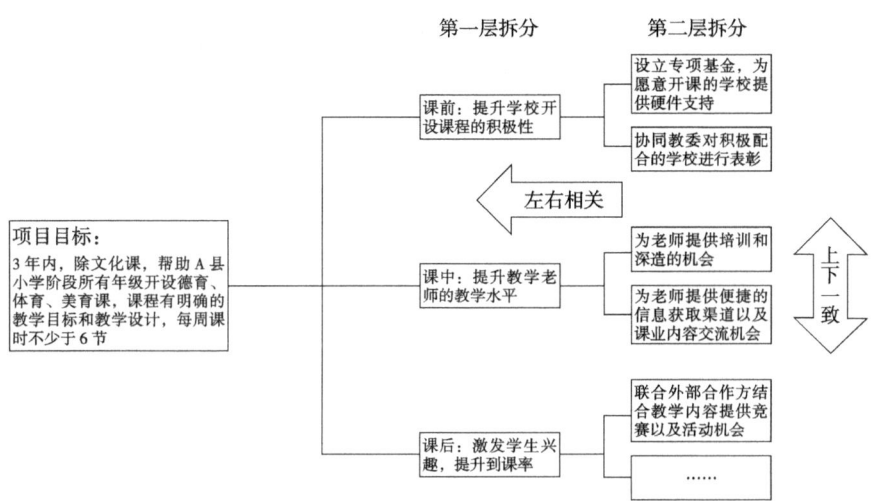

图 6-3 议题树（Issue Tree）拆解问题图示

合理的项目内容设计应该是一个系统化的解决方案，需要回答一系列问题：为了达到项目目标，到底要开展什么样的行动？开展频率是什么样的？是单次的还是系列化的？需要哪一些利益相关方参与？这些利益相关方的各自职责又是什么？应该如何触及目标群体呢？如何得到所需要的资源？……

在实践过程中，项目设计最常见的问题就是缺乏系统化的视角，对于项目实施的相关因素考虑不周全，这可能导致方案过于理想化，或者有违常理，甚至很难落地执行。就如同上文案例中小美所遇到的情况那样，她以线上课程作为唯一的解决方案去提升乡村素质教育水平，但因为缺乏系统化的思考和推断，所以往往得到不理想的结果。

（二）人员设计

1. 为项目设立志愿服务监督人

为确保项目的正常运行以及志愿服务活动的正常开展，有必要设立监督志愿者提供服务的监督人。监督人的角色对于项目过程中的"控制"是至关重要的,监督人要确保志愿者在提供服务的过程中不要做与志愿服务无关的"出格事情",要尽心尽力为受助对象提供服务、满足其需求,更重要的是要保证志愿者在此期间的人身和财务安全。但同时,监督人也不仅仅是在志愿服务活动开展过程中对志愿者的工作进行监视,在必要时也要对他们进行一定的指导以促进问题的解决。监督人在工作开展过程中要着重考虑以下几点:(1)为志愿者的工作设立工作目标;(2)准备各个志愿者工作的工作描述;(3)将志愿者各个工作岗位需要满足的条件列举出来;(4)为志愿者寻找工作地点并创建工作条件;(5)为志愿者制定与工作相关的培训计划;(6)制定计划以实现运用技术进行监督以及更加专业的监督;(7)为其他工作人员也提供相应培训。

2. 委派志愿者或指定工作人员担任志愿者协调员

志愿者协调员是一个比较重要的角色,工作内容与本书第三章志愿者管理的内容有些相似,其主要肩负着志愿服务的任务安排与协调、培训和指导、团队交流与沟通以及报告的撰写等职责。协调员的角色可以由志愿者担任,也可以指定组织中工作人员承担此工作。为了使协调员更好发挥上述功能,其在工作开展过程中要着重考虑以下几点:(1)为相关人员提供必要的培训;(2)为实现志愿者与工作人员的协同一致提供训练;(3)与志愿者一起对所提供的志愿服务进行评估;(4)对优秀的志愿者进行表彰;(5)为志愿服务项目的评估制定标准。

有了志愿者协调员之后,就可以根据志愿服务类型、组织提供的培训内容、评估机制与评估标准,进一步制定志愿者的定向招募计划,助力在执行阶段获取符合组织以及志愿服务要求的志愿者。

三、制定计划

通常,非营利组织可以通过志愿者的高度参与对受助人群体和社会产生较为显著的影响,这需要组织管理人员将志愿者视为组织核心能力的一部分,而非仅仅关注组织可用的经济资源。但是要做到这点也并非易事,因为这涉及组织如何看待他们自己以及如何看待志愿者,也需要组织制定相应的计划。为实现志愿者的高度参与,需要做如下努力。

(一)传递组织的使命和愿景

一般来说,人们最常见的志愿理由是志愿服务需要帮助的人们,或者志愿者认为参与志愿服务在他们看来很重要。因此,需要以组织使命为中心来吸引志愿者并决定服务于我们的组织、参与我们的项目;组织的愿景则是独一无二的目标,是组织甚至也可以是志愿者的梦想。组织使命恰恰告诉我们该如何实现自身的愿景。对于一些组织来说,他们的使命可能是一次性的,一旦使命实现,组织也就不需要继续存在下去了;但也有一些组织的使命是持续的,是可以永续追求和实现的。

将组织使命和愿景传递给志愿者是十分重要的,这可以让他们清楚"我的努力可以实现什么"或者"我的努力已经实现了什么"。单纯通过宣传"我们组织需要志愿者"对公众来说也可能会有吸引力,但是这并不能引起太多兴趣。相反,明确组织存在的意义以及要做什么事,公众才可以更好帮助组织实现。同时,组织的使命和愿景也应当激励组织的员工和志愿者,成为他们日常活动开展中的意义来源。

(二)制定战略计划

组织的使命是战略计划的基础,计划的制定步骤包含以下三个方面:(1)识别完成任务过程中的阻碍;(2)制定克服这些障碍的计划;

（3）制定可实施、可衡量的目标来推行计划。

一个有效的计划应该考虑社会中的可用资源，以实现组织使命。因为社会并不仅仅为组织提供潜在的志愿者，还会提供很多机会来克服阻碍、达成使命。大多数组织缺乏资金支持，没办法雇用足够多的员工来完成他们的目标。对于这个问题有两种解决方案：其一是关注那些最重要且可行的目标，将组织使命限制在经济能力之中；其二是利用志愿者协助组织完成目标，并在他们的帮助下从社会中获取更广泛的资源。因此，志愿者可以成为组织成功的关键和不可或缺的一部分，他们可以在带薪员工的工作之外产生额外价值。

像上面所讲，志愿者可以给组织带来额外价值，组织也可以根据志愿者的不同技能使其参与到组织的日常运营之中。有可能组织所需要的每一个角色和需要完成的工作任务都可以由志愿者来完成，但这也并不意味着他们都应该由志愿者来承担。因为志愿者很少有兴趣承担那些带薪员工的任务，而且用志愿者来取代带薪员工也会带来一定的道德问题，所以在制定计划时也要考虑如何为带薪员工和志愿者分配角色。

（三）吸引并支持志愿者成为完成组织使命的一部分

在志愿者最活跃的组织中，志愿者的角色和作用得到了充分的发挥。志愿者的作用和他们所做的贡献应当是组织的使命的一个组成部分。

为此也要制定一个让志愿者成为组织一部分的计划，且该计划也要围绕组织的使命。一个有效的计划需要回答以下问题，以使志愿者成为组织的一部分：谁能帮助我们实现组织使命？我们希望他们做什么？我们如何支持他们这样做？

组织可以为志愿者设定一套雄心勃勃、逐步递进的目标，以此引导他们帮助组织实现组织使命。起初，这些目标可能让志愿者望而生畏，但是随着志愿者和带薪员工朝着组织使命一点点推进，志愿者的使命感和兴奋感也会增强。

在制定计划的过程中，志愿者的作用不应被视为组织基本工作的附加内容，而应被视为实现组织使命的重要组成部分。让志愿者高效地参与进来，能使组织接触到社会中所含有的技能、经验和激情。该计划能使志愿者成为组织不可或缺的一部分，这既能引导参与者的努力，又能鼓励他们尽最大努力满足组织需求、实现组织使命。志愿服务项目管理人员有责任帮助组织内的相关工作人员制定和实施该部分的计划。

（四）为志愿者的参与设立工作目标

让志愿者高效参与的最终目标是帮助组织及项目面向的受助群体，因此所做的计划需要基于受助群体的需求，并把他们放在计划过程的最前沿。这是志愿者可以发挥宝贵价值的另一个领域，即作为社会的一分子，他们可能最了解如何使组织最有效地满足社会需求。

作为志愿服务项目的经理，在行动开始之前可能已经向志愿者传递了使命愿景以及所提供的服务的价值。但是，让志愿者参与的益处变为现实需要明确的计划。在制定计划时，重要的是要确保它们是清晰和实用的，在此处同样可以运用 SMART 原则：1. 具体化（Specific）：涉及志愿者的目标应该具体说明项目想要达到的目标，以及打算如何与志愿者合作来实现这一目标。这是将志愿者工作目标与组织使命区分开来的地方——虽然使命是组织的总体抱负，但志愿者参与的目标应该明确定义，并制定一个具体的计划来实现它们。2. 可衡量（Measurable）：通过志愿者的参与来实现组织的使命需要投入时间和资源，因此组织需要衡量志愿者参与带来的结果确保其有效性，这不仅可以确保组织以最有效的方式使用资源，还可以向管理团队、员工、资助者捐赠者以及（也许最重要的是）当前和潜在的志愿者证明，志愿者活动有利于组织及其受益者。3. 可实现（Achievable）：虽然组织可能有崇高的使命，但重要的是为实现这些目标所制定的计划是可操作的。这并不是说它需要很容易实现，但它应该是在组织的支持下，志愿者们有信心可以实现的计划。这有助于确保志愿者保持承诺和动力，因为他们将能够看到项目正在取得明显的进展。4. 相关性（Relevant）：在志愿者的支持下，所能取得的成就几乎没有限制，但重要的是要让志愿者的工作与组织使命相关。当志愿者带着一系列的技能和经验来时，他们很容易用自认为最好的方法去解决问题。虽然志愿者原有的技能和经验很重要，但要确保所有志愿者都围绕组织使命开展活动，这种平衡是有效的志愿服务项目管理的核心。5. 时限性（Time-bound）：明确组织想要实现具体、可衡量、可实现且相关的目标所需要的时间是很重要的。没有绝对正确或错误的期限——有些目标可能在几周或几个月内实现，而其他目标可能需要几年的时间。一个好的计划需要包含两种任务——一些可以很快完成的任务和另一些需要长时间进行的任务。即使组织想让志愿者承担的任务正在开展过程中，将时间划分为某些固定的时间段并定期确保志愿者工作的有效性仍然是有用的。

也可以在此基础上增加评估和回顾，以制定更明智的目标。重点是评估志愿者参与的有效性，并利用这些发现来提高未来规划的有效性，这与本章节后续所讲的"监督和评估"阶段更为相似，但在监督和评估进行之前，需要完成相关计划和标准的制定，以便在未来项目运行之中，更好地确保志愿者在参与过程中能够为组织及受助人群带来想要的结果。

在项目设计阶段所进行的工作，主要是为了项目能够以明确的问题和需求为导向,并在日后的开展过程中,组织工作人员与志愿者持续参与、协同一致且能一直贯穿项目始终。

第三节 志愿服务项目的运营、监测与评估

项目在执行和运营过程中需要在进度、成本、质量、利益相关方以及风险等方面进行管理,并且在项目执行结束之后,要对其进行监测与评估,这对志愿服务项目的可持续运作具有重要意义。

一、项目运营管理

(一)进度管理

项目进度管理过程中有以下较为常见的问题:对项目的关键时间节点把控不足,不能够及时地对项目的关键节点进行复盘,导致项目延误;一些任务的责任人和交付物不明确,导致具体的工作得不到落实;工作流程中有断点,一些工作的输入和输出不明确,产生了项目的延误;对项目的进度和把控缺少方法和工具,不能够在出现进度问题的时候进行及时有效的干预;缺少与利益相关方及时有效的互动,以收集反馈或者争取资源进行下一步行动。

用于项目进度管理的工具主要有里程碑管理、甘特图、复盘图以及流程图。

1. 里程碑管理

里程碑管理适合项目全生命周期的管理,也就是长时间段以及关键时间节点的管理。通常里程碑管理会把项目分成五个阶段:调研需求、设计方案、形成项目计划、项目执行(筹款、招募、实施)、监控与评

估。在这五个阶段中间有四道门（如图6-4），分别掌握前一个阶段的工作是否及时和高质量完成；在节点处我们可以通过复盘、会议等形式掌握阶段成果和进度，让各个利益相关方参与进来，确保各方达成一致并对目前的进度满意之后，再进入下一个阶段的工作。

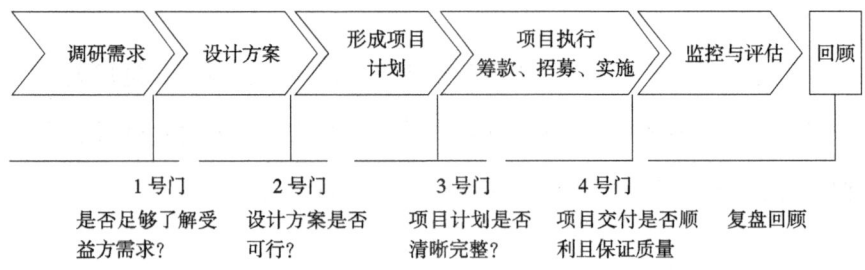

图6-4 里程碑管理图示

2. 甘特图

甘特图的纵向是主要工作，横向是时间轴。左边是项目里程碑管理的五大阶段需求：调研需求、设计方案、形成项目计划、项目执行（筹款、招募、实施）、监控与评估。中间绘制出每个阶段的时长以及关键会议的时间节点，并在右边列出主要的交付物和负责人。甘特图可以非常直观地看到哪段工作耗时最长、最需要投入精力，有哪些重要工作要进行或结束时有重要的会议提醒我们提前做好准备（如图6-5）。

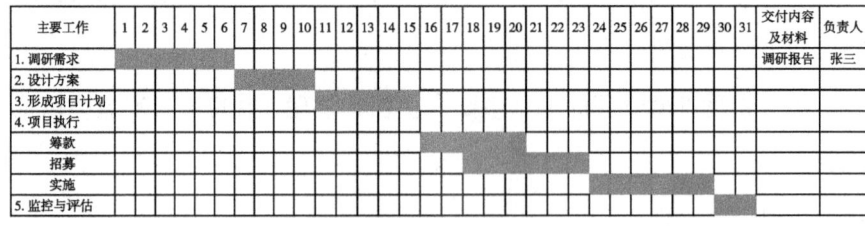

图6-5 甘特图（样板）

3. 复盘图

复盘图主要用于里程碑管理中每道门的复盘工作。复盘图里面主要包括项目信息、项目阶段、工作进展以及风险和成果实现。复盘会要求项目负责领导必须参加，必要时可以邀请利益相关方一起参与。在复盘过程中，可以用红黄绿灯标注项目的进展情况，如果项目出现延期或者交付质量问题，可以通过黄灯或者红灯来标注，引起项目人员甚至管理层的重视。例如项目相关内容由于疫情的原因无法及时完成，导致延期，同时也引起了成本的上升，可用黄灯或者红灯来标注。复盘图可以将项目总预算和现有开支进行对比，帮助我们更清楚地掌握预算的花费情况，以便采取措施。同时，风险和成果实现可以帮助大家更全面地理解项目的现状（如图 6-6）。

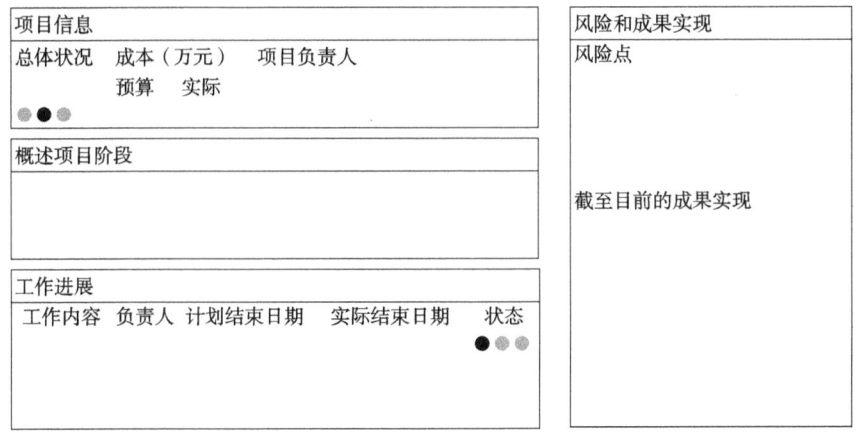

图 6-6　复盘图（样板）

4. 流程图

每个阶段里面，如何通过梳理工作流程确定工作的先后顺序呢？一个非常实用的工具就是流程图。一个项目的流程图，包括流程的起始点、结束点、流程节点、文件标识和判断节点等。把各个流程分配给各个部门，通过流程串联实现部门之间的合作。同时要在图内标明主要工作内容、牵头部门、参与部门以及每个过程节点的输入和输出（如图 6-7）。

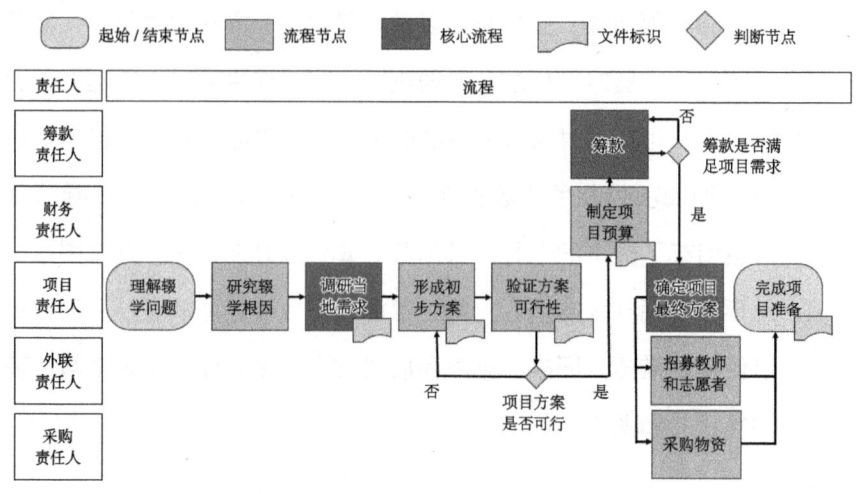

图 6-7 流程图（样板）

不同于里程碑的管理，流程图特别适合具体的项目的实施，把每个阶段细化到一个一个小的流程。它的优点是可以让项目走势一目了然，明晰各个部门的职责，确保流程上没有断点，并可以看到哪些流程可以并行，缩短项目时间。同时，也可以识别这个过程中的关键流程。关键流程可以通过以下两个原则去确定：（1）关键流程对后续几个流程都起到决定的作用，该流程不完成，后续几个并行流程都无法开展；（2）关键流程对项目实现有绝对的价值和意义，比如调研实际需求，该流程对整个项目方案具有绝对意义和影响，比如筹款，如果无法筹款或筹款金额不足，项目将不能顺利地进行。

将流程制作为流程图，把流程里面每个方框的主要工作依次放在左边，包括理解辍学问题、调研的需求等等。每个主要工作形成一个任务周期，如研究辍学根因，是一个任务周期。每个任务周期都有起始点和结束点，在中间根据每个工作的时长绘制对应的时间线，右边放主要的交付和负责人，这样保证所有工作都直观可见，可以看到哪些是关键流程、哪些流程可以并行。

(二)成本管理

在项目成本管理的过程中通常会出现以下问题:对一些成本项和计算逻辑不了解,导致预算制定距离实际偏差较大;项目进行中因为不同原因导致成本超出预算,而由于无法再次进行募资,导致项目难以开展;对成本随项目进行的变化缺少监控手段和方法,无法及时进行成本控制和纠偏。

项目成本管理包括成本预算制定、预算审批以及成本追踪和支出调整三大关键步骤:第一,成本预算制定的主要工作包括:确定成本预算制定方法、识别项目的成本要素(包括人工成本和非人工成本等,非人工成本又包括物料成本等)、按成本项编制成本预算、将成本预算按时间线放入项目周期。第二,预算审批要求非营利组织领导人审批预算。第三,成本追踪和支出调整要求在项目进程中定期追踪成本变化,与预算进行对比,如有变化需要及时调整支出。

1. 成本预算制定方法

成本预算的制定方法主要有三种:(1)基于机构内部历史类似项目成本进行对比来制定预算。(2)基于外部市场信息及其他机构的项目信息比对制定预算。(3)基于主要工作拆解成成本要素,制定项目预算。

在此处着重讲第三种方法,基于主要工作拆解成成本要素制定项目预算的方法,即将主要的工作内容拆解成一项一项成本要素,估算所需要的成本。第一步,梳理项目中可能产生的直接项目成本和间接项目成本等;第二步,按逻辑估算每个要素的成本;第三步,将每个要素分摊到不同的项目阶段;第四步,由项目经理汇总并修订总体成本预算,供机构领导和财务人员审核。

对于比较小的项目来讲，可以用电子表格软件（如 Excel）制作简单的记账本，记录不同的成本，以及成本随时间的变化，保证不超支并便于跟踪成本的变化。

2. 志愿者成本估算

许多组织热衷于比较志愿者贡献的经济价值和招募志愿者的成本，这就产生了一个衡量志愿者参与的投资回报的指标。

英国志愿服务研究所为此创建了一个系统，可以通过志愿者定期填写考勤表或通过计算机化的签到程序，收集整理志愿者的工作时间。我国的一些志愿服务 APP 也可以提供相应功能，志愿者可以在活动开展过程中签到打卡。当然，也存在一些组织使用更宽松的方法来计算志愿者的工作时间。

一旦知道志愿者提供了多少小时，这个数字乘一个代表这段时间具有经济价值的数字，可以计算出志愿者的经济贡献。

建立和运行志愿服务项目的成本可以通过将招聘和管理志愿者所花费的员工时间的直接和间接成本等因素相加来计算出来，例如设备、特殊服装、其他用品的成本、志愿者招募的广告营销费用以及用于支持志愿者的费用等。

例如，假设组织的志愿者一年总共工作 2000 小时，组织给他们的时间估价为每小时 50 元，那么他们的总贡献的经济价值为 10 万元。再计算出志愿服务项目上投入的成本，一年总共是 2 万元。因此，可以计算出该志愿服务项目的投资回报率是 5∶1。

资金是有限的，计算志愿成本的核算和志愿服务项目的投资回报率有助于之后计划的调整。有三种方法可以计算出志愿者所贡献的经济价值。

方法 1：基本生活工资估算。该方法估计时涉及志愿者在获得报酬的情况下的基本生活收入：所在国家或地区的基本生活工资乘志愿者的工作时数。这大概率会得出一个低于志愿者在"应得"收入的数字，但这个方法的优点是，任何人都很难质疑你高估了志愿者贡献。

方法2：地区人均工资估算。这个方法估算时涉及志愿者在得到报酬的情况下更为合理的收入：假设志愿者是社会中的一名普通成员，因此他至少能够获得所在国家、地区或业务领域的人均收入，以此来乘志愿者的工作时数。

方法3：同等工资估算。该方法试图确定志愿者在担任同等角色时获得的报酬。同等工资估算方法的目的是尽可能准确地估计出每个志愿者所做的实际工作对应的报酬。这个制度取决于管理人员将志愿者角色正确分类，且对应核实每个志愿者所做的工作类型。

同等工资估算方法要求管理人员对志愿者正在做的工作进行分类；根据组织所在的地区、行业或志愿者的技能和专业，确定每种工作的工资水平；根据每种工作类型记录志愿者的工作时间，为每个志愿者提供以小时为单位的记录；将志愿者工作的总小时数乘该角色对应的工资数。

要注意的是，不管使用哪种方法，以这些方式计算志愿者时间可能有明显的不足。上面列出的三种方法都假设志愿者贡献的价值等于同等工作量的带薪人员的人力成本。在现实中，很少有组织会付钱给志愿者。如果志愿者知晓组织用金钱来衡量他们的贡献，他们可能会觉得自己被"贬低"了，因为这有忽视志愿者价值和志愿精神的意思。

关于志愿者为组织省钱的讨论甚至会导致带薪员工对志愿者产生抵触情绪，他们认为利用志愿者是一种省钱的方式，因此可能会让他们失业。因此，虽然使用上面列出的方法可以有效判断志愿者的贡献，但对使用后的计算结果应该谨慎看待和传达，并且一个花费很少但不能为组织的使命做出贡献的项目也不能说是效益高于成本的。

(三)质量管理

在项目的质量管理中主要存在以下问题:第一,前期项目设计的复杂,或者是对于项目的不熟悉,导致项目运营过程中的质量把控不足;第二,项目范围变更等原因导致资源不足,使得项目的交付质量得不到保证;第三,没有体系化的监测与评估能力,无法设计有效的指标,并进行追踪和管理;第四,由于缺少有效的数据收集和管理的方法与工具,导致项目实施过程不能及时地把控项目的质量。

第一点问题主要是由项目设计而导致的;第二点问题是由利益相关方管理带来的问题,可以参考本节(四)中的内容;第三和第四点需要通过评估和检测来保证项目交付质量,这就需要建立一个好的监测评估体系。

一个好的监测评估体系需要遵循四个关键原则。原则1:项目可持续。从未来视角出发,不仅聚焦于现在,同时要给项目发展提供建议,促使项目未来可持续发展。原则2:方案可复制。不应只适用于单一项目,应形成系统的范式与方法论,使其易于迁移到其他项目。原则3:指标可量化。关键绩效和指标进行合理设计,使得数据可采集、结果可量化,具体设计应遵照SMART原则。原则4:成果可检验。能够证明或证伪项目的影响力,各利益相关方可通过检测评估的结果判断项目目标的实现。

如何使公益项目的监测评估达到四个关键原则?这通常要经过五个步骤来搭建卓越的监测评估体系:1.从组织愿景出发,梳理实现目标必须具备的条件,逐层推演相应的行动举措。2.基于项目目标和愿景梳理形成自上而下完整的评估指标体系。3.基于指标特点规划数据采集路径，明确采集方法、渠道、频度等，分解数据采集任务。4.通过数据分析，提炼出有效的、易于理解的评估信息作为科学决策的客观依据。5.设计定期检视机制，指标预警机制，帮助团队及时识别问题并采取相应举措。

（四）利益相关方管理

志愿服务项目管理者在管理利益相关方方面通常会遇到以下问题：未能识别全部利益相关方，导致项目不能兼顾各方利益；对利益相关方了解不够深入，没能理解真正的诉求；没有与利益相关方建立深入的关联，达成共识；缺少系统性利益相关方的管理方法，导致合作不顺畅。

在项目实施过程中，尤其是项目中利益相关方较多、构成较为复杂的时候，需要持续和各方沟通，对齐项目目标，否则将造成项目实施过程中的巨大困扰。另外，还需要关注在项目实施过程中是否兼顾了各方的利益和诉求，要充分考虑和兼顾才能协调各方利益。

在利益相关方管理中，要充分考虑到一个项目存在的各种利益相关方。比如一个支教项目，利益相关方除了学生、老师、资方、志愿者等，可能还包括学生父母甚至是其他家庭成员。同时，利益相关方不仅仅是团体，还包括团体中的个人，对于每个利益相关方，例如资方中要确定3—4名最有影响力的人，要彻底了解这3—4名最有影响力的人，如他们的背景、最在意的事情、如何被激励，等等。非营利组织需要有类似企业中的"客户经理"这样的角色的人来进行管理，并且要确保在岗"客户经理"与利益相关方的关系足够深。

以一个帮助表达困难儿童的志愿服务项目为例，其利益相关方可能包括：表达困难的儿童、儿童的父母和其他亲人，个人或团体的捐助方，公益合作组织，机构自身的领导和员工，提供服务的志愿者，政府部门，需要进行披露的监管机构和宣传项目的媒体……

（五）风险管理

一个项目的运营可能包含不同的潜在风险，主要有声誉风险、现金流风险、人员风险、安全风险以及伦理风险。

声誉风险，是由项目本身的交付和披露等带来的机构声誉问题，甚至出现丑闻，影响到未来组织的持续募资和项目的运行，甚至会影响到非营利组织的生存。

现金流风险，是募款资金不能支持项目运营，小型机构通常面临着更大的现金流风险。

人员风险，包括项目负责人离职、项目交接以及难以保证后续正常开展等问题。

安全风险，比如一些生态环境保护、动物保护项目，需要志愿者和相关人员深入条件相对恶劣、存在安全隐患的地区。

伦理风险，如帮扶项目中一些少数民族的特殊习惯、风俗，如果不提前做好功课，可能会触犯到对方。

有四种方法可以帮助我们识别风险：1. 集思广益。可以举行讨论会，成员开展头脑风暴，以"先发散再收敛"的形式识别可能出现的风险。"先发散"的意思是不要限制大家的想法，让大家把可能想到的风险都列出来，最后收敛，通过内部讨论的形式选出影响大且发生概率高的风险。2. 检查清单。将项目的工作计划、时间表和合同等用作检查清单，以提示项目人员识别风险并共同讨论风险。3. 经验教训。过往的经验教训对识别本次项目风险非常有帮助，应利用类似项目的过去经验或其他机构以及专家的分享在项目早期识别任何风险。4. 个人审查。项目成员各自养成习惯，形成日常识别和捕获风险的意识，并及时与团队进行风险汇报。

除了识别风险，预防、降低和处理项目风险也有四种方法：1.前期制度化。2.能力建设。3.提前做好预防措施。4.采取挽救措施。

针对声誉风险，前期制度化可以考虑建立完整的信息收集和披露制度，并严格执行；能力建设包括培养机构信息披露的能力和相关人才；提前做好功课包括理解资助方和政府的披露要求和所需信息，提前收集准备；采取挽救措施包括提交所需信息数据并进行道歉。

针对现金流风险，前期制度化可以考虑完善预算制定、审批和监督制度；能力建设包括建立多元的募资渠道，降低募资风险；提前做好功课包括监控现金流变化，做好备选方案；采取挽救措施，比如采取成本管理部分的举措。

针对人员风险，前期制度化可以考虑建立项目第二负责人以及项目进展公开制度；能力建设包括培养项目骨干力量以及顶替离职的人员，培养多项目管理能力；提前做好功课包括关注项目成员的情绪变化并及时做好离职预案；采取挽救措施，可进行员工挽留或确保项目顺利交接。

针对安全风险，前期制度化可以考虑建立安全风险处理预案，为员工和志愿者购买保险；能力建设包括做好安全防范及相关培训；提前做好功课包括提前识别潜在的安全风险并提供解决措施，与项目当地负责部门建立联系；采取挽救措施，可通过安全处理预案快速反应。

针对伦理风险，前期制度化可以将项目伦理风险纳入项目设计中；能力建设可以组织伦理知识内部学习和分享活动；提前做好功课包括在项目开始之前做好当地伦理知识的学习；采取挽救措施可进行及时道歉，并按照当地习俗采取补救措施。

二、项目的监测与评估

对于一个志愿服务项目来说，监测与评估首先可以减少欺诈与资金滥用的风险，提升透明度，对社会以及利益相关方负责；其次，项目团队可以根据评估监测结果，分析项目中哪些方法有效或无效，做出更加有依据的决策，并为其他项目提供参考；最后，项目的监测与评估结果可以向利益相关方及公众证明该项目是理想的，为项目后续的开展带来更多的支持与关注。

监测与评估对不同利益相关方具有不同的重要性。首先，对于志愿服务项目最重要的受益方来说，对受益人及时的监测评估体系，可以帮助一个项目更及时地优化调整项目的方向，优化对受益人的帮助效果，以便于未来更多的受益对象去进行获益。其次，对于项目的组织方，监测评估体系可以帮助我们更加及时地去追踪一个项目的开展进度，并且根据需要及时调整下一步的工作计划。同时一个良好的监测评估体系，也可以有效地帮助非营利组织去总结一个项目开展的成功或者失败的经验，更好地提升自身能力以及未来更广泛地进行项目宣传。再次，对项目资助方来说，根据项目的一个目标实现情况，可以去及时调整资助策略，并且更好地去评估资金投入产出的效果，确保资金的使用更加高效。接着，在开展过程中，通常会涉及不同的监管方，比如说当地政府，对监管方而言，有效的监测评估也可以保证项目更加符合当地监管的相关规定，更好地为优秀的项目提供一定的政策倾斜。最后，对志愿服务项目的志愿者来说，有效的监测及评估体系可以对他们的未来工作进行优化，提供更优质的志愿服务。除上述提及的利益相关方，当地的社区捐赠者、互联网平台等也可能会成为利益相关方。我们需要根据项目具体的定位，去识别利益相关方的核心需求，设计一个对应的监测评估体系。对一个项目的监测也可以理解为对项目的过程管理，这与本节第一部分运营管理中的进度管理、成本管理、质量管理、利益相关方管理以及风险管理存在联系，需要从这五个不同的方面对项目进行监测。

（一）数据监测与收集

有效的数据监测以及采集的方法需要回答三个问题：何时采集、采集什么以及如何采集。首先，"何时采集"就是要确定数据的采集触点和时间点。开展一个项目，需要去前置绘制一个项目的完整项目旅程，基于项目旅程去识别每一个旅程中的关键触点，由此来定义项目的数据采样节点以及频率；其次，在"采集什么"方面我们需要采集客观数据以及主观数据，可以通过数据库、运营系统等方式采集客观数据（比如受益人和善款数量），但主观数据通常与项目的目的相联系，很难全部被浓缩为简单的一个客观数据指标，因此需要主观与客观数据的收集与结合；最后，关于"如何采集"，需要基于前置绘制的旅程地图核心触点，明确数据采样的负责人，保证数据采集的方式足够科学，比如项目执行前后的数据对比、随机的数据采样等，而详细的数据采集方法可以回顾第二节项目设计中"在评估需求时常用的方法"，即访谈、问卷、实地调研，在此不再赘述。

为确保收集的数据对检测与评估是有效的，也需要回应几个问题：这个数据是否会帮助我们项目日常的运转或者决策？这个数据是否会帮助检验项目的推进进度？什么叫作一个好的有效的公益数据呢？非营利组织未来是否会使用这些数据为其他项目提供经验支撑？如果针对以上几个问题的答案都是否定的，那么这个数据就是一个无效的数据。

（二）项目的评估

在项目评估过程中要再次对组织以及项目的目标进行梳理，可以对目标、举措以及指标进行拆解。首先，明确目标，即梳理组织想要实现的公益使命及长远的项目目标（长期目标）；其次，目标拆解，剖析实现长期目标所需要的条件、步骤，对应的效益及产出（中期目标）；再次，制定举措，明确每个步骤的短期目标，转化为可执行的举措/活动（短期目标）；最后，指标验证，根据举措制定相应的评估指标作为验证目标的检测方式。

梳理之后，要明确项目目标的衡量方面，即：1. 最终对象的变化，观测志愿服务项目是否为受益人带去了积极影响；2. 政府、企业、公众、媒体、志愿者等利益相关方的参与度及改变；3. 资金、技术等其他资源的投入程度，即资源投入是否到位以及资源使用是否有效；4. 执行机构的能力是否经过本次志愿服务项目的开展取得了一定提升。

成效评估、过程评估、学习型评估通常是评估的三种类型，下文中会对它们进行详细介绍。

志愿服务项目的成效评估是非常重要的，可以帮助组织更好地了解项目的效果，优化项目设计和实施，提高志愿者参与度和服务质量。一般来说，成效评估可以从以下几个方面进行：（1）目标达成情况：评估志愿服务项目是否达到了设定的目标和预期效果，包括服务对象的收益情况、社会影响等；（2）参与度评估：评估志愿者的参与度和满意度，包括志愿者数量、志愿时长、参与频率等指标，以及志愿者对项目的评价和反馈；（3）资源利用情况：评估项目的资金、物资、人力资源等投入与产出的比例，分析项目的经济效益和资源利用效率；（4）社会影响评估：评估项目对社会的影响和贡献，包括解决了哪些社会问题、改善了哪些社会状况等。成效评估可以通过定量和定性相结合的方式进行，可以采用问卷调查、访谈、观察等方法收集数据，进行数据分析和结果解读。通过成效评估，可以及时发现问题，调整项目方向，提升项目的持续性和影响力。

志愿服务项目的过程评估是对项目实施过程中各个环节和步骤进行评估，以了解项目的执行情况、发现问题，并及时采取措施进行改进，确保项目顺利执行，并提高项目的效果和影响力。以下是一些常见的过程评估方法和指标：1.目标设定与计划：评估项目的目标是否明确、可操作，并且是否有详细的实施计划；2.志愿者招募与培训：评估志愿者招募的效果和策略是否合适，志愿者培训是否充分，使志愿者具备完成任务所需的知识和技能；3.项目组织与协调：评估项目组织和协调工作的效果，包括团队合作、沟通协调、任务分配等；4.服务实施与监督：评估志愿服务活动的质量和效率，包括服务内容的实施情况、服务对象的满意度等；5.反馈与改进：评估项目反馈机制的有效性，包括志愿者对项目的反馈、问题的及时解决等。在过程评估中，可以采用多种方法，如观察记录、定期会议、访谈等，收集相关数据和信息。同时，也可以借助评估工具和指标，比如服务记录表、志愿者满意度调查等来帮助评估过程。

志愿服务项目的学习型评估是一种注重学习和改进的评估方法，强调在项目实施过程中不断反思和学习，以提高项目的质量和效果，其目的不仅是评估项目成效，更重要的是通过学习和改进，提高项目的质量和影响力。它能够帮助项目团队不断反思和创新，适应变化的需求和环境，不断提升志愿服务项目的效果和可持续性。以下是一些学习型评估的关键要素：1.反思与总结：在项目实施过程中，定期进行反思和总结，回顾项目的进展、问题和挑战，分析原因并提取经验教训；2.学习机制与知识分享：建立学习机制，鼓励志愿者和项目团队共同学习和分享知识，促进经验交流和互相借鉴；3.反馈与参与：鼓励志愿者和受益对象参与评估过程，收集他们的反馈和建议，了解他们的需求和期望；

4.持续改进：根据评估结果和学习经验，及时进行改进和调整，优化项目设计和实施，提高项目的效果和可持续性；5.学习型评估可以采用多种方法，如小组讨论、反馈调查、案例分析等，以鼓励参与者主动思考和发表意见。同时，也可以利用技术工具，如在线平台或社交媒体，促进知识共享和交流。

第四节　志愿服务项目品牌建设

志愿服务项目会在长期运作中不断累积社会声誉，逐步形成一定的社会影响力，成为所谓的志愿服务品牌项目。近年来，各类志愿服务组织积极探索以项目运作方式整合社会资源，创新服务形式，拓展服务领域，通过依托社区、学校、医院等企事业单位开展广泛的群众性志愿服务活动，或者利用重大事件和社会活动开展集中性的志愿服务活动，志愿服务品牌项目日益增多。仅以上海为例，地铁志愿者、癌症俱乐部、柏万青志愿者工作室、智力助残等一批志愿服务品牌项目，得到社会的广泛认可。

志愿服务品牌项目的品牌效应，一方面对于品牌项目自身而言，可以形成一种"正循环"，吸引更多的人力、物力等优质资源向其聚集，能力随之增强，社会影响力不断提升。另一方面，对于社会而言，可以形成一种"正能量"，即产生示范引领效应，吸引更多的人参与志愿服务活动，引导更多的志愿服务组织致力于打造自己的志愿服务品牌项目。如前所述，志愿服务品牌项目区别于商业品牌的一个重要特点就是其不具有排他性、垄断性，因而可以与其他品牌项目合作、共赢，使品牌效应不断放大，最终实现社会效益的最大化。

一、我国志愿服务项目品牌建设现状

目前，我国志愿服务组织的品牌意识和品牌项目建设能力有待提升。意识是行动的先导，树立品牌意识是建设志愿服务品牌项目的前提和基础，但是，由于受到传统的组织运作模式等因素的影响，我国的志愿服务组织在项目运作上普遍存在"短期化"和"运动式"的特点（王艳梅，2013）。一个志愿服务品牌项目的形成必然要经历一个长期运作、不断累积的过程，短期化、运动式的运作模式过于急功近利，是缺乏品牌意识的表现。因此，要建设志愿服务品牌项目，首先需要志愿服务组织树立品牌意识，进行长远的品牌规划，根据既定的主题和目标循序渐进，使志愿服务项目具有持久的吸引力、生命力和社会影响力。

与意识问题并存，能力问题也是制约我国志愿服务品牌项目建设的另一个关键因素。首先，我国志愿服务组织关于志愿服务项目的设计开发能力普遍不足，很多志愿服务组织还无法独立完成一个系统的项目策划，或者项目设计缺乏深入论证和可操作性，在实践中往往无法正常运行；其次，目前我国的志愿服务组织普遍存在内部治理机制不完善的问题，主要表现在人员结构不合理，普遍存在专职人员偏少、专业水平不高、人员流动过快等问题，在项目选择、策划、推动、实施等环节，均缺乏专业人士的参与和指导；组织能力不强，缺乏调动、激发专职人员和志愿者积极性、创造力的能力，以及社会公关能力；"重服务轻管理"思想严重，过于强调或者依赖志愿者的付出，而缺乏对志愿者的科学培训和有效管理，导致志愿者流失现象严重；最后，我国志愿服务组织募集资金的能力普遍较差，资金来源单一，资金不足已成为制约志愿服务品牌项目建设的一个重要"瓶颈"。当前，大部分志愿服务组织由于缺乏向社会公开募集资金的资质和能力，资金来源主要还是依靠政府或者有关公益慈善组织的支持，通常是数额有限且不固定，很多志愿服务项目因为缺乏长期稳定的资金保障而夭折。

二、志愿服务项目品牌建设路径

（一）品牌定位

品牌的定位是确立品牌的核心竞争力，确定品牌的目标受众和差异化的竞争优势。对于志愿者服务品牌的定位，可以考虑以下几个方面：

1. 专业性：志愿者服务品牌应该突出其专业性，强调其在社会服务领域的专业知识和技能。品牌可以与专业机构或知名专家合作，提供专业的培训和指导，以增加品牌的可信度和专业性。

2. 公益性：志愿者服务品牌要突出其公益性质，强调品牌的社会价值和影响力。品牌可以与非营利组织合作，承担一些社会责任项目，通过公益活动来提升品牌形象。

3. 创新性：志愿者服务品牌应该具备创新精神，不断推出新的服务模式和项目，满足不同需求的志愿者和服务对象。品牌可以开展一些创新实践，如基于互联网的志愿者招募和管理平台，提供志愿者服务的线上线下结合等。

4. 可持续发展：志愿者服务品牌要考虑长期发展，建立可持续发展的机制和模式。品牌可以通过建立志愿者服务的数据库，进行志愿者的后续跟踪和关怀，保持志愿者的参与度和忠诚度。

（二）品牌传播

志愿服务项目的品牌传播对于项目的知名度和影响力至关重要。可以从以下方面帮助志愿服务项目有效传播品牌。

1. 渠道多样化：志愿者服务品牌的传播渠道应该多样化，包括线上和线下的渠道。线上渠道可以通过建立品牌网站、社交媒体、微信公众号等来传播品牌形象和活动信息；线下渠道可以通过参加社区活动、学校宣讲等方式来传播品牌。

2. 故事化传播：通过讲述志愿者参与服务的真实故事，加深大众对品牌的认识和理解。可以通过制作宣传片、讲座、展览等形式，向社会传递志愿者服务的价值和使命。

3. 合作伙伴关系：建立与相关机构和组织的合作伙伴关系，互相支持和合作。可以与学校、企业、社区等合作，共同推广志愿者服务品牌，扩大品牌的影响力。

4. 媒体曝光：通过合理利用媒体资源，增加品牌的曝光度和影响力。可以与媒体合作，以发布新闻稿、发表专栏等方式，提升品牌在公众心目中的形象。

（三）品牌管理

志愿服务项目的品牌管理是确保项目形象和价值观得到准确传达和维护的重要手段，可以从以下方面开展志愿服务项目的品牌管理。

1. 明确品牌核心价值观：确定志愿服务项目的核心使命、愿景和价值观，确保所有品牌传播和活动都与之保持一致。

2. 制定品牌标准手册：建立品牌标准手册，包括 Logo 使用规范、品牌色彩、字体风格等，以确保品牌形象的一致性和专业性。

3. 品牌内外部沟通：确保所有志愿者和员工了解并积极传达品牌核心价值观，使其成为组织文化的一部分。

4. 品牌危机管理：建立品牌危机管理预案，及时应对可能出现的负面事件，保护品牌声誉和形象。

5. 志愿者培训：为志愿者提供品牌理念和形象管理的培训，确保志愿者行为和言论符合品牌形象。

6. 监测品牌声誉：定期监测社交媒体、新闻报道和公众舆论，及时发现并应对影响品牌形象的问题。

7. 建立品牌联盟：与其他组织或机构建立合作关系，共同传播品牌理念，扩大影响力和覆盖范围。

8. 持续创新：不断创新品牌传播方式，适应社会变化和受众需求，保持品牌的活力和吸引力。

9. 反馈和改进：接受来自志愿者、受益群体和社会公众的反馈意见，不断改进品牌管理策略和活动方案。

志愿者服务品牌项目的打造需要从品牌定位、传播策略和管理策略等多个方面出发，力求突出品牌的专业性、公益性、创新性和可持续发展性，借助多样化的传播渠道和合作伙伴关系，提升品牌的影响力和形象，最终实现品牌的长期发展目标。

本章小结

将志愿服务项目化运作以明确的问题和社会需求为导向，并结合组织使命为其赋予明确的目标、计划的充分落实以及有效的监督，尤其对于社会组织有限的资源，项目运作可以为组织的志愿服务设立资金、时间、物资的限制，确保资源使用的有效性以及志愿服务活动的高效开展。

志愿服务项目管理并不是一个独立的内容，而是与志愿服务其他知识相结合的过程，在本章的学习过程中结合了其他章节的知识。我们需要识别社会问题和需求来设计项目、合理安排有限的时间和资源、维系与利益相关方的关系并防范和处理各类风险、充分运用和服务好志愿者并提升组织以及项目的可持续发展能力，这样才能凝聚组织与志愿者的合力，通过具体项目实施实现为社会创造改变的使命。希望通过本章的学习，你能了解和掌握志愿服务项目的设计、运营、监督、评估以及品牌建设的相关内容和方法。

案　例

北京联合大学志愿服务项目[①]

奥运会志愿者，是指在奥运会筹备和举办的全过程中，以自愿为原则，以志愿服务为基本形式，在奥运会志愿者行动项目体系内，服务他人、服务奥运的各界人士。在2008年奥运工作中，奥运志愿者被明确地区分为赛会志愿者和城市志愿者。从某种意义上说，赛会志愿者体现了社会公众、举办城市乃至举办国的体育精神，而城市志愿者则集中地展现了举办城市、举办国的国民素养。从2007年6月城市志愿者以及"好运北京"赛事志愿者、地铁志愿者、安保志愿者、服务志愿者、开闭幕式演员志愿者、青年营志愿者的招募开始，奥运会志愿者活动在社会的各个层面，带动了"迎奥运"的社会氛围，把参与奥运的理念通过自我行动渗透到整个社会。奥运会志愿者得到了前所未有的发展，我们可以回顾一下北京联合大学志愿服务项目这个案例。

为了让8000名志愿者在奥运期间有效运转，同时又要保证志愿者的权益与权利不受侵害，北京联合大学志愿服务项目经过可行性分析，设定了特定的时间要求（相关组织工作必须在奥运会、残奥会开幕前完

[①] 本案例主要参考焦阳：《北京联合大学奥运志愿服务项目案例研究》，吉林大学2010年硕士学位论文。基于教材体例及教学需要有所改动。

成，在奥运会后做好表彰以及善后工作）、预算（奥组委有严格的财务监督）、资源限定内（志愿者的对象是固定的，同时学校可以提供的可用于项目实施的资源也是有限的），必须依据规范完成。项目参数包括项目范围（奥组委对各高校从事志愿者的范围有明确要求）、质量（对于人员有严格的条件要求，很多选拔工作由奥组委人员统一做）、成本（资金大部分来自学校财政）、时间（相关组织工作必须在奥运会、残奥会开幕前完成，每一阶段奥组委都有明确的时间要求）、资源（奥组委只负责一定的项目支持，学校可以提供的资源也是有限的）。

将奥运志愿服务进行项目化管理，实现了对学生志愿者的即时性管理、跟踪管理、人性化管理、计划管理、培训管理、使用管理与激励管理。这不仅是一个成功运作的志愿服务项目，也证明了在学生志愿活动管理中引入项目化管理模式能够有效激活教育的生命力，促进教育对象社会化的实现、教育资源配置的优化。

▲案例分析题：

1. 结合北京联合大学志愿服务项目，请尝试运用 SMART 方法，制定和分析该案例的"成功标准"。

2. 请尝试通过议题树工具，拆解北京联合大学志愿服务项目的项目内容。

▲本章思考题

1. 在项目运作过程中，你会怎样防止志愿者出现"好心办坏事"的情况？

2. 请简述 SMART 方法。

3. 请简述运营管理中所使用的四种工具。

4. 项目会遇到的五类主要风险及其识别和预防的主要方法是什么?

5. 请简述将志愿者贡献转化为经济价值的方法,你又知道哪些其他不同的志愿者贡献衡量方法?

6. 有效的数据监测以及采集的方法需要回应哪三个问题,并对问题进行简述。

第七章

专业志愿服务

第七章 专业志愿服务

1. 了解专业志愿服务的概念。
2. 了解专业志愿服务的起源。
3. 了解专业志愿服务在中国的发展。
4. 了解专业志愿服务的模式。

● 专业志愿服务作为现代社会的重要组成部分，不仅体现了社会责任感的提升，更是社会进步和人类合作精神的生动体现。随着全球化和信息化的深入发展，志愿服务的形式和内容也在不断丰富和拓展。尤其是在应对全球性挑战如气候变化、公共卫生危机和社会不平等等方面，专业志愿服务展现出了独特的价值和潜力。自19世纪末始，专业志愿服务在发达国家已经成为志愿服务的一种主要形式。专业志愿服务不仅在社会组织方面发挥了重要作用，而且在法律、信息、技术、营销、金融等领域为个人、小微企业乃至政府机构提供帮助。本章围绕专业志愿服务展开，主要介绍专业志愿服务的基本概念、起源和发展以及专业志愿服务的模式。

第一节 专业志愿服务的基本概念

志愿服务是现代社会的"润滑剂"。志愿服务具有传递爱心、奉献社会和激发人性光辉的功能与价值（党秀云，2011）。除政府部门与营利部门外，一个良性运行的社会还需要有志愿者与志愿服务发挥"润滑剂"的作用（邓国胜，2002）。现代社会步入知识经济时代，专业人员成为劳动力的主体，服务业日益占据主导地位。在这个时代，人类社会的不平等不仅体现在物品的占有方面，而且更突出地体现在享有服务的数量和品质方面。发展专业志愿服务似乎可以提供解决问题的一条出路。

我国《志愿服务条例》将"专业志愿服务"纳入规范，其中第十六条规定："开展专业志愿服务活动，应当执行国家或者行业组织制定的标准和规程。法律、行政法规对开展志愿服务活动有职业资格要求的，志愿者应当依法取得相应的资格。"该条例对专业志愿服务和志愿者专业资格都提出了明确的要求。

然而目前针对专业志愿服务的理论研究很少，其在中国专业志愿服务领域和服务能力还很有限，组织化和制度化程度也很低，需要借鉴国外专业志愿服务体系的经验促进我国专业志愿服务的发展。

为了更好地理解专业志愿服务的概念，我们将对其中的三个主要概念进行讨论：专业志愿者、专业志愿服务、专业志愿服务管理（包括专业志愿服务项目管理、专业志愿者管理）。

一、专业志愿者

在开展专业志愿服务过程中，国际上针对"专业志愿者"的专业能力及资质都有相关的要求和界定。目前通用的术语主要有专业志愿者（Professional Volunteer）、技能型志愿者（Skills-Based Volunteer）、专家型志愿者（Specialist Volunteer）、专业志愿服务志愿者（Pro Bono Volunteer）、特定角色志愿者（Targeted Roles Volunteer）等。这些术语都包含着一个共同的特征，就是专业性。

《中国志愿服务大辞典》根据职业资质把专业志愿者分为广义和狭义两种类型。广义上的专业志愿者是指志愿服务过程中运用自身的专业特长、知识和技能的志愿者，如支教志愿者用自身的文化知识教授乡村儿童义务教育课程；狭义上的专业志愿者是指那些拥有专业知识和技能且获得专业职业资格认证的志愿者，比如获得了国家教师资格证去乡村支教的志愿者。

本书对专业志愿者的定义是：专业志愿者是指运用职业或专业技能，自愿、无偿地从事专业志愿服务的自然人或团体（翟雁，2022）。

二、专业志愿服务

19世纪末，专业志愿服务在英美等国兴起，初衷是解决个人或机构在获取专业服务方面的不平等问题，因为获得专业服务的不平等是造成其他不平等的重要原因。法律服务是较早实现职业化的领域，也是较早提供专业志愿服务的服务领域。在近代早期的英格兰，穷人可以寻求免费法律服务。直到今天，法律服务仍然是英美等国最常见的专业志愿服务之一（Prossnitz，2020）。很快，人们在其他领域也发现了同样的需求，因而专业志愿服务逐渐扩展至其他行业（Pettis，2014）。

（一）专业志愿服务的概念

专业志愿服务在西方国家被称为"Pro Bono"，源自拉丁语"Pro Bono Publico"，本义是"为公众的利益"（Foundation，2012），后来用于指称专业志愿服务，即拥有专业知识和技术能力的人士无偿向他人提供的专业服务（刘丹，2017）。美国领先的专业志愿服务实践者Taproot基金会将专业志愿服务定义为："通过对社会变革组织、社会服务组织、学校、非政府组织、公民组织、专业联盟、博物馆等公益组织实施无报酬的专业服务捐赠……以帮助其进一步实现组织的使命。"（Foundation，2012）

全球首席执行官联盟（Chief Executives for Corporate Purpose，CECP）对公司开展专业志愿服务的界定更为严格，指出专业志愿服务必须同时符合以下标准：

> 必须是公司做出的正式承诺，如政策、文件、合同；
> 必须应用公司员工的专长；
> 服务对象必须是正式注册且不分红的公益慈善组织，不是政府机构或营利组织。

在其他大多数国家和地区，对专业志愿服务的界定比较宽松，比如法国专业志愿服务实验室（Pro Bono Lab，PBL）提出，专业志愿服务是人们为了社会目标，对无法获得专业服务的个人或机构，通过所在工作单位委派，或者利用个人时间，无偿或几乎无偿分享个人技能专长的志愿行为。

根据国内外相关研究以及中国经济社会转型的历史阶段，结合中国专业志愿服务实践经验，本书对专业志愿服务的定义如下：

专业志愿服务是由专业人士或专业团体，自愿、无偿为社会公益所提供的具有职业或行业标准和规程的专业服务。其服务内容包含公益型志愿服务、技能型志愿服务、专家型志愿服务和特定角色志愿服务。服务对象一般为非营利组织、社区组织和社会弱势群体，也可以是社会变革机构，以及针对特定社会问题发起的公益类项目或相关活动（翟雁，2022）。

（二）专业志愿服务的特征

专业志愿服务作为专业人士或专业团体自愿、无偿为社会公益所提供的具有职业或行业标准和规程的专业服务，具有以下特征。

1. 目标精准

专业志愿服务更加精准地聚焦社会问题，理性确定所要解决的具体问题并提出相应策略。专业志愿服务的服务对象一般为非营利组织、社区组织和社会弱势群体，以及针对特定社会问题发起的公益类项目或相关活动。他们常常难以提供精细的具体需求，这就需要专业志愿者运用专业技能进行需求评价，更加精准地聚焦社会问题，运用专业技能和系统化解决方案，提升志愿服务成效及其社会影响力。我国专业志愿服务时间不长，不区分服务对象，只要在志愿服务中使用了某种专业技能，就被称为专业志愿服务。

2. 专业性和规范性

与普通志愿服务相比，专业志愿服务具有更强的专业性和规范性。专业性更强调发挥志愿者和志愿团体的专业知识、技术能力、工作经验和社会资源等优势，以培训、救助、咨询、诊断、研究等方式向公众提供深层次的信息服务（刘晓东、王琼、王丽玲，2021）。规范性主要体现在政策制度和管理流程上。一方面，许多国家以法律法规、政策的形式对专业志愿服务的参与主体、服务领域、工作内容、监督规范等均做了明确规定，行业协会等专业志愿服务组织也通过制定行业规范、规范服务方式等策略，敦促专业人员通过参与专业志愿服务活动的方式承担起社会责任。另一方面，专业志愿者的招募、培训、监督、评估、反馈，各环节都有更为规范化的操作流程。

3. 跨界合作

专业志愿服务把社会需求方、社会供给方和支持机构，以及其他的利益相关方整合起来，使商业机构与非营利组织和社区一起工作，共同提出解决问题的策略并提升相关能力。

（1）社会需求方。大多是专业志愿服务对象，一般是非营利组织、社区组织和社会弱势群体。他们缺乏社会资源，缺少专业知识和技能，没有足够的资金向商业机构购买专业服务。

（2）社会供给方。主要是指专业志愿者，他们提供个人的专业技能、时间，无偿提供专业服务。他们可能在政府、企事业单位、科研院所和学校、社会组织等机构从业，拥有职业专长与技能，有爱心和热情，愿意服务弱势群体和公益组织。

（3）支持机构。支持机构是指提供专业志愿服务项目管理与评估的机构，不仅对服务对象、专业志愿者负有管理和支持责任，也对专业志愿服务进行成效跟踪评估，以促进项目持续地得到优化完善，从而更好地实现公益目标。

4.促进发展

专业志愿服务旨在促进客户发展及其行业建设，从而改善社会生态环境。在现代社会中，专业志愿服务打破阶层，让不同的人跨界、跨部门、跨地区和跨阶层共事，鼓励知识工作者积极有序地参与社会治理，促进社会融合与包容性发展。专业志愿服务瞄准社会问题，解决社会治理与发展问题，促进社会变革，放大和实现个体的专业价值，激发人类社会的共建、共融与共享机制。

（三）专业志愿服务的类型

国际上将专业志愿服务分为不同类型（如表7-1）。

表7-1 国际专业志愿服务类型比较一览表[①]

组织	职业专长	委派/独立	收费方式	受益人		
				非营利组织	社会企业	个人
法国PBL	硬技能	是/是	免费/收人工之外成本费	是	是	是

---

① 表格来源：北京博能志愿公益基金会《专业志愿国际案例集（2017）》。

续表

组织	职业专长	委派/独立	收费方式	受益人		
				非营利组织	社会企业	个人
美国Taproot	硬技能	是/是	免费	是	否	否
美国CECP	硬技能	是/否	免费	是	否	否
英国Inspire Sotland	硬技能 软技能	是/是	免费/收人工之外成本费	是	是	否
日本Service Grant	硬技能	是/是	免费	是	否	是
中国惠泽人	硬技能 软技能	是/是	免费/收人工之外成本费	是	是	否

通过以上比较可以发现，当前对专业志愿服务的界定在不同国家虽然存在着分歧，但是，它们都认为专业志愿服务是将组织或个人的专业技能运用于公共福利服务中，比传统的志愿服务更加注重目标导向。专业人士被派往非营利组织、社区组织和社会弱势群体中，执行明确的项目，并给需求方提供精准的帮助。

根据美国Taproot基金会的10年专业志愿服务经验，非营利组织所需要的专业志愿服务通常在以下几个领域应用最为广泛（如表7-2）。

表7-2 非营利组织2011年利用专业志愿服务资源的领域[①]

领域	所占比例（%）
法律咨询	60
市场营销	41
人力资源	30
财务和行政支持	29
财务顾问或咨询	27
信息技术	27
组织规划或教练	26
在非营利组织中承担理事会成员或管理层职责	20

---

① 资料来源：FIT咨询与Taproot基金会《非营利组织调查：利用专业志愿服务资源（2011）》。

专业志愿服务与非专业志愿服务的区别主要在于"专业性",体现在以下三个方面:

1. 专业志愿者具有专业技能或专业资质,强调"专业的人做专业的事",志愿者所具备的专业技能,不仅仅是个人爱好,而是经过市场认可(购买服务)、资质认证的,并具有成功经验。

2. 专业志愿服务应用新科技、专业技能和专业产品,提供的志愿服务具有与市场同类价值的专业服务。

3. 专业志愿服务管理更专业,通常以项目模式运营,对需求和专业技能的匹配度、服务相关标准和程序、服务质量和交付物均有明确可衡量的指标,并且最终的服务成效是可测量和可验收的。

三、专业志愿服务管理

专业志愿服务管理,是一套对专业志愿服务系统的规划、研发、实施和运营进行有效管理的方法,包括专业志愿服务制度规范制定、需求调研、服务项目开发、志愿者保障与激励、社会影响力评估等。专业志愿服务管理的核心思想是以无偿提供专业服务的志愿者和免费接受专业服务的用户(主要是非营利组织)为中心,促进跨界协作共创共享、共同进步与发展。从组织层面讲,专业志愿服务管理不是以组织为中心,而是以服务(项目)步骤为中心,明确专业志愿服务中各利益相关方的责、权、利,最终实现公共利益最大化。专业志愿服务管理主要包括两部分内容:专业志愿服务项目管理、专业志愿者管理。

(一)专业志愿服务项目管理

项目是在限定的资源及限定的时间内需完成的一次性任务,具体可以是一项工程、服务、研究课题及活动等。项目管理是指在项目活动中运用专门的知识、技能、工具和方法，使项目能够在限定条件下，实现或超过设定的需求和期望的过程。项目管理是对一些成功地达成一系列目标相关的活动（比如任务）的整体监测和管控，包括需求评估、项目开发、项目保障、进度计划和实施等。

专业志愿服务项目管理，本质上也属项目管理范畴，是指运用各种相关技能、方法与工具，为满足或超越项目有关方对项目的要求与期望所开展的计划、组织、领导、控制等方面的活动（翟雁，2022）。

（二）专业志愿者管理

志愿服务项目的关键是志愿者参与，而专业志愿服务项目的主要特征是，实施服务项目的人员是组织外部的且不领取任何薪酬的志愿者。志愿者的工作热情来源于他们的初心，因而工作合同和升职许诺都不能成为他们工作的重要动力。但是现实中，很多人最初都是带着十足的热情参加志愿工作，到后来却心灰意冷，退出志愿服务。所以要对志愿者进行适当的管理，建立志愿者管理体系。

现有众多研究将志愿者管理所涉及的要素分为准入、培训、激励、保障、退出等。在准入方面，林顿（Linton，1995）研究了为公共安全人员提供心理干预的专业志愿服务团队，要求心理健康小组成员应具有所在州的从业执照，具有危机干预和小组工作的经验；莫维斯等（Mirvis et al.，2020）介绍了企业采用公开的申请程序或主管直接提名等方式，招募和选择员工参与国际专业志愿服务。在培训方面，林顿（Linton，1995）认为应为志愿者制定培训计划，将课程培训与实践工作相结合，关注专业志愿者的身体和情绪状况，适时调整培训内容等。在激励方面，莫斯科维茨等（Moskowitz et al.，2006）介绍了在一项健康科学专业学生向社区诊所提供的专业志愿服务活动中，诊所的评估委员会通过对患者满意度和服务利用情况的调查来评估专业志愿服务的效果；鲍曼（Bowman，2009）认为鼓励法学院毕业生从事专业志愿服务活动的最好办法是将志愿服务经验纳入法学院课程体系中。在保障方面，帕隆巴罗等（Palombaro et al.，2011）提出了向当地基金会提出拨款申请、教师和校友捐款、当地社区的捐赠、校外公司的资助等多种筹资渠道，以保障志愿服务的可持续发展；莫尔顿等（Moulton et al，2006）提出应提高地方预防保健能力，降低工程师在专业志愿服务过程中面临的疾病和其他健康风险等。在退出方面，普里塔等（Porretta et al.，2017）介绍了在学生参与的专业志愿服务理疗诊所中，学生从开始申请职位直到最后一学年退出志愿服务活动的情况。

综上所述，志愿者管理虽然有别于全职员工管理，但动员招募、培训辅导、服务支持、评估与激励等重要步骤缺一不可。而且，志愿者管理需要管理者根据志愿者的特点和工作目标制定详细、明确的整体工作计划，说明工作意义，确立志愿者在服务中的角色及参与目的，并且在专业志愿服务中持续地支持、管理、认可、激励志愿者。因此，专业志愿者管理是指通过准入、培训、激励、保障以及退出等流程支持志愿者按照计划和标准实施专业服务，使其在达成服务目标的同时，获得志愿服务记录与各方认可，在服务中获得成长和发展的管理。

第二节 专业志愿服务的起源与发展

一、国际专业志愿服务的起源

现代意义上的志愿服务是人类进入工业社会后逐步形成和发展起来的，发源地是工业革命后的欧美等西方国家。近代志愿服务默默地陪伴着人类经济社会发展前行，并随着科技进步和社会变迁，演化出多样化并存的新生态模式。早期志愿服务主要是个人奉献爱心，以体能型志愿服务为主。20世纪工业化时代，志愿服务组织如雨后春笋般快速发展，人们将工业生产专业技术应用于志愿服务，更有效率地去解决经济社会困难，在这一阶段技能型志愿服务开始出现。21世纪以来，人类面临不可持续发展的严峻挑战，全球社会与各国政府加强了对志愿服务的支持，跨国、跨区域、跨界和跨专业地运用新科技，采用多样化新模式，创新性地解决社会问题。当前，志愿服务已经成为具有多样性、包容性和可持续发展性的全人类共有的财富资源。与此同时，在全球社会创新浪潮的推动下，Pro Bono已然成为专业志愿服务的代名词。

专业志愿服务，可追溯到19世纪中叶，最早尝试专业志愿服务的行业是医疗救助领域。1863年，国际红十字会（Red Cross Society）成立，并在战场上开展人道主义医疗救助，强调以志愿精神进行救死扶伤。1942年美国广告委员会（Ad Council）的成立标志着Pro Bono在广告服务领域开始萌芽，首次召集广告业专业人士以志愿服务方式，为城市中的无家可归者免费做公益广告设计。而大规模开展专业志愿服务运动则出现在美国法律界，由政府推动。比如，1962年美国总统约翰·肯尼迪呼吁律师们在法庭上利用他们的专业技能为民权而战，并推动成立了民权律师委员会（Civil Rights Council），由私人律师通过专业志愿服务对受到歧视和贫困人员进行法律援助。到20世纪70年代，法律援助已在全美范围内变得非常普遍了。此后，这种由专业人士贡献专业才能的志愿服务逐渐从法律界传播到会计、IT工程、公关、设计等各个领域，而服务对象也大多是志愿组织，以及政府有关社会事务管理部门。

20世纪70年代，随着企业社会责任（Corporate Social Responsibility，

CSR)概念的兴起,企业主动发起的员工志愿者活动成为专业志愿服务的重要推动力。在此期间,企业视慈善活动为履行社会责任的方式,员工也视志愿服务为履行公民责任的方式。越来越多的企业逐渐发现专业志愿服务在提高员工技能、降低员工离职率等方面的独特价值,因此,专业志愿服务成为能够为企业、员工和公益组织创造共同价值的重要工具。

作为全球正在兴起的一项社会运动,Pro Bono 扮演着搭建中产阶层与社会服务的桥梁的角色,具有鲜明的国际化和跨文化的人类共同价值特征。一篇《斯坦福社会创新评论》(SSIR)文章援引了 CECP 2015 年报告,75% 的美国大公司都在推动各种企业公民活动,既包括传统的企业捐赠和企业志愿服务项目,也包括新的举措。例如影响力投资和基于专长的志愿服务,同时指出在企业公民项目序列中,增长最快的是基于专长的志展服务(Letts & Holly,2017)。根据 CECP 2017 年报告,尽管在所有非现金捐赠项目中,在美国本土的发展速度被"机动作息时间"超越,基于专长的志愿服务仍然位居增长速度的第二位,且仍然受到大公司的青睐,非现金类捐赠所占比重从 2014 年的 14% 提高到 2016 年的 26%;在国际范围内,这些公司提供 Pro Bono 的比例从 2015 年的 22% 提高到 2016 年的 30%,成为大公司在国际上非现金类捐赠中增长最快的领域。

UNV(联合国志愿人员组织)是联合国系统内最大的直接向发展中国家输送各种行业高、中级专业技术志愿人员的专业志愿服务机构。1971 年中国恢复了在联合国的合法席位之后,中国政府就积极参与 UNV 的全球性活动。1981 年,UNV 在中国设立办公室,对外经贸部中国国际经济技术交流中心是联合国开发计划署和 UNV 在华发展业务的官方合作机构。UNV 是推动各国通过志愿服务发展与国际沟通的重要力量，也催生了中国国际志愿服务事业的发展。目前，每年服务于全球各地的 UNV 志愿者有 7700 人左右，他们来自 130 个国家和地区。

回顾 UNV 的历程，可以看到国际专业志愿服务的发展趋势：组织化、专业化、技术化，并表现出对国际社会面临的共同难题的关注和有效解决问题的能力。UNV 也进一步提高了各国专业志愿服务参与国际事务的意识和能力。

在 UNV 成立之前，英国红十字会于 1909 年成立了志愿援助分支机构志愿援助支队（VAD）。VAD 志愿者以及许多其他国家红十字组织的志愿者在第一次世界大战期间，为欧洲和中东地区的士兵和平民提供人道主义服务。到了 20 世纪中叶，海外志愿服务主要由与特定事业直接联系的人员开展，志愿服务也是以短期为主。正式的国际志愿者组织有 1951 年成立的"澳大利亚国际志愿者人员组织"、1953 年美国成立的"国际志愿服务机构"、1958 年英国成立的"海外志愿服务社"（VSO）、1961 年美国肯尼迪政府成立的"和平队"（Peace Corps），这些组织更广泛地推动了海外志愿服务行动。20 世纪开启的国际志愿服务运动，主要是以国家为主导，派遣专业志愿者援助发展中国家，它是经济社会全球化的组成部分，也是志愿服务从社会的慈善关爱服务走向世界的专业化公益服务的助推力量。

二、专业志愿服务在中国的发展

我国最早的专业志愿服务产生在发达地区。经过 30 多年的发展，专业志愿服务组织的规模不断扩大，专业志愿者人数不断增加，发挥的作用也在逐步深化。经过对相关文献的梳理，我国志愿服务的发展可以划分为社会专业化志愿行动、官方制度化推动与行业组织发展两个阶段。

(一)阶段一：社会专业化志愿行动（1987—2013）

第一个阶段是从 1987 年到 2013 年，此阶段酝酿期较长，以社会发起的专业志愿服务为主。这一阶段又可以分为三个部分：一是 1987 年开始到 1995 年北京世界妇女大会召开之前，主要在沿海大城市出现专业志愿服务；二是 1995 年到 2008 年初，以西方国际援助为主要支持下的社会志愿服务的专业化发展；三是 2008 年到 2013 年，汶川地震和北京奥运会兴起的全民志愿浪潮。

1. 志愿服务萌芽期（1987—1995）

改革开放率先在广东沿海城市开始，我国较早开始的专业志愿服务始于 1987 年在广州由中学老师开办的中国第一条志愿服务热线电话"中学生心声热线"，对青少年的成长进行咨询辅导。1988 年成立的中国管理科学院妇女研究所（1996 年更名为北京红枫妇女心理咨询服务中心）被认为是我国早期的专业志愿服务组织之一。该机构从 20 多年前就开始招募具有教育、医学和社会工作背景的专业志愿者接听热线电话，免费解答女性心理问题。在中国，法律行业同样也是专业志愿服务的先锋队。1994 年，在共青团中央的指导下，中国青年志愿者协会成立，并在各地团委的组织下成立了分支机构。从 1993 年到 2003 年，中国青年志愿者协会开展了大量的基础管理工作，迄今为止出台了青年志愿者行动许多重要的规范性文件和行动标准，如《中国注册志愿者管理办法》等都是在这期间制定推出的。而至今依然具有影响力的青年志愿服务项目，如中国青年志愿者扶贫接力计划、"保护母亲河"行动、大学生暑期"三下乡"社会实践活动、中国青年志愿者海外服务计划等都起步于这十年，极具中国特色的"一助一"长期结对、持续接力扶贫等活动方式和机制都在这期间定型。较大规模地运用专业志愿服务的项目可能是 JA 中国（青年成就中国），仅 2010 到 2011 的一个学年内，就有 8000 多名专业志愿者参与,他们大多是来自企业的专业技术员工。JA 中国从 1993 年进入中国以来,就开始广泛地与企业合作,发动员工志愿者给在校生讲授理财、就业准备、创业准备等方面的课程。

2. 志愿服务创新期(1995—2008)

1995 年 9 月初,联合国第四届世界妇女大会在北京召开,全球妇女类非营利和公益慈善组织会聚北京,在为期 10 天的会议期间,举办多场不同类型的会议论坛、培训交流等活动,在中国掀起了志愿运动浪潮。受到大会影响,一些参会的知识女性开始参与到妇女发展、法律援助、扶贫济困、儿童教育、助残助老、社区服务和环境保护等多个社会议题的专业志愿服务中,并得到国际社会的支持。到 21 世纪初,国内一大批专业志愿服务组织陆续出现。

1996 年,全国妇联的《农家女》杂志社创办了"打工妹之家",服务于进城务工的农村妇女。2003 年,惠泽人承接了北京市司法局的社区矫正司法改革试点工作,组织 100 多名心理咨询师志愿者为社区服刑人员和相关者进行心理矫治和社会康复帮扶,开创了中国政社合作机制下的社会专业力量参与模式。2005 年,红丹丹教育文化交流中心开始发起给盲人讲电影的"心目影院"项目,一些电台、电视台的主持人或者播音系的大学生运用自己的播音技能服务盲人。

3. 志愿服务快速发展期(2008—2013)

2008 年,南方冰雪灾害、5·12 汶川大地震和北京奥运会等,激发了全国人民的志愿服务意识,数以百万计的志愿者在 2008 年井喷式地投入志愿服务中,有力地推动了当代中国的志愿服务事业。如果把奥运志愿服务项目看作一个高度组织化、专业化的自上而下的志愿服务项目,那么汶川抗震救灾志愿行动更像是一个完全自发的自下而上的社会运动。2005 年启动的奥运会志愿者行动计划和国家大力宣传倡导志服务，首先使志愿者这个概念植入社会，播下了社会广泛参与志愿行为的种子，而汶川大地震客观上为我国志愿运动的全面兴起提供了空间和舞台。2008年汶川大地震发生后，全国各地共有300多万名志愿者参与救援，这成为中国志愿服务发展历程中的重要里程碑。尽管后来相关研究也提出，汶川大地震志愿服务救援中也暴露了一些问题，但是在此之后中国涌现出众多的专业志愿者救援队伍。

2008年底，美好社会咨询社（A Better Community，ABC）成立，该组织全部由专业志愿者组成，通过整合职业人士与高校学生等优质资源，为公益组织提供专业志愿咨询服务。2010年，美国公益法研究所率先将Pro Bono的概念引入中国法律界，通过在北京、上海等地与国际国内顶尖律所合作召开专业志愿服务圆桌会议，倡导律师提供无偿公益法律服务。同时尝试搭建律师无偿公益法律服务信息交换平台，由国内及国际知名律师事务所为国内的非政府组织（NGO）提供免费的法律援助。2010年底，惠泽人在BSR、HP、南都公益基金会支持下开发了中国Pro Bono项目；2011年，惠泽人和英特尔、爱立信、百度、HP、AMD等知名企业联合发起成立了ICT专业志愿者联盟，推动了中国专业志愿服务行业的建设与发展。

（二）阶段二：官方制度化推动与行业组织发展（2014年至今）

第二个阶段是以2014年党的十八届三中全会通过的《中共中央关于全面深化改革若干重大问题的决定》为标志，中央成立全面深化改革领导小组，中国从社会管理步入社会治理。党的十八届三中全会提出"支持和发展志愿服务组织"，中国志愿服务联合会正式成立。由此，中国志愿服务步入制度化与专业化建设新时代。

这个阶段的发展主要包括两个方面：一是制度化生态系统；二是行

业化专业机构。

1. 随着 2017 年《志愿服务条例》的出台，志愿服务制度体系逐渐构建，我国志愿服务生态系统建设发展加速，志愿服务发展的外部政策法律环境得到改善

随着我国志愿服务事业蓬勃发展，无论是志愿者数量，还是志愿服务内容都呈现出快速发展的态势。但是，志愿服务的实践中也面临一些问题。比如，志愿者被当作免费劳动力，其正当权益难以得到有效保障；志愿服务具有无偿性和公益性，但是志愿服务活动涉及组织和管理成本无人承担；日常生活中志愿者积极性与激励措施缺失；等等。其实，以上问题在一定程度上也体现了我国社会层面对志愿服务的认知还不够深入，尤其是对专业志愿服务缺乏专业理解。近年来，志愿者与志愿服务组织作为社会治理的重要力量，得到社会各界的普遍认同，获得党和政府的高度重视。

2016 年，中央全面深化改革领导小组第二十四次会议进行了关于志愿服务的讨论。会后由中央宣传部、中央文明办和民政部等八部门联合印发的《关于支持和发展志愿服务组织的意见》明确提出，到 2020 年，基本建成布局合理、管理规范、服务完善、充满活力的志愿服务组织体系。

2017 年，在《中华人民共和国慈善法》为志愿服务发展提供了法理依据的基础上，国务院正式公布《志愿服务条例》，其中明确了国家鼓励和支持国家机关、企业事业单位、人民团体、社会组织等成立志愿服务队伍开展专业志愿服务活动，鼓励和支持具备专业知识、技能的志愿者提供专业志愿服务。2017 年是我国志愿服务发展里程碑式的一年，相关政策法规的出台，推动了志愿服务事业的发展，使得志愿服务成为社会治理与社会建设的重要内容。与此同时，《志愿服务条例》也为专

业志愿服务的发展起到了保驾护航的作用。

作为我国志愿服务制度环境建设的重要内容，《志愿服务条例》的制定和颁布体现了以习近平同志为核心的党中央"四个全面"战略布局在志愿服务领域的具体实践，体现了国家层面为志愿服务法制化构建了系统化保障。《志愿服务条例》的颁布也意味着志愿服务作为我国社会主义精神文明建设基础设施，将发挥重大作用。

开展专业志愿服务活动，应当执行国家或者行业组织制定的标准和规程。法律、行政法规对开展志愿服务活动是有职业资格要求的，志愿者应当依法取得相应的资格。

从志愿服务的专业化角度来看，《志愿服务条例》的出台具有以下作用。

一是《志愿服务条例》的出台契合我国社会与时代发展背景，保障了志愿服务各方权益。在民众志愿热情不断提升，以及当前我国在教育均衡、基层社区治理、环境保护、卫生医疗、助老助残、弱势群体保护等诸多领域对志愿服务需求不断高涨的背景下，《志愿服务条例》的出台为公益事业的发展提供了更丰富的人力资源，为民众的参与提供了更多志愿服务机会。此外，《志愿服务条例》的出台，一方面体现了培育和践行社会主义核心价值观、促进社会文明进步的思想，另一方面也回应了我国社会发展及志愿服务事业中面临的挑战。总体而言，《志愿服务条例》通过整合社会资源、规避责任和风险等方式对志愿者个体与志愿组织进行有效的保障。

二是《志愿服务条例》的出台在政策层面鼓励了专业志愿者和志愿服务组织的服务行为。《志愿服务条例》明确了志愿服务的协调管理机构和不同部门职责，理顺了志愿服务可能存在的多头管理现象。与此同时，《志愿服务条例》还明确了政府、社会、学校和家庭等的职责界限。在政府层面，《志愿服务条例》明确县级以上政府应当制定促进志愿服务事业发展的政策和措施。例如，要求县级政府应当将志愿服务事业纳入国民经济和社会发展规划，合理安排志愿服务所需资金，促进广覆盖、多层次、宽领域开展志愿服务；依法通过购买服务等方式，支持志愿服务运营管理，并依照国家有关规定向社会公开购买服务的项目目录、服务标准、资金预算等相关情况。此外，公务员考录、事业单位招聘可以将志愿服务情况纳入考察内容。有了政策和资金的保障，专业志愿服务活动就具备了撬动更广泛社会资源的可能性。《志愿服务条例》中明确了统一协调机构、规范志愿服务活动、保障志愿者和志愿服务组织权益等柔性规定，既增强了志愿服务的可操作性，又通过制度激励措施调动志愿者的积极性，有效促进了专业志愿服务的发展。同时，《志愿服务条例》的颁布实施还有助于学校、家庭、社会组织在志愿服务领域形成合力、有序发展。

三是《志愿服务条例》的出台有助于现代化社会专业志愿服务中柔性管理理念和志愿精神的传播。《志愿服务条例》通过大量使用倡导性条款，切实体现了志愿服务的理念。《志愿服务条例》中倡导性条款的内容贴近生活中志愿服务、参与时间和服务要求千差万别的需求。比如，对于志愿服务活动，志愿者既可以参与志愿服务组织的活动，也可以自行开展活动。再如，对于长期志愿服务来说，系统注册与签订协议非常重要，但现实生活中也存在大量一次性志愿服务活动，志愿者并没有在特定系统进行注册，或者签订服务协议。理论上，签订协议是最佳的做法，但是实践中，也存在着偶然性或者一次性服务不签订协议的情况。从另一方面来说，假设条款规定了强制性签订协议，那么这一规定对于临时性志愿服务来说，可能会产生一些不必要的行政和管理成本。有关这一点，也可能出于将志愿服务排挤出去的考虑，抑或是为了规避一些风险，相关志愿服务组织方取消了志愿服务活动的开展。因此，倡导性条款对于志愿服务活动来说，具有天然一致性，与奉献、友爱、互助、进步的志愿服务理念一脉相承。由于专业志愿服务需要专业技能和系统服务，倡导性条款对于专业志愿服务的推广和激发更有意义。

2.行业支持型专业志愿服务组织的建立，以及与国际专业志愿服务的接轨意味着中国专业志愿服务开始走向快速发展阶段

2016年12月6日，在北京惠泽人公益发展中心和友成企业家扶贫基金会的孵化下，中国专业志愿服务联益会8名成员共同发起了北京博能志愿公益基金会，致力于专业志愿服务行业体系建设，通过搭建中国专业志愿服务平台，开发与国际接轨的标准及认证，资助行业研究专业志愿服务项目，倡导并激励专业志愿者参与社会治理创新等。该基金会还通过众筹的方式联合了100名专业志愿人士作为创始成员联合创建，旨在切实解决社会服务机构和社会企业的专业人才匮乏问题，同时推动中国专业志愿服务参与全球社会创新浪潮。该基金会聚焦两个核心业务：一是专业认证。开发行业标准，通过专业志愿服务认证平台"菠萝之家"，"I will"专业志愿服务标准品牌认证、认可和激励专业志愿者。二是志愿创投。设立专业志愿者基金账户，为专业志愿服务项目筹措资金，整合国际及国内社会资源，自主和支持专业志愿应用型智库研究等。

在现代社会中，经济越发展，分工越细化，专业门槛和服务要求也就越高。专业志愿服务对加速社会经济活动及空间分布形态的发展和演变具有巨大的作用。一个社会的文化程度越高，就越需要精神层次高的志愿服务，越需要专业的志愿服务。志愿服务作为现代社会文明进步的重要标志，体现着一个国家的软实力。从这个意义上来说，《志愿服务条例》如同居民社会生活中提供公共服务的精神基础设施，通过规范各

方权益，保障了志愿者与服务对象的权益，以及专业志愿服务的顺畅运作。在《志愿服务条例》的保障下，有了行业专业机构的支持，我国志愿服务事业的发展必将实现新跨越和大发展。

回顾中国专业志愿服务的发展历程，中国专业志愿服务经历了萌芽探索期和初创成长期，正在迈向快速发展阶段，并逐渐步入未来机遇期。经过40多年改革开放的快速发展，如何更好地推动专业志愿服务有效地解决社会问题和社会创新，如何在未来的发展过程中扩大专业志愿服务的影响力和普及程度，如何保障专业志愿服务项目的质量与效果，都是专业志愿服务快速成长过程中需要逾越的障碍。作为一个有效解决公益组织发展与关注社会问题的志愿服务形式，专业志愿服务本身就具有较大的价值。只有吸引专业志愿者理性、有序地助力公益慈善机构，只有当专业志愿服务的程序规范、效果经得起考验，只有服务的社会价值可以量化体现并纳入国民经济统计体系，专业志愿服务才能实现其真正的社会价值。专业志愿者既有持续的学习能力，又有开放的思维模式，同时在某一领域取得一定成就且具有独特的视角，能够更多地参与专业志愿服务之时，正是我国专业志愿事业快速发展之际。伴随着全球和中国社会创新运动的开展，中国专业志愿服务正在呈现加速发展趋势，越来越多的企业、社会组织和专业人士参与到专业志愿服务中来。

第三节　专业志愿服务模式

一、政府主导模式

在人们谈到专业志愿服务话题时，许多人会指向律师行业。的确如此，无论在哪个国家，律师行业都是专业志愿的领头行业。但是在专业志愿服务成为法律行业文化现象的过程中，政府发挥了至关重要的作用。政府无论在哪个政治体制下，都对社会发展起着独特的作用。在我国，政府在预算、法规和鼓励政策等多个层面都发挥着引领作用，英、美、法、新加坡、印度也是如此。

本节选取典型案例，介绍公共管理机构如何发挥公共部门特有的主导性作用，动员和引导专业人才为社会使命提供专业志愿服务。

（一）B+C 运动：联邦政府

2008 年，美国约 150 位企业、政府及非营利机构的高层领导在白宫举行了一次关于企业志愿服务的顶级峰会。此会议标志着一场名为"Billion+Change 运动"（以下简称"B+C 运动"）的开端，旨在动员企业贡献价值 10 亿美元的专业志愿服务于社会变革。这项倡议很快取得了显著成效，到 2010 年，已实现了 5 亿美元的服务承诺，到 2011 年超过了 10 亿美元，并且到 2013 年，有 500 家公司承诺的服务价值超过了 20 亿美元。

"B+C 运动"在随后的年份继续蓬勃发展，美国联邦政府通过白宫号召加大推动力度，进一步深化了商业文化的变革。此举重视了专业人才的社会贡献，特别是那些具备专业技能的员工向社会提供服务以满足其需求。

2014 年，"B+C 运动"再次发起号召，目标是动员更多的企业参与，承诺的专业志愿服务数量达到了 5000 家公司，相当于 50 亿美元的企业人才资源投入非营利组织和公益部门。这个阶段的重点是对参与的专业志愿者进行认可、表彰和推广。

到了 2018 年，虽然这个运动已经圆满结束，但它的影响力和历史意义依旧深远，继续被视为美国专业志愿服务发展的一个重要里程碑，并成为政府推动的商业社会创新的一个经典案例。

"B+C运动"推动了一种新的企业文化，这种文化将传统的物质资助转变为员工主动参与的社会服务，标志着一种社会认知的变革。该运动的成功因素包括政府的积极推动、企业的广泛参与以及组织保障机制的有效建立。政府不仅仅是号召者，也为这些服务提供背书，确保了专业志愿服务从一个试验性阶段转变为规模化、系统化的实践。

在组织架构上，政府和业界领袖共同组建了"B+C运动"的领导委员会，白宫则通过召集会议并提供场地来强化其作用。同时，全国和社区服务合作社（CNCS）作为秘书处和支持机构，确保了运动的顺利实施。

总的来说，"B+C运动"归结的成功要素被总结为"5C"：挑战企业、代言人的支持、召集人的力量、沟通的艺术以及协作的重要性。所有这些共同促成了企业文化的升级，并推动了社会创新和变革。

（二）"激励苏格兰"模式（地方政府主导）

如果说在美国的"B+C运动"中，政府发挥了倡导、背书和认可激励的作用，那么在英国的"激励苏格兰"案例中，政府发挥的作用则体现在明确社会议题、提供资金支持等方面。

在苏格兰的公益领域，"激励苏格兰"计划以其得到政府的强力支持而闻名，政府不仅确定了社会议题的解决方向，还提供了该计划大部分经费支持，具体到该计划的总收入的80%。这种财政支援既包含政府直接的公共资金，也涵盖了政府动员的企业与个人捐款。例如，"困境中的青少年"计划在五年内接收到超过2700万英镑的资金，"幼儿环境改善"计划在同样的时间里获得超过1020万英镑的投入，"支持社区组织扩展外部联系"计划则在五年内得到了超过225万英镑的资金。

这个计划之所以能够赢得政府的高度信任并获得资金支持，在于它对复杂社会问题的透彻理解和解决这些问题的能力。其最大的优势在于能够整合不同地区和行业的社会资源，特别是吸引专业志愿者的机制。这些志愿服务不仅仅是免费的，更是以服务社会的宏观目标为导向。

"激励苏格兰"案例的成功，关键在于政府与其他各方达成了对社会议题解决方案的共识。政府作为服务提供者，承担着确保公共服务公平和包容的责任。而社会各级政府机构——从中央到地方——都面临着自己的社会议题，这些议题往往超出了政府单独解决的范围，需要社会力量的共同参与，政府通过建立公益项目来引导公益组织的行动。

（三）拉德芳斯模式（地方公共管理机构主导）

在法国首都的心脏地带，巴黎的拉德芳斯区域经过地方基层管理机构的精心策划与推动，展开了一场名为"工作场所的革命"的变革。此行动由 De facto 机构——一个与中国大城市的区级或街道办事处类似的管理实体——于 2007 年发起，旨在将拉德芳斯转变为顶尖的欧洲商务区。De facto 通过采纳一种充满创意和吸引力的理念——"工作场所的革命"，专注于提升区内企业员工的福祉，并为他们创造一个充满支持和鼓励的环境。

2015 年至 2017 年间，每年秋季该区都举办志愿者服务周，使得拉德芳斯成为众多公益组织的聚焦点。这一活动成功地为非营利机构提供了接触商务区内白领和高管的宝贵机会，这些机构在活动中获得了丰富的回报。活动由拉德芳斯的管委会组织，持续两周，以提高专业志愿服务意识为目标，并得到了大量媒体的支持和宣传，这也得益于管委会的全力支持和多种形式的参与。

拉德芳斯的模式展现了地方公共管理机构如何整合区域内的优势资

源，创建一个多方协作的平台。这不仅增强了企业的市场竞争力，也促进了专业志愿服务的发展。拉德芳斯区，作为巴黎的经济发展区，每日迎来数十万的通勤人潮，而夜晚则恢复宁静。这一区域管理委员会利用每年10月的专业志愿服务周期，不仅为当地企业提供了系统化的志愿服务组织方式，也为巴黎地区的公益机构预备了丰富的资源。这一定期的活动已经成为区域内的一项战略资源，有助于推动公益活动和企业的社会责任实践。

二、社会投资机构主导模式

在非营利组织的日常运营中，它们常常受限于财务资源紧张、志愿力量不足、有限的网络关系以及不够强大的自我维持能力，这些挑战限制了它们在创新和发展方面的能力。特别是随着2008年全球金融危机的影响，政府和商业机构对这些组织的资金支持有所减少，而同时需要它们援助的社会弱势群体却急剧增多。在这种情况下，对资金和资源进行更高效的分配变得尤为重要。

在这种背景下，急需一种机制来协助捐赠者、赞助商及政府机构识别和投资那些能够产生最大社会回报的非营利实体，并集中必要资源来推动非营利部门的发展。这导致了社会投资机构主导的创新型公益投资模式和共享价值投资模式的出现。这些社会投资机构广义上既包括非营利组织也包括营利企业。

（一）公益创投模式

公益创投，起源于西方的一个概念，是将市场上孵化中小型企业的策略运用于公益领域。这种模式不仅涉及资金投入，还包括提升社会组织的管理能力和构建其能力。与此同时，这种投资通常预期会有一定的回报。与政府购买服务不同，公益创投不以具体的项目目标为前提，而是根据创业者的创新概念或实践提供支持。政府购买服务则有明确的服务对象和详细的服务要求。因而，公益创投模式在动员社会参与和整合社会各界力量以解决多样化问题方面，展现了其独特优势，从而推动了公益组织的发展。

在英国，Impetus-PEF——一家由私人捐赠、公司和基金会资助的私募股权基金——致力于提升11岁至21岁经济弱势青少年的福祉，重点是教育、职业和潜能发展。该机构专注于寻找和支持那些同样聚焦于这一人群的慈善和社会企业组织。一旦选中目标机构，Impetus-PEF便投入资源帮助它们提高服务效率并扩大影响范围。基金会拥有一个庞大的专业志愿者网络，由来自大约60个公司的约400名专业人员构成，他们提供了6000小时的志愿服务，覆盖100个项目，包括战略规划、筹资策略、竞争分析等。

Impetus-PEF的成功被公益创投界广泛认可，其管理模式将筛选受助组织和招募志愿者的流程规范化，按照私募股权基金的严格标准执行。招募志愿者时，Impetus-PEF提出至少5年以上工作经验的高标准，并承诺将志愿者与最优秀的慈善组织和社会企业配对。此外，Impetus-PEF向资助方承诺，每捐赠一英镑，将为合作伙伴带去2.59英镑的价值，这一承诺建立在基金会的管理能力、专业志愿者网络和自身资金投入上。

专业志愿服务的管理特征包括明确的时间界限、预先确定的项目结果共识和专业志愿服务的项目经理。这些特征使得Impetus-PEF的志愿服务超出了常规活动的范围。随着越来越多的组织意识到Pro Bono的战略价值，专业志愿服务已成为非营利组织追求的珍贵资源。

欧洲、亚洲和非洲正组建各自的公益创投机制，旨在解决社会问题。其中，Pro Bono 服务是许多成功机构的关键策略。公益创投作为一种新型的投资模式，不仅在财务上支持公益组织的创业，还通过管理和技术支持帮助它们提高能力建设和创新能力。

公益创投的流程涉及选定社会议题、领域布局、选择优秀的非营利组织作为投资对象，以及为这些组织提供专业志愿服务支持。如加拿大 LEAP 机构的使命是促进全国范围内的社会变革，并选择了健康、教育和就业三个关键领域进行投资。LEAP 机构通过其投入的达 300 万美元的专业志愿服务价值，确保了非营利组织的成长和使命的实现。这些投资不仅串联了慈善和商业的界限，而且建立了一种共赢的伙伴关系，共同实现了社会变革的长期目标。

（二）共享价值型投资模式

简单地将商业投资策略应用于慈善行业并不足以满足当前的需要。在商业界，天使投资和风险投资虽然不多见，但为了鼓励更广泛的公益慈善投资，需要建立一个可持续的机制。这可以通过传播有关使命和愿景的信息来实现，激发高质量的专业志愿资源投入，并通过简化高效的途径进行投资。

资金援助在近年来已经发生变化，呈现出多元化趋势。尽管传统的无财务回报预期的捐赠随着社会财富的增长而增加，但公益企业、社会企业和上市公司的环境、社会和治理结构的变化引入了新型投资方式，如实现商业和社会双重回报的共享价值型投资模式。这种投资模式是企业通过解决与其业务相关的社会问题来创造经济效益的战略。认证共享价值的重要性在于为企业带来经济利益的同时，也对社会或环境产生了积极影响。设计和解决社会问题的过程中需要高度专业的知识投入，为专业志愿者提供了发挥才能的机会。

例如，在澳大利亚，一个城市面临的问题是青少年因偷车被社会边缘化。为了解决这一问题，一个专业志愿服务团队进行了深入研究并设计了一个方案：成立一家专门修理车祸后汽车的维修站。这不仅吸引了青年们对汽车的兴趣，而且通过与交警和保险公司的合作，保证了修理站的业务量。这个项目既为所有相关方带来了收益，又解决了社会问题，是共享价值的经典例证。如果没有专业志愿者在前期调研、协商、设计和培训方面的专业投入，这样的投资是不可能实现的。此案例展示了在解决社会问题的同时实现企业价值的可能性，证明了商业运作和公益目标并不相悖，而是可以在共享价值的基础上相互促进。

三、企业主导模式

美国企业为响应白宫的"B+C 运动"做出了专业志愿承诺并进行了多重尝试，对于推动全球专业志愿运动发挥了表率作用，也引发了更多企业的效仿。越来越多的企业对 Pro Bono 的关注，已经从"为什么需要"转到"如何做"。

早在 2012 年，法国的 PBL 和美国的 Taproot 基金会就联合发布了题为《专业志愿服务的商业价值展示》的报告，通过 GlaxoSmithKline、De loitte、IBM、Nerdery 和 UPS 五个不同类型公司的实际案例，展示了公司在人力资源、公司口碑和拓展创新三个方面如何受益于专业志愿服务。今天，更多的来自其他行业的例子在不断证实这些价值。保德信金融、摩根士丹利、巴克莱银行、欧特克公司、Adobe 公司、美国运通银行等公司从培养未来领袖和未来稀缺技能出发，通过专业志愿服务实现公司文化培育、使命共识、价值共享等，彰显了 Pro Bono 的全方位潜力。美国 Taproot 基金会和法国的 PBL 为此筛选梳理了八个成功模式，开启了全球专业志愿服务案例分享的先河。

在 Taproot 基金会的《让专业志愿发挥作用：8 个模式》的基础上，国内研究者对每个个案都进行了不同程度的研究。北京博能志愿公益基金会对英文原文相关文献做了翻译，融入中国专业志愿领袖培训课程中新的内容，同时还将继续通过全球专业志愿联盟成员收集、梳理和分享，增加其落地实施的可行性，帮助企业回答以下问题：

（1）如何找到适合本公司的专业志愿服务模式？

（2）如何做才能最大限度给专业志愿服务受益方带来影响？

（3）如何让企业对专业志愿服务项目的投资发挥杠杆作用，进而带来最大的商业利益？

企业的专业志愿服务积累了不同类型的专业志愿服务项目经验，企业主导模式常见类型有四种（如表 7-3）。

表 7-3 专业志愿服务企业主导模式（部分）

专业志愿服务模式	服务方式
员工外派	员工借调到公益组织工作
创意马拉松极限工作坊	员工与公益组织员工聚集 24 小时通宵工作
业务战略一体化	将公司业务战略嵌入与员工业务一致的专业志愿服务
不限时外包	没有实践限定的专业顾问服务

（一）员工外派

员工外派是一种特殊形式的企业志愿服务，其中员工被长期借调至公益机构。在此期间，员工的工资由原雇主支付，而对于接收单位，这些人员相当于志愿者。这种模式通常适用于需要特定技能的情况，这些技能无法仅通过短期培训或在非营利组织的临时工作中掌握。

以辉瑞公司为例[①]，该公司采取这种模式，将员工派遣到技能需求

---

① 案例来源：北京博能志愿公益基金会《专业志愿国际案例集（2017）》。

较高的非营利机构和国际发展组织。这些派遣通常持续3至6个月，员工在此期间分享其在制药行业中获得的专业知识和技能，以提升医疗服务的质量和效率。需要注意的是，这些技能不仅限于医疗保健，还包括研发、生产、营销和通信等方面。

在选择合作机构时，辉瑞注重以下几个方面：机构的适应性和可塑性、与当地利益相关方的良好和稳定关系，以及拓展活动范围的能力和志向。通过这种方式，辉瑞不仅拓展了员工的个人技能，也巩固和拓展了其市场网络。

（二）创意马拉松极限工作坊

在创意产业，如广告和营销领域，一种名为"创意马拉松"的模式正在兴起。这种工作坊通常持续工作超过24小时，专业团队聚集在一起集中创意和开发新产品。这种模式的核心是在紧张而有趣的环境中激发创意潜能，鼓励行业专业人士集中时间为非营利机构提供创意方案。

美国Riggs Partners公司将这种模式演变成了名为"CreateAthon"的文化现象。这个一年一度的专业志愿服务活动汇集了广告、营销和传媒行业的专业人士，以一种有趣的方式推动了行业内的志愿服务文化，并为非营利组织提供了广泛的专业志愿服务。自2002年起，Riggs Partners就建立了一个全国性的创意马拉松网络，至今已经实施了3500多个项目，服务了1300多个社区，提供了价值2400万美元的营销技能培训。

创意马拉松的主要特点包括：

（1）促进专业成长：马拉松模式为团队提供了一个快节奏的环境，用于培养解决问题的新方法和领导技能。

（2）增强员工投入度：通过参与创意马拉松，员工可以实现个人愿景和工作目标，团队成员也会重新点燃对工作的热情。

（3）达成公益目的：这种高强度的工作模式能够充分发挥团队才能，专注于目标的同时，在短时间内产出大量有公益价值的作品。

（4）产生创新灵感：限时的紧迫感和对社会有益的目标激励志愿者创作出一些最具创意和思想的作品，这些成果往往得到业界的高度认可。

"创意马拉松"因其低成本、易组织、可计划性以及团队建设和传播效应，成为广受欢迎的模式。它不仅为非营利机构提供了迅速而有效的解决方案，而且通过固定时限利用现有专业人才进行团队建设，这种模式还可以作为吸引志愿者的有力工具。

（三）业务战略一体化

整合业务战略与专业志愿服务是一种趋势，其中志愿服务的元素渗透公司的每个级别并遍布其全球办公室。IBM 和 SAP 是这种模式的杰出代表，其中 IBM 的模式已经广为人知。

SAP[1] 则以其专业志愿服务模式的高企业业务融合度而受到 GPBN 的高度评价。SAP 投身于青年教育、职业培训和就业前景的提升，特别是在不发达地区，通过多种层次和手段引入 Pro Bono 服务，使其员工能够与世界各地的年轻人接触。SAP 采取战略性措施为年轻人提供解决社会问题的技能，尤其是在数字经济环境中。SAP 与当地组织合作，密切结合其业务与社区需求，特别是在推动青年就业和培养 IT 技术人才两大领域。SAP 的专业志愿者不仅参与项目实施，提供发展建议，还直接对年轻人进行技能训练，这些活动都是为了实现其社会目标。SAP 员工的专业技能不仅支撑了公司的成功，而且通过志愿服务

---

[1] 案例来源：北京博能志愿公益基金会《专业志愿国际案例集（2017）》。

为社会带来了价值。

（四）不限时外包

对非营利组织来说，吸引和保留人才是一个普遍的挑战，尤其是在它们往往缺乏关注并采用解决方案软件的情况下。为了解决非营利领域中被忽视且需求未得到满足的问题，一些公司开始采取"无限外包"模式。

以希索软件（Cornerstone OnDemand，下文简称 CSOD）为例[1]，该公司每年都会邀请非营利社会组织申请参加其"战略伙伴计划"。被选中的社会组织将享受 CSOD 提供的"无限时外包"专业志愿服务。这种服务不仅仅是提供免费的技术平台使用权，更重要的是提供如何使用这些技术的持续性咨询服务。CSOD 为每个战略伙伴社会组织配备了专职客户经理，这些客户经理提供的专业化管理咨询服务，其效果被计入公司业绩考核，确保社会组织获得的专业志愿服务是高效的。此模式对于无法负担长期全职专业人员的小型慈善组织来说尤为有益。

本章小结

本章首先介绍了专业志愿服务的基本概念，包括专业志愿者的定义、专业志愿服务的性质，以及专业志愿服务管理的重要性。这为我们理解志愿服务的专业层面提供了坚实的基础。接着，章节转向专业志愿服务的历史背景，探讨了国际专业志愿服务的起源及其在中国的发展过程。这部分不仅揭示了专业志愿服务如何从一个全球概念逐渐融入中国特有的社会文化环境，也强调了不同国家和文化背景下志愿服务演变的

---

[1] 案例来源：北京博能志愿公益基金会《专业志愿国际案例集（2017）》。

多样性。最后，本章详细讨论了三种主要的专业志愿服务模式：政府主导模式、社会投资机构主导模式和企业主导模式。每种模式都有其独特的特点和实施方式，这对于理解和评估不同组织在推动志愿服务方面的作用极为重要。

总的来说，本章提供了对专业志愿服务深刻的洞察，从基本概念到发展历程，再到实施模式的多样性，为读者提供了全面的理解框架。通过这种全方位的探讨，本章不仅增进了我们对专业志愿服务的认识，也为进一步的研究和实践提供了丰富的参考资料。

案 例

维德中心法律援助超市[①]

深圳福田区维德志愿法律服务中心（以下简称"维德中心"）创办于2013年7月，是一群公益律师自筹资金、自发创办的全国首家法律援助"超市型"平台。"每一位自愿加入维德的律师要保证每年办理不少于一个公益案件，或者不少于30小时的法律志愿服务时间。"维德中心的李严主任认为，专业志愿服务并不仅仅是服务，而是一种极富情怀的文化，这种文化的核心就是"知识分子的社会责任"。2014年4月，维德中心发起"职业病志愿援助项目"，无偿代理职业病援助案件超过100宗，解答各类法律咨询超过1000人次，共有30名律师参与了这项专业志愿服务。2015年开展普法项目"新雨计划"，培训600多名律师志愿者在全国各地为中小学校、街道社区开展1000多场次普法课堂与

---

① 本案例主要参考《惠泽人 i 志愿大学专业志愿服务案例库（2018）》，基于教材体例及教学需要有所改动。

咨询活动，深受社区欢迎。2016年维德中心相继开展的"反对家庭暴力行动"和"社会组织法律体检项目"，为社会工作者和社会组织提供法务咨询与培训，帮助他们提升社会服务专业水平。维德中心也获得"5A级社会组织"和"广东省法律援助工作先进集体"的荣誉。

▲案例分析题

1. 请分析维德中心所采取的"超市型"平台模式相对于传统法律援助服务模式的优势。

2. 根据维德中心案例，讨论专业律师作为志愿者参与公益案件的意义，并分析他们如何通过每年至少办理一个公益案件或提供30小时法律志愿服务来履行"知识分子的社会责任"。

3. 综合考察维德中心实施的"职业病志愿援助项目""新雨计划"以及针对家庭暴力和社会组织法律体检的项目。请分析这些项目如何具体地解决了目标群体的需求，以及它们在提升法律知识普及、增强社区法律保护意识和改善法律服务水平方面产生的社会效益。

▲本章思考题

1. 专业志愿服务与传统志愿服务有什么差异？
2. 请简述专业志愿服务发展与演进的两个阶段。
3. 实践中还有哪些值得借鉴的专业志愿服务模式？请举例说明。

第八章

企业志愿服务

第八章　企业志愿服务

1. 掌握企业志愿服务的基本概念。
2. 了解企业开展志愿服务的背景。
3. 了解企业志愿服务的发展现状。
4. 了解企业志愿服务的意义与价值。
5. 了解企业志愿服务的发展阶段。
6. 了解企业志愿服务的开展方式。

●志愿服务是社会文明进步的重要标志。近年来，随着党和国家对志愿服务事业的高度重视，尤其是习近平总书记亲自谋划、亲自指导，为志愿服务制度化、体系化发展指明了方向。我国志愿服务持续发展壮大，逐渐成为推动社会治理和践行社会主义核心价值观的有力抓手。中国志愿服务网统计数据显示：截至2023年9月4日，全国实名志愿者达到2.32亿人，占居民人口比例约为16.43%，志愿服务队伍135万支，累计志愿服务时长达53.26亿小时。

企业作为当代经济社会发展的重要细胞，企业志愿服务也随着志愿服务的整体发展而迅速成长起来。作为企业履行社会责任的重要方式之一，企业志愿服务积极参与到灾害救援、生态保护、脱贫攻坚、乡村振兴、扶弱助残、医疗健康等多个领域，在推动公众参与社会公益、解决具体社会问题方面彰显出不可替代的创新活力，在推动社会现代化治理方面发挥了重要作用。

本章将围绕企业志愿服务展开，主要介绍企业志愿服务的发展背景、概念、现状，企业志愿服务的意义与价值，以及企业志愿服务的发展阶段和方式。

第一节　企业开展志愿服务的背景和意义

一、企业志愿服务发展的背景

志愿服务是世界性的话语体系，是连接人与社区的重要纽带，是构建人类命运共同体的有效力量和长效机制。我国企业志愿服务发展受到国际环境、国内环境以及相关政策环境的影响。

（一）国际环境影响

进入20世纪后，全球性志愿服务组织陆续涌现，开展志愿服务成为全球共识。1970年，联合国大会通过组建联合国志愿人员组织（UNV）的决议，该组织专门从事和管理与国际志愿者事业相关的各类事务：致力于促进世界和平与发展，推动各国合作伙伴将志愿服务纳入发展规划；在第一时间收集汇总全球的灾害信息，连接世界各地经验丰富的联合国志愿人员参与国际志愿服务。作为国际性的志愿服务枢纽平台，联合国志愿人员组织大大推进了国际志愿服务的发展。

其中，国际志愿者协会（IAVE）成立了全球企业志愿者委员会（GCVC），汇集了全球范围内的企业影响力领导者，以线上线下相结合的方式，交流优质资源、积极开拓创新、探讨最佳实践，为其他公司提供可借鉴的宝贵经验。GCVC还建立了全球志愿者领袖网络（GNVL），汇集并支持国家和地区领导组织在全球70多个国家的各个地区开展志愿服务活动。同时，GCVC的成员还积极参与IAVE正在进行的研究，在志愿工作专业论坛、区域志愿者会议和志愿工作协会世界大会上发挥着领导作用，积极参与提升企业志愿服务的感召力和影响力。

2012年底,第22届国际志愿者峰会在伦敦举行,会议以"引领未来,全球志愿者协同合作"为主题,探讨企业志愿服务与非政府组织如何有效合作,解决社会问题。对话主题聚焦于跨国企业领导和国际非政府组织领导在面对自然及人为灾害时的合作与互助。2015年,联合国发布可持续发展目标(SDGs),全球一些领导创新的企业成立了"IMPATC2030"组织,旨在通过企业志愿服务的方式推动联合国可持续发展目标的实现。在联合国层面,联合国志愿人员组织也认为企业志愿服务对于联合国推动南南、南北合作具有重要价值。

(二)国家政策推动

党的十八大以来,在以习近平同志为核心的党中央的高度重视下,志愿服务被纳入全面深化改革大局,上升为国家战略。一系列志愿服务相关文件出台,包括中央文明委2014年2月印发的《关于推进志愿服务制度化的意见》、《国务院关于建立完善守信联合激励和失信联合惩戒制度 加快推进社会诚信建设的指导意见》(国发〔2016〕33号)、2016年12月中宣部、中央文明办等7部门印发的《关于公共文化设施开展学雷锋志愿服务的实施意见》、2016年《中华人民共和国慈善法》和2017年《志愿服务条例》等,为企业志愿服务事业的发展提供了进一步的指导和保障。

2021年,《中华人民共和国国民经济和社会发展第十四个五年规划和2035年远景目标纲要》提出"畅通和规范市场主体、新社会阶层、社会工作者和志愿者等参与社会治理的途径,全面激发基层社会治理活力"。2022年,党的二十大报告提出要"完善志愿服务制度与工作体系",为中国志愿服务事业的发展指明了方向,提供了遵循。企业作为市场主体,不断健全内部志愿服务制度和管理架构,组织动员企业员工作为志愿者参与社会治理，是党和国家赋予企业的使命与责任，是企业志愿服务的发展方向。

（三）企业社会责任兴起

近年来，国家高度重视企业社会责任建设，习近平总书记多次围绕企业社会责任发表讲话，号召企业在自身发展的同时，应该当好"企业公民"，饮水思源，回报社会，并强调"只有富有爱心的财富才是真正有意义的财富，只有积极承担社会责任的企业才是最有竞争力和生命力的企业"。企业志愿服务作为企业社会责任的有机组成部分，成为众多企业履行社会责任的主要发力点之一。

作为国民经济的重要支柱，国有企业始终走在履责前沿，在开展企业志愿服务方面也较为领先。2011年12月，国务院国资委成立中央企业青年志愿者协会，各省市国资委、各中央企业、省市属国有企业也根据实际情况成立了相应的志愿者组织。国有企业不断强化青年志愿者组织管理，逐步完善青年志愿者组织建设和工作机制。根据国务院国资委发布的数据，国务院国资委所属企业成立的青年志愿者组织近9000个，青年志愿者人数逾36万人（蔡二雨、刘洪德，2017）。大量企业志愿者组织的建立，为国有企业深化开展志愿服务打造了坚实的阵地，聚集并培育了源源不断的志愿服务力量。

与此同时，改革开放以来，大量的外资企业进入中国，也极大地推动了中国企业志愿服务的发展。外资企业为了推动企业的在地发展，也为了更好地融入中国社会，将企业志愿服务作为履行企业社会责任的重要方式，鼓励员工志愿者深入社区，帮助社区民众更好地改善工作和生活，并在企业内部成立企业志愿者组织，不断规范企业志愿服务的发展。

而随着经济社会的不断发展，越来越多的民营企业在逐步实现自身发展的同时，也越来越重视企业社会责任工作，纷纷立足企业优势与特长，创新开展了形式各样的志愿服务活动，部分民营企业还迅速组建了企业志愿者组织。如百度志愿者协会、顺丰志愿者协会等。此外，还有相当一部分企业建立了公益基金会，依托公益基金会来支持并组织志愿服务活动。如阿里巴巴公益基金会、京东公益基金会、腾讯公益基金会等。

（四）企业员工参与的期待

企业员工是企业志愿服务组织实施的关键力量和主要参与者。志愿服务作为一种亲社会行为，是企业员工连接社会、认知社会、贡献社会的重要方式，无论是从利己角度还是利他角度来说，企业员工对志愿服务都有着天然的期待。

受"计划生育"政策影响，我国的独生子女数量非常庞大，这一类企业员工从小生活在相对独立的环境中，在生活经验和人际交往方面往往较为欠缺，因此迫切希望能与更多人交流沟通。参加企业志愿服务，企业员工不但可以提升沟通交际能力，也可以更好更全面地认知社会。

与此同时，改革开放后我国的经济社会实现了日新月异的发展，一方面年轻一代人受教育程度越来越高，另一方面外界的多元文化持续被引进来，人们的眼界逐渐开阔、价值观越来越多元化。在这一环境下成长起来的企业员工往往非常关注自身的成长，并对个人价值和社会价值的双向成就有着强烈的期待。企业在组织开展志愿服务的过程中，一般都会将弱势群体作为主要的服务对象，致力于解决或缓解某一类社会问题，并为员工志愿者提供相应的志愿服务培训，以便更好地完成志愿服务目标。因此，企业志愿服务可以使企业员工直观感受到自己的服务意义与价值所在，在帮助别人的同时实现自我成长，获得成就感与满足感。

二、企业志愿服务的意义和价值

与其他类型志愿服务相比，企业志愿服务具有专业性、组织化等多方面优势，企业志愿服务可以通过融入国家发展大局、履行企业社会责任和推动员工实现个人价值等方面发挥重要作用，在社会层面、企业层面、员工层面都具有一定的意义和价值。

（一）社会层面的意义和价值

1. 参与社会治理，履行企业社会责任

在国际层面，志愿服务一直被视为实现和平与发展的重要途径之一，在助力全体人类和国家消除贫困、减少不平等与歧视现象等方面具有重要作用。在国内层面，党的十八大以来，在脱贫攻坚、乡村振兴、环境保护等国家重大战略布局中，志愿服务发挥着不可或缺的作用。企业作为重要的市场经济主体，可以通过开展企业志愿服务，积极响应国家号召，参与社会治理，解决社会问题，改善民生。

同其他志愿服务相比，企业志愿服务的专业性优势明显。企业可以通过提供经济、技术、人力、文化等支持，帮助解决社会问题，通过帮助有需要的人，为他们带来希望和温暖。企业志愿服务对于企业更好地履行社会责任，具有实质性意义。

2. 推动共同富裕，助力第三次分配

企业开展志愿服务是第三次分配的重要力量之一，对于推动实现共同富裕有着积极作用。党的十九届四中全会通过的《中共中央关于坚持和完善中国特色社会主义制度　推进国家治理体系和治理能力现代化若干重大问题的决定》首次明确提出:"重视发挥第三次分配作用,发展慈善等社会公益事业。"[1] 党中央首次明确第三次分配为收入分配体系的重要组成,确立慈善等公益事业在我国经济和社会发展中的重要地位。党的二十大报告提出"分配制度是促进共同富裕的基础性制度。坚持按劳分配为主体、多种分配方式并存,构建初次分配、再分配、第三次分配协调配套的制度体系""引导、支持有意愿有能力的企业、社会组织和个人积极参与公益慈善事业"。第三次分配区别于初次分配和再分配,主要是由高收入人群在自愿基础上,以募集、捐赠和资助等慈善公益方式对社会资源和社会财富进行分配,是对初次分配和再次分配的有益补充,有利于缩小社会差距,实现更合理的收入分配。

企业志愿服务可以充分整合自身业务优势、行业资源优势、人才优势,在乡村振兴、推动公共服务均等化、慈善募捐方面发挥更大作用,助力共同富裕的实现。

3.贡献服务时长,创造社会经济价值

志愿服务能够直接创造经济价值。企业志愿服务作为志愿服务的重要组成部分,自然也具有一定的经济价值衡量标准。和众泽益自2014年起每年参考国际通用的国民产值计算方法核算企业志愿服务小时数价值,即在国家统计局发布的城镇单位就业人均工资的基础上增加10%的额外福利,折算成以小时为单位的价值数。依据上述方法,2021年我国城镇单位就业人均工资为106837元/年[2],加上10%的额外福利,折算后得到人均小时数价值为58.76元。因此,2022年企业志愿服务

---

[1] 《中共中央关于坚持和完善中国特色社会主义制度 推进国家治理体系和治理能力现代化若干重大问题的决定》,新华社北京11月5日电,https://www.gov.cn/zhengce/2019-11/05/content_5449023.htm。

[2] 国家统计局:《2021年城镇非私营单位就业人员年平均工资106837元》,https://www.gov.cn/xinwen/2022-05/21/content_5691600.htm。

小时数价值为58.76元。由此可见，企业志愿服务与其他形式的劳动一样，是可衡量的，能够创造出巨大的社会经济价值。

4. 传递正能量，提高社会影响力

从宏观角度来看，发展企业志愿服务事业，是加强社会主义核心价值体系建设，推动社会文明、和谐、进步的重要举措，是创新志愿服务新形式、拓展志愿服务新领域、形成志愿服务新常态的重要内容。企业志愿服务对推进社会志愿服务，传播社会正能量，践行时代精神具有重要意义。

从微观角度来看，企业志愿服务是一种爱心传递的行为，企业志愿者在开展志愿服务的过程中，为需要帮助的个人或群体送去了温暖和关爱，将"奉献、友爱、互助、进步"的志愿服务精神传递给更多的人、影响到更多的人，从而鼓励更多的人加入志愿服务的行列中，实现了正能量的有效传播，提高了志愿服务的社会影响力。

5. 促进国际交流，响应"一带一路"倡议

2013年9月和10月，习近平主席在出访中亚和东南亚国家期间，先后提出共建"丝绸之路经济带"和"21世纪海上丝绸之路"（简称"一带一路"）的重大倡议。共建"一带一路"是国际合作以及全球治理新模式的积极探索，是共建人类命运共同体的重要举措，符合国际社会的根本利益，彰显人类社会共同理想和美好追求。2015年3月28日，国家发展和改革委员会、外交部、商务部联合发布了《推动共建丝绸之路经济带和21世纪海上丝绸之路的愿景与行动》，提出："鼓励本国企业参与沿线国家基础设施建设和产业投资。促进企业按属地化原则经营管理，积极帮助当地发展经济、增加就业、改善民生，主动承担社会责任，严格保护生物多样性和生态环境。"

志愿服务是企业履行海外社会责任及响应国家"一带一路"倡议的

重要方式，有助于走出国门的企业在所在国真正地留下来，真正地融入所在国的社会与民众中去。通过志愿服务这一易于理解以及更易令人接受的方式，中国企业可以尽显责任与担当，进一步获得所在国政府、民众以及媒体的认可，在国际社会讲好中国企业的责任故事，树立中国责任大国的正能量形象。

（二）企业层面的意义和价值

志愿服务是企业履行社会责任的重要方式，有助于企业迅速融入社区，通过响应与解决社区的需求，进而实现企业与社区发展的共赢。企业在开展社会服务的过程中，可以潜移默化地进行品牌形象的打造、企业文化的营造，获取所在社区的理解、信任与支持。此外，企业在开展志愿服务的同时，也能够创造一定的经济价值，推动企业形成良性的发展循环。

1. 构筑品牌形象，促进企业可持续发展

随着经济社会的发展，履行企业社会责任已经成为企业实现高质量发展的必然要求。在企业社会责任的范畴中，当地社区无疑是企业履行社会责任的重要利益相关方之一，在社区开展志愿服务是企业参与社区发展的重要途径。同时，企业志愿服务也具有文化中介的功能。企业志愿者作为"公司爱心大使"，可以将企业的文化理念，乃至产品服务等信息通过志愿服务进行广泛的传递，一方面展示了公司对社区的关怀与责任担当，另一方面也为公司在当地的发展打造了良好的市场环境、树立了良好的群众口碑。因此，对于企业来说，开展志愿服务可以有效优化经营环境、提升品牌形象，为企业实现可持续发展提供充沛的支撑。

2. 营造企业文化，提高企业内部凝聚力

组织实施企业志愿服务对于企业的自身发展有着重要意义。志愿服务能够提升员工的企业认同感与归属感,营造企业文化,加速团队融合,促进企业内部团结。社会认同理论认为,当个体认为他所在组织具有良好的社会声誉时,组织认同感也会提升。企业员工参与志愿服务时,往往会认为自己所在的企业有社会责任感,有人文关怀,从而提升对企业的组织认同感。员工对企业的组织认同感的不断提升,则能够进一步有效提升员工的工作绩效、增加员工的留任意愿,而稳定的人才储备无疑将成为企业发展的强劲动力。

3. 激发员工内生动力,创造企业经济价值

企业志愿服务不仅有助于企业的品牌和文化建设,也可以为企业创造经济价值。比如SAP非常重视企业志愿服务的发展,并针对企业志愿服务做了大量的调研研究,认为企业志愿服务可以有效提升员工敬业度指数,提升员工对公司的承诺、自豪、忠诚度以及愿意推荐公司的程度。研究计算得出,SAP提升1%的员工敬业度指数,运营利润提升3800万—4900万美元,利润提升,来自忠诚的员工往往更具创新能动性,并且请假时间较少,周转率高,减少培训花费。

一般而言,开展企业员工志愿服务的企业会普遍降低员工流失率,按照国际通用的标准,一个员工的流失会给企业造成大约5000美元的损失。因此,从通过开展志愿服务降低员工流失率这个角度来说,企业志愿服务不仅是企业单项的社会责任付出,更是企业的一种有效投资。

(三)员工层面的意义和价值

1. 享受助人乐趣,实现个人价值

根据马斯洛的需求层次理论,当一个人满足生理需求后,便开始追求满足社交、尊重、自我实现的需求。对于企业员工而言,志愿服务不但能够帮助他人、服务社会,还可以充实生活、享受助人的乐趣。与此

同时，企业员工提供志愿服务也是履行公民责任的重要方式，是一种积极承担公民义务的表现，有助于实现自我价值。

2.丰富人生阅历，扩大社会网络

对于员工个人而言，通过志愿服务，参与一些有意义的工作和活动，既可以学习到不同的文化和交往方式，加深对社会的认识，丰富人生阅历；又有助于扩大自己的社交网络，保持健康积极的生活态度，促进身心健康。此外，企业志愿服务还在企业员工之间搭建了合作交流的平台，在共同参与志愿服务的过程中，增强团队精神，增进工作友谊。

3.提高工作技能，提升领导力

志愿服务有助于提高员工的工作技能，提升领导力。志愿服务的策划、组织、实施等各个流程，都需要员工的直接参与，非常考验员工的沟通协调能力、筹款能力、统筹规划能力。对于员工来说，参与志愿服务不但可以吸收新知识、掌握新技能，更可以锻炼自己的综合能力、组织及领导能力，实现个人素质的整体提升。

第二节　企业志愿服务的基本概念和现状

一、企业志愿服务的基本概念

国务院颁布的《志愿服务条例》中明确说明："志愿服务"是指志愿者、志愿服务组织和其他组织自愿、无偿向社会或者他人提供的公益服务。企业志愿服务既是志愿服务的重要组成部分，也是企业履行社会责任的重要方式。无论是从解决社会问题的角度，还是从企业自身可持续发展角度来讲，企业志愿服务都有着举足轻重的作用，厘清企业志愿服务及其相关的基本概念，有助于更好地理解企业志愿服务并对其进行持续的观察研究。

(一)企业志愿服务

1. 企业志愿服务的定义

"企业志愿服务"又称"员工志愿服务"。国际上,波士顿学院企业公民中心(Boston College Center for Corporate Citizenship)将"企业志愿服务"定义为:企业组织员工利用时间、资源、技能为社区提供非营利、无偿、非商业的福利性服务。

本节将"企业志愿服务"界定为:由企业提供资助和项目支持,鼓励并允许企业员工参与,向社会或者他人提供的志愿服务。

2. 企业志愿服务的特点

近年来,中国的企业志愿服务发展迅速,成为一支不容忽视的重要力量。与其他类型的志愿服务相比,企业志愿服务有着非常鲜明的特点。

首先,企业一般会根据自身性质和特点,集中在某一方向和领域长期开展志愿服务,譬如阿里巴巴的"乡村振兴技术官计划"、复星的"乡村医生"、微软的"编程一小时"等。

其次,企业志愿服务的发起和实施主体是企业,由企业对整个活动进行统一组织并提供相关支持,而企业志愿服务的主要目标是履行社会责任、解决社会问题。因此,企业志愿服务通常要兼顾企业、社区、员工等多方需求,实现多方共赢,不仅要重点关注志愿服务受助群体的满意度,也要充分考量企业开展志愿服务所能够获得的价值。

(二)企业志愿者

1. 企业志愿者与其他类型志愿者的区别

企业志愿者具有双重属性。首先,从志愿服务角度出发,企业员工作为志愿者，具备个体属性；其次，从企业角度出发，员工作为企业的重要组成部分，具备一定的组织属性。这就决定了企业志愿者在参与志愿服务时有其特殊的组织因素。

第一，参与志愿服务时间不灵活。企业员工需以完成业务指标和工作职责为首要任务，工作任务占据了企业员工的大部分时间，部分员工在休息日还需兼顾家庭的需要，基本没有太多空余的时间参与志愿服务。据调查显示，尽管企业员工参与志愿服务的意愿强烈，但是他们属于比较难动员的群体。因此，不少企业如抖音、施耐德电气、微软、达能等均设立了企业志愿者日，保障志愿者可以带薪参与志愿服务，有效缓解了以上问题。

第二，具有更多的志愿服务优势。企业员工通常拥有特定的专业能力，有着丰富的从业经验以及社会人脉，可以创造更大的社会价值和经济价值。因此，企业志愿者通常具有更强的专业性、掌握更多的服务资源，同时也有着比较强的服务意愿。除了提供基础志愿服务，企业志愿者还可以提供技能、专业志愿服务，这是很多其他志愿者无法提供的。

2.企业志愿者与企业员工的联系与区别

第一，一般而言，企业志愿者是企业员工的一部分。几乎很少企业能够做到所有的员工都是志愿者，企业员工参与企业志愿服务的比例，即企业志愿服务参与率，是判断一个企业志愿服务发展水平的重要评价指标。

第二，随着企业志愿服务的发展，企业志愿者的范畴已经超越了企业员工这一范畴。企业可以通过联合开展、平台推广、社会发动等多种形式开展志愿服务，号召企业家属、退休或离职员工、合伙伙伴、顾客及社会大众共同参与。比如安利的企业志愿者大多是安利的销售伙伴，而不是企业的员工。再比如平安集团外部的合作伙伴参与企业志愿服务的比例非常高，从广义上讲，他们也属于平安集团企业志愿者的一部分。

（三）企业志愿者组织

1. 企业志愿者组织的定义

企业志愿者协会是企业志愿服务组织的重要形式，指的是由志愿从事社会公益事业的企业内部员工自发或在企业支持下成立的自组织。目前，大多数企业都没有设置专职岗位来负责志愿服务工作，而光靠兼职人员或项目临时抽调人员发动和开展员工志愿者项目是比较困难的。只有挖掘和组织一些志愿者积极分子、骨干成员建立企业志愿者协会或组织，才能有效满足企业开展大规模员工志愿服务活动的需求。按照是否在民政部门注册，企业志愿者协会可以分为注册的企业志愿者协会和非注册的企业志愿者协会。大多数企业志愿者协会由公司组织成立并管理，但并未在所在地民政部门备案注册。

2. 企业志愿者协会的建立方式

企业志愿者协会建立的方式包括员工自发成立、公司推动成立与两者结合三种类型。员工自发成立的志愿者协会由一群具有志愿服务精神的员工共同发起成立。而公司推动成立的志愿者协会则是秉承一定的理念，借助企业的组织和资源平台，汇聚员工志愿者的力量，由公司主导成立的。两者结合即"自上而下"与"自下而上"的方式共同推动成立。

二、企业志愿服务的现状

根据和众泽益《2019中国企业志愿服务发展报告》以及2022年和众泽益联合《南方周末》发布的《中国企业志愿服务品牌观察报告

2022》，总结梳理中国企业志愿服务现状如下。

（一）企业对志愿服务的认知越来越清晰，高度重视企业志愿服务的顶层规划

近年来，随着企业社会责任及ESG理念的认可与普及，企业纷纷制定自己的社会责任战略规划或ESG发展规划。企业志愿服务作为企业社会责任的重要组成部分，也获得了企业越来越多的关注。企业制定了明确的志愿服务战略规划，并将其纳入企业社会责任的整体考量之中。此外，企业对企业志愿服务在企业发展战略中的定位和作用有着清晰的认知，也为企业开展志愿服务提供了坚实的上层架构支撑。

根据最新调查结果，100%的企业都建立了明确的企业志愿服务战略规划；98%的企业在企业发展战略中对企业志愿服务进行了明确的定位。

（二）企业志愿服务的人员保障有所增强，但在资金支持、带薪假保障等方面还较为欠缺

根据最新调查结果，在人员保障方面，95%的企业设立了专门的管理部门或有专职负责志愿服务的工作人员。需要特别说明的是，专职负责并不意味着该部门或该员工只负责企业志愿服务工作，而是说企业志愿服务工作是该部门或该员工明确的工作职责，有具体的工作目标及相关考核。在资金支持方面，2021年志愿服务投入总额在100 000元以内的企业占比29%，总额在100 001—1 000 000元之间的企业占比42%，总额在1 000 001—10 000 000元之间的企业占比29%。此外，高达46%的企业制定了支持员工从事志愿服务的配比资金制度，但也有部分企业在这方面还没有建立相关制度保障。在带薪假方面，目前仅有34.1%的企业为员工提供志愿服务带薪假期，其中带薪假为1天的企业

占比最高，为 50%，带薪假为 1.5 天的企业占比 7.2%，带薪假为 2 天和 3 天的企业占比皆为 21.4%。在企业志愿服务日/周/月方面，已有 63% 的企业设立，比重达到半数以上。

（三）半数以上的企业成立了志愿者协会，建立了完整的志愿者协会组织构架和职责清晰的管理团队

企业志愿者协会是企业中一群志同道合的人以志愿者的身份结成的一个有着一定目标的联合体。可以由企业官方组织成立，也可以由员工自发组织创立，按照一定章程开展志愿服务活动。根据最新的调查结果，已经成立企业志愿者协会的企业占比为 60%，达到半数以上。在确立志愿者协会章程及相关管理文件，如志愿者活动的申请和审批流程等方面，有 59% 的企业已经开展了相关工作。63% 的企业已经建立了完整的志愿者协会组织框架和职责清晰的管理团队。

（四）企业重视志愿服务的高效管理，企业志愿服务信息平台的建设步伐加快

企业志愿服务信息平台是利用现代信息化技术，以互联网为基础，云服务器和各类联网设备为载体，搭建而成的信息化综合管理平台，可以实现志愿者的快速注册与日常管理，志愿服务项目的及时发布、组织及评价，促进企业志愿服务资源的智能匹配与实时对接，从而实现企业志愿服务的高效管理，提升志愿服务工作效率。

最新调查结果显示，61% 的企业内部已经建立了专门的企业志愿服务信息管理平台，但仍有 39% 的企业没有开展相关工作。

（五）企业志愿服务的文化传播渠道较为传统，对于新媒体等触达方式没有进行有效的充分利用

目前，企业在打造志愿服务文化、传播志愿服务实践方面稍显保守。88%的企业有相对完整的企业志愿服务介绍材料，并发布有独立的企业志愿服务报告或者在企业社会责任报告、ESG报告里有对应的企业志愿服务的内容，同时也都开展了面向利益相关方的志愿服务传播活动。

但在新媒体时代，企业在微信、微博、抖音、快手等更加多样、更加便捷高效的传播资源的利用方面，还非常欠缺。根据最新调查结果，61%的企业建立了内部的企业志愿服务宣传平台，如网站或者小程序等；68%的企业会在企业官微、微博官号、视频官号（抖音、快手、微信视频号、B站等）中定期传播企业志愿服务的内容，但仅有9.8%的企业在微信、微博、抖音、快手等渠道开通了独立的企业志愿服务传播账号，企业志愿服务传播的独立性与企业的重视程度都有很大的提升空间。

（六）相当一部分企业克服疫情的不利因素，在志愿服务活动绩效、时间贡献、志愿者注册率及参与率方面均有所进步

近年来，由于新冠肺炎疫情的影响，部分企业在组织实施志愿服务活动时非常受限，导致了相关绩效指标的表现不够理想。但同时，也有非常多的企业努力克服疫情不利因素，通过开展线上活动等多样化的形式，保证了企业志愿服务的顺利开展。

根据最新调查结果，在2021年度志愿服务活动次数方面，79.4%的企业开展的志愿服务活动次数在1—100之间，志愿服务活动次数在101—1000之间和1001—10 000之间的企业比例皆为10.3%；在

2019—2021年志愿服务活动次数的年度增长率方面，21%的企业增长率在1%—10%之间，37%的企业增长率在11%—100%之间，11%的企业增长率达到了101%—300%，另外还有31%的企业在志愿服务活动方面是负增长。

在2021年度志愿服务活动员工参与人次方面，13.3%的企业员工参与志愿服务活动的人次在1—100之间，40%的企业员工参与志愿服务活动的人次在101—1000之间，30%的企业员工参与志愿服务活动人次为1001—10 000，13.3%的企业员工参与志愿服务活动的人次为10 001—100 000，3.4%的企业员工参与志愿服务活动的人次为100 001以上；在2019—2021年员工参与人次的年度增长率方面，25%的企业年平均增长率为零，30%的企业年平均增长率在1%—10%之间，35%的企业年平均增长率在11%—100%之间，10%的企业年平均增长率达到了101%—700%。

在2021年度企业志愿服务时间贡献方面，32.2%的企业志愿服务总时长在100—1000小时之间，39.3%的企业志愿服务总时长在1001—10 000小时之间，21.4%的企业志愿服务总时长在10 001—100 000小时之间，7.1%的企业志愿服务总时长在100 001小时以上；在2019—2021年志愿服务时长年平均增长率方面，26%的企业年平均增长率为零，26%的企业年平均增长率在1%—10%之间，37%的企业年平均增长率在11%—100%之间，11%的企业年平均增长率在101%—500%之间。

在企业员工志愿者注册率方面，截至2021年12月31日，20%的企业注册率在1%—10%之间，35%的企业注册率在11%—50%之间，45%的企业注册率在51%—100%之间；在企业员工志愿者参与率方面，17.4%的企业参与率在1%—10%之间，26.1%的企业参与率在

11%—50%之间，56.5%的企业参与率在51%—100%之间。

（七）基础志愿服务仍然是企业志愿服务的主要服务领域，与此同时，技能志愿服务和专业志愿服务将成为未来的重要发展方向

从企业志愿者提供的服务内容看，基础志愿服务仍然是企业志愿服务的主要服务领域，但是技能志愿服务和专业志愿服务比例有很大提升。最新调查结果显示，企业志愿者绝大多数参加过基础志愿服务，如植树、关爱或看望弱势儿童等，这一比例高达77.3%。此外，有38.3%的志愿者参加过技能志愿服务，利用自己的专业技能，如IT、财务、法务、语言等，或是在企业的专业领域，如理财、健康医疗等领域，为有需要的群体提供相关服务。还有部分志愿者参加过专业志愿服务，用某一领域专业知识和经验帮助公益组织解决发展需要的服务，如为公益组织提供专业服务、市场战略支持、网络推广支持或担任公益组织理事等，比例达到34.75%。例如强生（中国）将3D专业技术引入公益项目中，组织企业志愿者无偿为需要辅助器具的残障儿童提供定制3D打印义肢，运用新科技为残障儿童康复和成长提供帮助和支持，产生了良好的社会反响。

同其他志愿服务相比，企业志愿者通常具备更强的专业技能和更丰富的资源，专业优势明显，技能志愿服务和专业志愿服务将是企业志愿服务的重要发展方向。

（八）企业志愿服务评估意识有待加强，难以为企业志愿服务的改进和优化提供科学有效的反馈

企业志愿服务评估是指企业运用科学和系统的方法，对企业志愿服务整体工作是否按照预期计划进行动态监督与静态总结考评。具体可以细分为内部管理的评估、项目评估、过程评估、绩效评估、品牌建设评

估、社会影响力评估等等。企业志愿服务评估可以系统客观地评价相关工作开展的规范性、有效性，真实客观地反映企业志愿服务所产生的社会影响，帮助企业及时复盘，着手工作改进，提升服务成效，提升企业志愿服务品牌的社会公信力及美誉度。

但从最新的调查结果来看，企业普遍缺乏对志愿服务工作的评估和改进意识。2021年仅有31%的企业进行了志愿服务项目影响力评估，44%的企业进行了年度志愿服务的整体评估，41%的企业进行了志愿服务品牌工作评估，评估工作的缺失与不足将直接影响企业志愿服务开展的情况、成效及后续的工作改进。

第三节 企业志愿服务的发展阶段和开展方式

一、企业志愿服务的发展阶段

总的来看，企业志愿服务的发展共包含三个阶段，分别是员工适应期、持续服务期以及企业项目期。为了保障企业志愿服务的顺利发展，每一阶段，企业都有相应需要注意的事项。

（一）员工适应期

企业志愿服务的第一个阶段是员工适应期，这是企业志愿服务的初始阶段。该阶段对志愿者专业能力要求不高，对活动是否持续开展也没有具体要求。该阶段有两大特点：一是重在培育企业的志愿精神和氛围。企业通过组织员工参与志愿服务，让员工体验志愿服务带来的成长和快乐，萌生关爱他人的想法，生成主动服务的意愿，提升社会责任感和使命感。二是企业逐渐熟悉志愿服务活动开展的具体流程，熟知企业志愿服务的领域，尝试寻找到适合企业的活动模式和特点。目前，中国大部分企业志愿服务处于这一阶段。

在此阶段，企业志愿服务主要在重大节日期间举办。例如：每年的3月5日学雷锋日，很多企业会组织员工看望流动儿童、陪伴孤寡老人等；每年的植树节，部分企业也会组织员工参加植树活动，助力环保。这一阶段需要注意的事项包括三点：发掘企业内部志愿者团队、做好志愿者注册工作、为员工提供合理的服务预期。

1. 发掘企业志愿者团队

首先，作为企业志愿服务的实施主体，企业在这一阶段需要注意发掘志愿者团队。可以通过三种方式来实现，分别是自上而下、自下而上以及上下结合的方式。"自上而下"指的是由公司主导发起内部招募，鼓励员工积极参与，并寻找其中的领袖人物和积极分子，将其作为志愿者团队的重要人选。"自下而上"即公司员工主动参加志愿者活动，并发动具有志愿服务精神的员工一起参与，最终影响到公司高层。而"上下结合"的方式适合于公司领导足够重视、员工也较为积极的企业，可以发挥各自优势，共同组建志愿者团队并合力设计志愿服务活动。三种方式无优劣之分，需要企业结合自身特点选择相应的方式。

2. 做好志愿者注册工作

企业在这一阶段需要为志愿者员工进行注册。2017年12月1日实施的国务院《志愿服务条例》第十九条规定：志愿服务组织安排志愿者参与志愿服务活动，应当如实记录志愿者个人基本信息、志愿服务情况、培训情况、表彰奖励情况、评价情况等信息，按照统一的信息数据标准录入国务院民政部门指定的志愿服务信息系统，实现数据互联互通。和众泽益发布的《2019中国企业志愿服务发展报告》显示，目前我国存在大量的企业未进行员工志愿者注册。志愿者注册工作是今后员工志愿服务过程记录以及内部激励的基础，没有志愿者注册，就无法有效统计员工参加志愿服务的时长与次数，也无法对优秀志愿者进行有效激励。因此，企业应当认识到为员工进行志愿者注册的重要意义。企业注册志愿者有两种方式，即线下人工记录和线上电子平台记录。如今，互联网越来越发达，线上记录的方式也从简单的表格转变为较为成熟的志愿服务平台，而这也成为多数企业优先选择的一种记录方式。

3. 为员工提供合理的服务预期

企业志愿服务的定位要准确，企业在这一阶段需要引导并为员工提供合理的服务预期。一次的志愿服务活动不会为服务对象带来根本性的改变，因此在拟写志愿服务招募通知时，企业需结合实际，合理阐述活动预期，避免过度感性，夸大服务成效，防止员工因服务预期和现实间的落差太大而丧失日后参与活动的积极性。

（二）持续服务期

持续服务期即企业志愿服务的相对成熟期。企业在开展了一定时间的志愿服务活动后，开始尝试将志愿服务向长期化、系统化的方向推进，针对某一个社会问题或某一类特定的社会群体，开展持续性的志愿服务活动，以期获得更好的活动成果。

该阶段主要有两个特点：首先，企业通常采用"企业＋社会组织＋社区"三方合作的模式，即企业一般会选择与专业的第三方组织合作，寻找并连接长期的社区服务基地。其次，企业会针对社区居民的自身需求设计并定期开展活动，与社区居委会建立长久的关系，持续性融入社区服务当中。企业在这一阶段选择的社区往往是运营所在地周边的社区或者客户所在的社区。

这一阶段需要注意的事项包括四点：选择较为专业且合适的第三方

社会组织，挑选合适的社区服务基地，建立三方合作的机制，设计有针对性的志愿服务活动。

1. 选择合适的第三方社会组织

在志愿服务方面，第三方社会组织拥有更加专业的服务团队，积攒了更多真正需要帮助的社区和学校资源。因此，企业要想扩大活动开展范围，对接到真正需要服务的社区，需要选择专业的第三方社会组织并与之进行合作。那么，如何进行社会组织选择？第一，企业可以通过网上搜索的方式筛选出合适的机构，然后针对性地浏览所选机构的官网、微信公众号等平台，最终主动联系较为满意的机构，商谈合作意向。第二，企业领导可以通过好友推荐、咨询交流等方式，与服务口碑较好的社会组织开展合作。

2. 选择合适的社区服务基地

进入持续服务期，企业首先需要挑选合适的社区服务基地并与之建立长期的合作关系。一般而言，企业可以选择公司周边的社区或公司产品辐射到的社区。若在公司周边的社区选择，公司可以联系所在地较为知名的社会组织，让其对公司服务需求与社区需求进行匹配，最终选择匹配度较高的社区。而公司产品辐射到的社区一般涉及范围广泛，可以联系全国性的甚至国际的社会组织，帮助连接合适的社区服务基地。公司可针对选择的社区进行实地走访，最终确定开展服务的社区。

3. 建立内部协调合作机制

这一阶段企业开展志愿服务活动会选择"企业＋社会组织＋社区"的模式。在此模式下，开展志愿服务需要企业、社会组织和社区三方合力完成。企业需要建立内部协调合作机制，确定企业志愿服务的内部负责人，明确企业志愿服务的方向，明确企业在志愿服务活动中的角色和任务，有效把控企业志愿服务的成效。

4. 创新活动类型

在此阶段，企业开展志愿服务有了一定的积累，需要利用第三方组织的力量为其设计更具创意的志愿服务活动，企业志愿服务活动类型不能仅仅局限于"为老人包饺子、外出植树、垃圾捡拾"等大众化的活动，而应结合社区需要，设计特定主题的大型活动，如由乐施会举办的毅行者大型远足筹款活动等。与此同时，在设计活动时也需考虑到不同类型员工的特点，如针对企业工厂的蓝领工人，需考虑轮换班的特点来设计活动，鼓励蓝领工人积极参与员工志愿服务活动。

(三)企业项目期

企业志愿服务逐渐规范化、长期化之后，就进入了项目期。这一阶段企业将充分认识到志愿服务对于企业履行社会责任的价值，将其作为企业社会责任实践的重要组成部分。企业志愿服务与企业社会责任、企业品牌、企业文化充分结合在一起。企业结合内部发展战略，在人力、物力、资金和技术等方面为员工志愿服务提供有力的支持，并建立企业志愿者协会，促使参与志愿者活动的员工高度认同企业文化，增强凝聚力和团队协作能力，推动协会的独立运作，致力于将企业志愿服务打造成企业的公益品牌。

这一阶段的重要特点是企业开始有意识地选择和设计符合本企业价值观和业务的长期项目，企业的志愿服务项目既是企业文化的有效载体，又是满足社会需求、体现企业责任感的有效途径，同时还可以提升员工的个人能力，增强员工的团队归属感，一举多得。

这一阶段需要注意的事项包括四点，分别是多方沟通明确企业社会责任战略、确定企业志愿服务协会的人员配置并制定相应规章制度、建立企业志愿服务的支持体系、注重对企业志愿服务进行总结和评估。

1.明确企业社会责任战略

进入企业项目期,企业开始将开展企业志愿服务与企业社会责任战略、企业品牌打造充分地结合在一起。企业社会责任战略的制定为企业开展志愿服务提供了具体的方向和指导。因此,需要企业高层充分沟通,结合企业发展战略制定出企业社会责任发展战略及企业志愿服务愿景和目标。只有方向明确了,才会设计出合适的企业志愿服务项目。

2.进行人员配置,制定相应制度

在这一阶段,企业将开展志愿服务作为践行社会责任的重要方式,通常会建立员工志愿者协会。但更重要的是,在建立志愿者协会之后,需要进行合理的人员配置并制定相应的规章制度。人员配置方面,一般由公司高层领导作为协会理事长,由积极活跃的优秀员工志愿者作为实际领导者和执行者。依据企业实际情况,可以建立各地志愿者协会分会,并由总部协会进行统筹管理。而制定的制度也需涵盖多方面内容,包括志愿者组织章程、架构和分工职责,志愿者项目的申报流程,财务的申请、审批和报销流程,志愿者的注册管理,志愿者的评估和激励等方面的规章制度,以保障员工志愿者协会的正常运行,避免企业志愿者协会出现有名无实的情况。

3.建立企业志愿服务支持体系

在此阶段,企业需秉持以志愿者为组织主体,企业其他相关部门共同支持的志愿服务理念。在志愿服务活动的设计开展过程中,企业志愿者需要充分发挥自己的主观能动性,而公司其他部门需要在人力、物力、资金、技术等方面为员工开展志愿服务提供支持。只有这样,才能确保企业志愿服务的可持续发展。除此之外,企业还可以通过设计具有吸引力的内部激励政策,鼓励员工参与志愿服务项目,如为员工提供带薪志愿服务假期、召开志愿者年会对优秀志愿者进行表彰和绩效加薪等。通过多种方式，营造企业内部员工积极参与志愿服务的良好氛围，增强员工归属感和自豪感。

4.对企业志愿服务进行总结和评估

当企业志愿服务进入项目化发展阶段之后，定期进行企业志愿服务的总结和评估非常必要，也是非常重要的。这样做首先能帮助企业发现问题，从而不断提升志愿服务质效；其次可以真实反映志愿服务活动效果，有助于提高员工志愿者的自身认可度和成就感；最后可以将其作为企业践行社会责任的成绩单面向社会公开发布，提升企业品牌影响力，为企业赢得良好的口碑。因此，企业有必要结合实际，选择具有公信力的第三方社会组织，对企业开展的志愿服务项目进行有效评估，并将评估内容通过年度企业社会责任报告进行信息披露。

二、企业志愿服务的开展方式

不同企业、不同行业对志愿服务认知迥异，企业开展志愿服务也包含多种方式。总体来看，按照合作方式划分，企业志愿服务分为独自开展模式、联合开展模式、搭建平台模式和行业推动模式；按照依托主体划分，企业志愿服务分为志愿者协会促进模式、基金会推进模式、部门管理发展模式。

（一）按照合作方式划分

1.独自开展模式

独立开展模式即企业内部自己组织开展，以企业员工为主体的志愿服务。企业在志愿服务活动过程中不需要第三方支持，也没有选择其他合作方。

2.联合开展模式

联合开展模式是指企业联合消费者、经销商、供应商等利益相关方共同开展志愿服务，这样既扩大了活动的参与方，也可以为活动带来更大的社会关注度和影响力，同时还有助于提升利益相关方对公司的认同，维护企业与利益相关方的良好关系。

3.搭建平台模式

搭建平台开展企业志愿服务，一般是指企业对某种行为改善活动的策划或实施，以行为改善为中心。此时，参与志愿服务的主体已经不限于企业自身员工、利益相关方，而是社会大众共同参与。这种模式下开展的项目一般社会影响力会更大。

4.行业推动模式

推动企业志愿服务的发展，很关键的一点就是要推动企业志愿服务氛围的整体打造。越来越多的企业成立了志愿服务队伍，通过统筹企业志愿服务资源，带动更多企业参与到志愿服务中来，进而成立企业志愿服务联盟或企业公益联盟，让有志于开展志愿服务的企业不再是孤岛。可以通过联盟寻找社会资源的支持，与其他企业开展交流、学习等互动，最终实现企业志愿服务的整体深化发展。

（二）按照依托主体划分

1.志愿者协会促进模式

志愿者协会促进模式是指企业通过成立专门的志愿者协会来组织和开展企业志愿服务活动。不少企业正在筹备或已经成立志愿者协会来组织开展企业志愿服务活动，其中既有外资企业，也有国有企业，还有不少民营企业。企业可以通过组建志愿服务组织或志愿者协会，不断提高自身志愿服务的组织化和规范化水平。

2. 基金会（或基金）推进模式

基金会（或基金）推进模式是指由基金会（或基金）支持企业成立志愿服务组织，并拨付资金支持志愿服务活动开展。该模式下的志愿服务组织通常没有明确的章程和组织架构，其活动由基金会（或基金）进行管理，在活动过程中所需要的人员、资金、制度等保障通过基金会（或基金）来实现。

3. 部门管理发展模式

部门管理发展模式即由企业内部的相关部门，如企业可持续发展部、企业社会责任部门或相关部门专员来负责志愿服务活动的组织和开展。SAP中国志愿服务的组织和开展实际是由企业社会责任管理委员会负责统筹和协调，其志愿管理架构最上层就是由4位中国区最高层及全球企业社会责任领导组成的企业社会责任管理委员会；其次是人力资源、法务、财务各职能部门相关负责人组成的领导小组负责推进战略；再次是运营团队，包括组织部、项目部、传播部、财务审计部等；最后落实到企业在各城市的办事处，由他们来执行具体的志愿者活动。

本章小结

随着我国志愿服务事业整体发展的蒸蒸日上，企业志愿服务在志愿服务领域迅速成长起来。这既是外部环境对企业履行社会责任提出的客观要求，也是企业实现自身高质量发展的主观选择。中国企业的志愿服务较西方来讲，起步较晚，但发展较为迅猛，在吸收了国际企业志愿服务先进经验的基础上，又结合中国国情和经济社会发展的现状，走出了一条具有中国特色的专业化、组织化、制度化的发展之路。虽然我们已经取得了一定的成绩，但同时也要认识到中国企业志愿服务的未来还有很长的路要走，有待进一步完善企业志愿服务的组织架构、制度体系，提升企业志愿服务活动的项目管理水平，打造具有一定国内影响力乃至国际影响力的企业志愿服务品牌项目。

案　例

国家电网的企业志愿服务

一、国家电网公司介绍

国家电网有限公司是由中央直接管理的国有独资公司，成立于 2002 年 12 月 29 日，注册资本 8295 亿元，以投资建设运营电网为核心业务，是关系国家能源安全和国民经济命脉的特大型国有重点骨干企业。公司经营区域覆盖我国 26 个省（自治区、直辖市），供电人口超过 11 亿。公司建成特高压工程 33 项，专利拥有量持续位居央企第一，是全球技术水平最高、配置资源能力最强、并网装机规模最大、安全运行时间最长的交直流混联特大型电网。

二、国家电网企业志愿服务管理

电网为千家万户提供"普遍服务"，具有"强物理链接""刚性需求"的行业特性。在供电服务中，职工需要深入乡村社区，走街串巷、登门入户，面对面和群众打交道，在开展志愿服务上具有独特优势。国家电网公司注重挖掘自身优势，积极拓展电力延伸服务，丰富志愿服务内容，优化志愿服务手段，助力国家基层治理。

国家电网在企业志愿服务的管理推进中，不断强化党建引领，夯实基层基础，持续提升志愿服务组织力和凝聚力。

一是明责任，强化组织领导。把志愿服务工作写入年度精神文明建设工作要点，形成重点项目台账清单，推动志愿服务各项任务落地落实。构建党组（党委）统一领导、党政工团齐抓共管、职能部门共同参与、公司上下协同联动的工作格局，发挥各级精神文明建设指导委员会及其办公室作用，加强对志愿服务的工作指导、联络协调。

二是强队伍，壮大服务力量。建成4900余支共产党员服务队，出台管理办法，发布服务公约，把志愿服务作为党员服务队的重要职责，试点推出《建立党员下沉社区、服务群众长效机制的实施意见》等制度办法，引导11万服务队队员发挥骨干作用。设立青年志愿者服务总队，建成4000余支青年服务队，构建"总队—分队—小组—志愿者"多层次组织体系，出台《青年志愿者标识及其应用规范》，探索"爱心积分""一人一档"管理模式，推动志愿服务成为青年岗位实践、成长成才的重要平台，打造形成国内规模最大的企业青年志愿团体。

三是建阵地，织密服务网络。以电力营业厅、乡镇供电所、便民服务点等一线服务站点为主体，建成新时代文明实践基地（站、所、点）371个。加强与地方政府共建共享，打造"电力光明驿站"，实行"社区吹哨、服务队报到""马上到、马上修、马上好"等网格化服务模式。

三、国家电网企业志愿服务特色

国家电网注重发挥服务贴近群众、联系千家万户的行业优势，创新方法载体，以供电服务为依托，持续拓展电力延伸服务，提升志愿服务感召力影响力。

一是活动常做常新，实现从"一阵风"到"天天见"。把志愿服务融入日常、化作经常，推动活动能持续、见实效。连续20年开展"青春光明行"志愿服务活动，利用"3·5学雷锋日""12·5国际志愿者日",集中开展青春光明行"电宣传""电学堂""电暖乡村"等行动,主动上门为孤寡老人、残疾人、留守儿童等特殊群体提供爱心服务,广大志愿者累计下沉社区农村 2.3 万个,帮扶村民、贫困户 16 万户,捐献物品 14 万余件。近年来,公司年均组织爱心志愿活动 18 万余次、帮扶群众超过 30 万人次。

二是项目求实求效,实现从"碎片化"到"规模化"。在志愿服务工作中引入工程管理思维,创新实施"示范、重点、储备"三级项目管控模式,选取志愿服务重点方向,通过"立项—实施—评估—推广",确保启动时有方案、过程中有管控、完成后有反馈。公司系统探索创新"电亮黑楼道""电力好邻居""电爱心灯""电雷锋"等一大批具有电网特色的生动实践,赢得社会各界广泛关注和赞誉。

三是典型示范带动,实现从"一盏灯"到"满天星"。着力从爱心志愿者中发掘选树先进典型,持续开展"国网楷模""最美国网人"表彰,积极推荐道德模范、最美志愿者、中国好人,讲好志愿者故事、传递志愿者声音。同时,注重发挥重大先进典型作用,推荐他们担任志愿服务平台、队伍负责人,带头参与志愿服务、传播志愿精神,以个体先进带动群体先进,以个人影响力反哺滋养志愿服务。

四、国家电网企业志愿服务实践

国家电网坚持把志愿服务作为打造铁军队伍、履行央企责任的重要载体,主动服务重大发展战略、主动承担急难险重任务,激发志愿服务的价值创造,持续提升志愿服务驱动力贡献力。

一是服务乡村振兴。巩固优化传统服务,探索"村网共建"服务模式,由乡村委派电力联络员、台区经理担任电力网格员,协同开展电力便民服务,积极帮扶村办企业、高标准农田建设项目解决用电需求,举办电力知识科普、电力技术培训，实施用电"义诊"，提升农村地区供电保障和普遍服务水平。在关键农时节点，组建无人机共产党员服务队，调集照明设备和发电机，为夜间小麦抢收提供照明，切实解决农户急难愁盼问题。积极服务民族地区发展，派出驻新疆策勒县"访惠聚"驻村工作队，开展"民族团结一家亲"活动，与驻村点100户村民结为亲戚，帮助9134名贫困户脱贫摘帽。与中国乡村发展志愿服务促进会合作开展"光明帮扶·白内障复明"行动，资助460名白内障患者重获光明。

二是赋能基层治理。将志愿服务有效融入基层社会治理，打造"矛盾化解在基层、专业服务到家门"枫桥式供电所服务模式，选聘业务过硬、经验丰富的台区经理组成"电力老娘舅"志愿队伍，主动帮助群众化解邻里间的涉电矛盾，解决居民表后电力设施维修不便等问题，有效减少了用电投诉和基层群众矛盾纠纷。积极拓展电力延伸服务，充分挖掘电力大数据价值，发布复工复产指数和小微企业景气指数，服务200余家政府机构、近万家企业；推出"独居老人关爱"服务，动态识别空心村变化趋势，开展脱贫户返贫风险监测预警，覆盖15个省份1605万人，有力服务政府决策和基层治理。

三是助力大战大考。组建以党员、志愿者为骨干的电网铁军，积极参与防疫宣传、排查治理、综合保障等服务，创造了三天三夜为雷神山医院通电、五天五夜为火神山医院通电的"国网速度"，筑牢疫情防控的光明防线。在雅安6.1级地震、河南特大暴雨、东北雨雪冰冻、川渝极端高温等自然灾害发生后，公司广大志愿者逆行出征，冲锋在受损线路和设备恢复的最前沿，第一时间恢复供电，保障受灾群众生产生活用电需要，生动展现了人民电业为人民的责任担当。

▲案例分析题

1. 国家电网企业志愿服务的管理特色是什么？

2. 国家电网在开展企业志愿服务的过程中采取了哪些创新的思路或办法？

3. 国家电网的企业志愿服务可以为其他企业开展相关工作带来哪些启示？

▲本章思考题

1. 如何理解企业志愿服务发展的必要性与重要性？

2. 我国企业志愿服务发展的现状及面临的主要问题有哪些？

3. 企业开展志愿服务的不同方式及优缺点有哪些？

第九章

社区志愿服务

第九章 社区志愿服务

1. 掌握社区志愿服务的含义、特征与价值意义。
2. 了解社区志愿服务的产生背景和发展过程。
3. 理解社区志愿服务的运行机制与流程。
4. 了解新时代文明实践。

●新时代社区志愿服务的发展服务党和国家的工作大局，是建设社会主义现代化国家，满足人民日益增长的美好生活需要的重要环节，进一步完善志愿服务制度和工作体系，实现社区志愿服务的制度化、信息化、社会化、专业化和常态化，推动我国社区志愿服务事业高质量健康发展。本章围绕社区志愿服务展开，主要介绍社区志愿服务的含义与特征、社区志愿服务的产生背景，并介绍我国社区志愿的发展历程以及社区志愿服务发展至今的状况，针对社区志愿服务做出详细介绍。社区志愿服务作为社会服务的重要内容，对于当今时代社会治理现代化发展具有重大意义，并且有助于推进社区志愿服务事业，有利于促进社会和谐发展。

第一节　社区志愿服务的含义、特征与价值意义

一、社区志愿服务的含义与特征

社区志愿服务是助力政府提供更全面的社区服务，创新社区治理和提升治理效能的重要载体。当今，社区志愿服务已然是加强社区治理体系和治理能力现代化建设的重要力量。无论是疫情时期还是后疫情时代，社区志愿服务都是新时代社区治理体系中的重要内容。

（一）社区志愿服务的概念

社区志愿服务无疑是最具中国特色的志愿服务场景之一。社区是社会的基础单元，是国家治理的根基。社区服务是实现国家治理体系和治理能力现代化的基础工程。由"社区"和"志愿服务"两者结合形成的"社区志愿服务"，其价值也突破了其他类型志愿服务所有的公益性，成为基层社会治理的一种有效手段，有利于加强和完善社区治理体系，在改善公共服务、增进社区认同、确保社会安定有序推动社会和谐发展方面具有积极意义。

关于社区志愿服务的内涵，国内学界和官方都没有统一的界定。根据2017年国务院颁布的《志愿服务条例》关于"志愿服务"的内涵，"社区志愿服务"是指基于本社区的志愿者、志愿服务组织和其他组织自愿、无偿向社区或者社区居民提供的公益服务。

国内学者龙菲（2024）认为社区志愿服务是"以社区为依托，以社区公共服务为主要领域，充分运用社区资源，围绕居民个人、家庭的生产生活基本需求以及社区公益事业而开展的志愿服务"。

社区志愿服务是指社会组织和个人自愿贡献自己的时间和精力，为社区居民尤其是为困难群体和社区公益事业提供帮助或服务的行为（黎付林、覃青作，2012）。

社区志愿服务是指社区内志愿者利用自身的资源，参与社区的各项服务、公益活动，并在此基础上逐步参与社会上的各类志愿服务活动，为社区居民、社会提供公益性、非营利性的服务（武志芳、张勤，2012）。

按照民政部2005年10月发布的《关于进一步做好新形势下社区志愿服务工作的意见》（民发〔2005〕159号），社区志愿服务指的是"社会组织和个人自愿用自身的时间、技能等资源，在社区为居民和社区慈善事业、公益事业提供帮助或服务的行为"。社区志愿服务传递着"奉献、友爱、互助、进步"的志愿者精神，是社会文明进步的直接体现，代表着社区的精神风貌，同时也反映着社区治理的水平。大力发展社区志愿服务，不断加强社区志愿者队伍建设，对提升社区治理水平具有十分重要的意义。

综上，本节认为社区志愿服务指的是通过自愿参加社区服务活动，为社区居民提供各种形式的支持、帮助、服务和建议的行为。在我国志愿服务事业发展中，社区志愿服务是具有鲜明中国特色的一种类型。社区志愿服务在基层社会治理中发挥了服务居民、维护稳定、促进和谐的作用，是城乡社区治理文明水平提升的重要标志。

（二）社区志愿服务的特征

社区志愿服务是社区发展和社会进步的重要组成部分，具有以下特征。

1. 自愿性

社区志愿服务是自愿参与的行为，没有强制性要求。志愿者自愿选择参与，并根据自己的兴趣和能力来选择服务项目。这种自愿参与的机制，不仅增强了志愿者的成就感和满足感，也大大提升了社区服务的效果和效率。同时，自愿性还体现在志愿服务的灵活性上，志愿者可以根据自身情况灵活安排服务时间，做到工作、学习和志愿服务三者的有机结合。

2. 非营利性

与营利性服务不同，社区志愿服务的目的不在于获取利润，而是出于对社区的关心和责任感，为社区的发展和居民的福祉贡献自己的力量。非营利性的社区志愿服务通常由志愿者组织或社区组织发起和组织，他们不追求经济利益，而是以提供帮助和服务为目的。志愿者可以通过无偿的时间付出和努力，为社区居民提供各种服务，如义务教育、老人陪护、环境整治、社区活动组织等。非营利性的社区志愿服务对社区的发展和居民的福祉有着积极的影响。

3. 公益性

社区志愿服务的目的是社区的利益和发展，关注社区居民的需求和福祉。志愿者通过自己的行动，为社区居民提供各种形式的帮助，促进社区的发展和进步。这种公益性服务在增强社区凝聚力的同时，也有助于培养志愿者的社会责任感和公民意识，使他们在服务他人的过程中获得成长和满足。公益性不仅体现在服务内容的广泛和多样，还体现在其对社区整体发展的积极推动作用。志愿者们的努力和奉献，为社区的和谐稳定和可持续发展提供了重要支持，真正实现了服务社区、造福居民的目标。

4. 参与性

社区志愿服务是广泛参与的活动，不仅仅是个别人或组织的行为。社区居民、社区组织、学校、企业等各个方面都可以参与其中，形成一个共同合作的网络。首先，社区居民是社区志愿服务的重要力量。其次，社区组织如社区委员会、居民协会等在志愿服务中发挥着重要的组织和协调作用。企业在社区志愿服务中也扮演着重要角色。许多企业通过设立企业志愿者团队，积极参与社区建设活动，履行企业社会责任。通过各方的共同参与，社区志愿服务形成了一个庞大的合作网络。

5. 多样性

社区志愿服务的形式和内容多种多样，可以包括教育培训、环境保护、健康咨询、文化活动等多个领域。志愿者可以根据自己的兴趣和专长选择适合自己的服务项目，最大限度地发挥个人优势。通过多元化的服务形式，社区志愿服务不仅满足了不同人群的需求，也增强了社区的凝聚力和发展活力，使每一个社区成员都能在这个大家庭中感受到温暖和关爱。

6.持续性

社区志愿服务是一个长期的过程，需要志愿者的持续参与和支持。志愿者不仅仅是在特定的时间和地点提供服务，而是要与社区居民建立起长期的合作关系，共同推动社区的发展。社区志愿服务的含义和特征，使其成为社区发展和社会进步的重要力量。

通过志愿者的参与和付出，社区居民可以得到更多的帮助和支持，社区的凝聚力和社会和谐度也得到增强。志愿服务也可以促进志愿者的个人成长和发展，提高他们的社会责任感和公民意识。

二、社区志愿服务的价值与意义

（一）社区志愿服务的价值

随着新时代社区治理体系和治理能力现代化建设的不断推进，社会治理重心向基层、社区下移，社区志愿服务所彰显出的价值作用也越来越立体，主要可以从个人层面、组织层面和社会层面三个维度来进行简要分析。

1.个人层面的价值

社区志愿服务是在"奉献、友爱、互助、进步"的志愿精神驱动下自愿无偿的公益服务。志愿者服务动机是利他且利己的，这也是志愿精神中"互助"的内涵表现。因而，社区志愿服务个人层面的价值体现也是利他且利己的。利他是指志愿者认为志愿工作能够帮助有需要的人，促进社会文明进步，是自己应尽的公民责任；利己是指志愿者在服务他人和社会的同时，自己的身心得到极大满足。比如感觉身心愉悦，生活更有意义，更加肯定自我，甚至认为可以拓展社会交往，增加人脉资源，发挥自身优势，提升自我价值，增强社会实践能力，得到更多成长机会，丰富人生阅历，增加幸福体验等，这些都是志愿服务的回报。

2. 组织层面的价值

社区志愿服务组织层面的价值可以从三个视角来看。一是从政府组织的视角来看：社区志愿服务可以弥补政府公共服务供给的不足，为社区居民提供更多切合实际民生的供给服务。服务内容包括便民、敬老、帮困、科普、助医、助学、助残、就业、维权、应急救援、法律援助、心理疏导等。社区志愿服务是推进服务型社区和服务型政府建设的重要途径。二是从企业组织的视角来看：一方面，社区志愿服务有助于企业组织弘扬企业核心价值观和文化精神，树立良好的公共形象；另一方面，社区志愿服务有助于企业员工提升个人修养、服务技能和自我价值，增强社交能力、幸福体验和社会责任感，助力所在组织构建幸福企业。三是从慈善组织和其他非营利组织的视角来看：一方面，社区志愿服务有助于提升各组织（包括志愿服务组织）的人力资源公共服务水平，增强组织活力和社会影响力；另一方面，社区志愿服务有助于各组织（基金会、社会团体、医院、学校、社会福利机构等）协同合作，充分发挥各自优势，共同推动新时代社会的发展和进步。

3. 社会层面的价值

社区志愿服务是推动社会发展的重要力量，其社会经济价值和社会文化价值的表现是显而易见的。

一是从社会经济价值上看，社区志愿服务在公共服务领域的劳动力供给，不仅弥补了政府公共服务供给的不足，而且为政府节约了巨大的公共服务成本和公共财政开支，在国民经济中贡献了重要的经济价值，对于推动国民经济持续健康发展具有重要的社会经济价值。

二是从社会文化价值上看，于国家而言，社区志愿服务是新时代培育和践行社会主义核心价值观和加强精神文明建设的有效抓手。中央精神文明建设指导委员会印发的《关于推进志愿服务制度化的意见》指出："志愿服务是美好的道德行为和重要的道德实践。"于社区而言，社区志愿服务是创新社区治理和构建幸福社区的重要载体。"奉献、友爱、互助、进步"的志愿精神既是社会主义核心价值观的重要体现，又是新时代社区精神的重要内容，社区志愿服务有助于将社会主义核心价值观、社区精神和志愿精神融入社区治理和社区发展中，成为一张有意义且有魅力的社区名片。社区志愿服务有助于增强社区共同体意识，增强社区居民的认同感、归属感和贡献感，构建居民之间、居民与社区之间的美好连接，增强社区居民的获得感、安全感和幸福感，有助于社区和谐稳定。

（二）社区志愿服务的意义

社区志愿服务是中国城市现代化建设进程中的一大成果，同时社区志愿服务又在增加社区居民福利、营造良好社区氛围、增强社区精神文明建设、完善社区公共服务体系建设等方面发挥了重大作用。

1. 社区公共服务的重要部分

社区公共服务的社会机制是指各类社会组织（如非营利组织和社会中介组织）以志愿或自治的形式提供社区服务的过程及方式，包括社区志愿服务、邻里互助等。社区志愿服务作为社区公共服务的重要组成部分，在克服市场服务机制的缺陷、弥补政府服务的不足、满足社区居民的服务需求以及促进社区和谐方面发挥着十分重要的作用（王连巧，2010）。社区志愿服务引发公众对社会公益的关注与参与，推动社会价值观的转变，进而促进社会和谐发展。

（1）社区建设与居民参与：社区志愿服务能够激发居民的参与热情，通过居民自愿参与社区事务的行为，促进社区的建设和发展。居民通过参与社区志愿服务，可以更好地了解和关心社区的事务，积极参与社区决策和管理。

（2）社区凝聚力与社会和谐：社区志愿服务能够促进社区居民之间的联系和互动，增强社区的凝聚力和向心力。通过志愿者们的协作合作，社区居民之间的关系得到增进，社会和谐稳定得以维护。

（3）社区服务与社区福利提升：社区志愿服务能够提供各种形式的服务，为社区居民提供更好的生活条件和福利保障。志愿者们通过自愿服务，可以满足社区居民的各种需求，提升社区居民的生活品质和幸福感。

（4）社会责任与公民意识培养：社区志愿服务能够培养居民的社会责任感和公民意识。通过参与志愿服务，居民们能够更好地认识到自己作为社会成员的责任和义务，培养出乐于助人、乐于奉献的精神，提升公民素质和社会道德观念。

2.完善社会保障体系的组成部分

社会保障体系与广大人民群众的切身利益紧密相连，是帮助城乡困难群众解决生产生活问题的最重要的一个渠道。社会保障体系是体现以人为本、实现发展成果由民共享的一项极其重要的制度安排。建立和完善覆盖城乡居民的社会保障体系是落实科学发展观的必然要求，社会保障体系是维护社会和谐稳定的安全网。

社区志愿服务是社会保障体系的重要组成部分。社区志愿服务作为现代社会有效便捷的动员方式和组织渠道，日渐成为每个国家的社会保障体系和社会应急机制方面的重要组成部分与重要建设力量，并已经成为一种国际惯例（余逸群，2008）。

社区志愿服务是激活社会活力和整合公众参与社会服务的巨大能量的重要方式。社区居民在社会保障体系中扮演着重要的角色，参与社区建设和管理已成为新的社会需求。社区志愿服务等社会组织的壮大提高了志愿者的组织化程度，使其参与更有序。同时，这些组织还搭建了平台和渠道，调动了公众参与社会公益的积极性，推动了志愿服务的发展。例如，中国青年志愿者协会的"长期服务社区计划"是个具体的社区志愿服务项目，旨在将志愿者吸纳到社区乡村，关注弱势群体，以孤寡老人、残疾人、下岗职工、低收入家庭等为主要服务对象，体现了社会对这些群体的关爱。通过这样的服务项目，社会可以调节和化解社会矛盾或冲突，并在政府和社会之间建立一个缓冲地带，实现社会整合。

第二节 社区志愿服务的产生背景和发展历程

一、中国社区志愿服务产生的背景

中国社区志愿服务的发展是伴随着改革开放和城市化进程的步伐逐渐壮大起来的，是建立和完善社会保障制度和社会化服务体系的必然要求。中国社区志愿服务的兴起离不开经济体制与政府机构的改革、社会关系的转变以及人口结构的变化。

（一）经济体制与政府机构的改革为社区志愿服务发展提供了体制基础

改革开放以来，中国逐渐摒弃了过去高度集中的计划经济体制，转向了社会主义市场经济体制。这一转变使得政府在社会福利领域的角色发生了变化，从过去的提供者转变为管理者和监督者。政府开始鼓励社会组织和个人参与社区事务，并通过一系列的政策和法规为志愿服务提供支持和保障。

经济体制改革的核心目标是从计划经济向市场经济转变。在市场经济体制下，市场资源配置的机制更加灵活和高效。这为社区志愿服务提供了发展的经济基础。随着市场经济的发展，社会经济的发展水平提高，社区居民的物质生活水平也得到了显著提升。社区志愿服务能够更好地满足居民的多元化需求，为社区居民提供更丰富、个性化的服务。

政府机构改革是为了提高政府的服务效能和治理能力。在社会背景中，政府机构改革的目标是加强社区治理和公共服务。这为社区志愿服务提供了更加有效的管理和组织机制。政府通过加强对社区志愿服务的组织和协调，提供更好的资源保障和政策支持，使志愿服务能够更好地服务社区居民。同时，政府机构改革也鼓励社会组织、企事业单位等多元主体参与志愿服务，形成多元化的参与机制，进一步促进了社区志愿服务的发展。

（二）传统单位制解体导致的新型社会关系为社区志愿服务创造了需求

我国城市社区志愿服务产生的直接动因是"单位制"的解体。中华人民共和国成立后相当长一段时期，我国对城市居民的管理通过"单位制"的形式来实现，单位作为政府在城市基层社会中的代言人，不仅仅负责城市居民的就业，还负责他们的户口关系、党团关系、思想教育甚至婚姻、生育、医疗、养老等各类事务。国家通过单位提供城市居民生产、生活资源，同时也通过单位管理他们的行为，进而实现国家权力对整个城市社会的把控。"单位制"作为一种高效的社会资源整合、动员制度，在相当长的时期内确实为我国的经济发展和社会稳定做出了重大贡献，但作为一种生产制度，其低效率、高耗能的弊端随着经济的发展不断凸显出来。改革开放后，在多种所有制经济形式并存的经济基础上，私企、个体等经济形式纷纷涌现，"单位制"解体，社区逐渐成国家管理社会的基本单元，国家对社会的管理出现了结构性的变化。在剧烈的社会转型过程中，原先依托于"单位"的各种社会公共事务逐渐被剥离，进入社区中来，社区承担的公共服务出现了前所未有的复杂化。转型期政府对社区公共服务供给的弱化和市场在公共服务供给中的逐利性让习惯了单位制的人们无所适从，在这一背景下，社区迫切需要一种独立于政府和市场之外的公共服务参与力量，城市社区志愿服务由此应运而生。

（三）人口结构的变化影响社区志愿服务的需求

1. 城市化进程影响下人口结构发生变化

城市化进程对人口结构产生了深远影响。人口集聚、劳动力转移、年龄结构变化、家庭结构变化和社会流动性增加，都是城市化进程对人口结构的主要影响。

改革开放以来，中国人口结构发生巨变，这种变化主要有两方面的原因。一是中国城市化进程加快，城市人口逐年增加。十六大以来，中国城镇化发展迅速，中国的城市化进程主要是由农村人口向城市人口的转移推动的。随着农村经济的转型和农村劳动力的流动，大量的进城务工人员进入城市从事工业、建筑和服务业等行业，导致城市人口快速增加，城市化进程不断加快。根据2020年的统计数据，中国城市人口占总人口的比例为63.89%。这表明中国城市化进程已经取得了显著的进展。同时，社区服务水平建设并未跟上城市化进程的发展速度。二是大量流动人口涌入城市。根据2010年第六次人口普查数据，新生代流动人口总量达1.18亿人，年轻流动人口已经超过流动人口半数。新生代流动人口在20岁之前就已经外出的比例达到75%，在有意愿落户城市的新生代流动人口中超过七成希望落户大城市。我国流动人口的动态监测数据显示，2012年流动人口平均年龄约28岁，超过一半劳动年龄流动人口出生于1980年以后。与上一代相比较，新生代流动人口外出年龄更为轻，流动距离更为长，流动原因更是趋于多元，也更青睐大都市。由此而出现的社区服务在这一大背景下显得尤为突出。

2. 年龄结构和家庭结构的变化影响人口结构变化

中国已进入老龄化社会，根据《中国人口老龄化发展趋势预测研究报告》显示，21世纪为人口老龄化时代。伴随着20世纪60年代到70年代中期第二次生育高峰人群进入老年，中国老年人口数量开始加速增长，平均每年增加620万人。这种发展趋势，让我国在养老服务领域面临巨大压力。随着老年人口比例的增加，社会面临着更多的养老需求。这就需要社区提供更多的养老服务和社会支持体系，以满足老年人的需求。

由于社会经济发展、城市化进程和个人价值观念的变化，传统的多代同堂家庭逐渐减少，而核心家庭、独生子女家庭和单身家庭等新型家庭逐渐增多。家庭结构的变化也对人口结构产生巨大影响。实行多年的计划生育政策，导致独生子女家庭增多，家庭结构基本是上有老、下有小的"4—2—1"模式，也就是说一对小夫妻要照顾四个老人和一个小孩。这种模式使得城市中的中青年压力增大，出现了不少空巢老人，由此使社区产生了一系列养老问题。政府在处理这些社区问题时，往往能提供资金扶持，却难有人来具体实施。这种家庭结构的变化使得中国社区志愿服务成为广泛的需求。

二、中国社区志愿服务发展历程

中国社区志愿服务的发展经历了从概念引入、政策制定到组织建立和项目开展的过程。随着社会对社区发展和居民服务需求的重视,中国社区志愿服务发展逐渐走上了规范化、专业化和可持续的发展道路。

在发展道路上,社区志愿服务从无到有大,在探索中求发展,在创新中求突破,在奉献中抓落实。社区志愿服务的领域不断扩展,队伍不断壮大,志愿服务的精神在社会上得到了广泛的传播,参与社区志愿服务已逐步成为一种崇高的社会风尚(梁绿琦,2008)。根据梁绿琦(2008)的研究,中国社区志愿服务可分为普及推广、巩固提高两个阶段。

中国社区志愿服务的发展历程及现状通常将志愿者与义工视为类似,均译自英文"Volunteer"。就中国而言,志愿服务起源于20世纪80年代,其最早的志愿者就产生于社区服务领域。随着经济体制的逐渐转型,中国社区政策不断演进,社区建设事业蓬勃发展,社区志愿服务在国家民政部门的主导下逐步丰富、发展(侯国凤、邹照兰,2008)。根据侯国凤等研究的结果,将中国社区志愿服务分为三个阶段。

本节认为从历史发展角度来看,中国社区志愿服务虽然发展的时间并不长,但是也经历了从小到大、从弱到强、从无序到规范的发展阶段,这个时期包括如下三个阶段:

(一)社区志愿服务的产生与兴起阶段(1988—1993)

我国社区志愿服务是伴随社会主义市场经济的发展应运而生的(梁绿琦,2008)。首先从20世纪60年代起全国各地都在广泛开展"学雷锋,做好事"的活动。政府大力倡导"雷锋精神",积极推动广大市民积极参与到城市社区志愿服务活动中来。其次,改革开放以来,"单位人"逐步向"社会人"转变,大众对于社会服务的需求剧增。我国现代意义上的城市社区志愿服务最早在天津市诞生。1988年,天津市和平区新兴街道朝阳里居委会的13名积极分子自发成立了为人民服务志愿者小组,无偿为孤寡老人、病残和特殊困难户提供服务,标志着我国现代意义上社区志愿服务的起步。天津的成功经验引起了国家层面的关注,同年民政部正式提出在城市开展社区服务的构想。为了进一步推广这一模式,1989年10月在杭州召开了全国社区服务交流会议,民政部决定推广天津市和平区的"志愿服务小组"和"社区服务志愿者协会"等社区志愿服务模式。这次会议结束后,全国范围内对社区志愿服务进行了广泛宣传,同时也开始了社区志愿服务在我国的长期推广。这是一种"自下而上发起,自上而下推广"的社区志愿服务模式。

(二)社区志愿服务规范化与制度化阶段(1993—2007)

20世纪90年代中期,经济快速发展,社会问题凸显,大量社会公益、公共管理和社会援助工作急需社区志愿者的广泛参与。1993年8月,民政部、国家计委、国家体改委等十四个部委联合颁发了《关于加快发展社区服务业的意见》,推动了我国社区服务工作的全面开展。

1994年4月,民政部和中国社会工作者学会发出《关于开展社区服务志愿者活动的通知》,要求各级政府切实加强对社区服务工作的重视,把社区志愿服务推向了一个新的阶段。2004年5月,经民政部批准成立了"中国社会工作协会社区服务工作委员会",该委员会的成立不仅是社区志愿服务活动蓬勃开展的结果,也是党和政府对社区志愿服务事业重视与支持的结果。2005年10月,民政部等九家单位联合下发了《关于进一步做好新形势下社区志愿服务工作的意见》,明确规定新形势下社区志愿服务工作的总体要求、基本原则和重点领域。围绕和谐社会这一历史任务，上海市、深圳市积极探索社会工作与志愿服务二者之间的联动机制，注重社会工作对于社区志愿服务的指导，充分发挥社会工作的专业优势和社工引领志愿者开展服务的实践优势，即在社会服务中采用"社工引领义工开展服务，义工协助社工改善服务"的运行机制。通过整合社工、义工的人力资源，确保社区志愿服务的质量，推动社区志愿服务的经常化、专业化的发展。

到 2006 年，全国已有 8 万个社区志愿者组织，社区志愿者已达到 1800 万人。这些志愿者组织结合当地实际，广泛开展多领域、多方面的社区志愿服务工作。社区志愿服务组织化的同时，规范化、法制化建设亦在进行。2006 年 5 月 8 日，国务院颁发了《关于加强和改进社区服务工作的意见》（国发〔2006〕14 号），从全局的高度对社区志愿服务提出了进一步的要求，要积极组织开展社区志愿服务活动推进志愿者注册制度。在 2007 年 11 月，民政部发布了《关于在全国城市推行社区志愿者注册制度的通知》（民函〔2006〕319 号）。该通知在我国社区志愿服务发展史上具有重要意义。《通知》要求各地方民政部门加强组织领导，将建立社区志愿者注册登记制度作为社区服务体系的重要组成部分，并以街道或社区为单位开展社区志愿者注册工作，确保社区志愿者注册工作顺利推进，这一制度的推行在全国范围内得以实施。社区志愿者注册登记制度的推行，表明我国的社区志愿服务管理不再处于随意、自发的状态，而是被纳入社区服务体系，作为社区公共服务的重要资源进行规范管理。这标志着我国社区志愿服务的管理进入了规范化和制度化阶段。

（三）社区志愿服务的准专业化和自主发展阶段（2007 年至今）

在大型国际赛事、重大事件中，社区志愿服务得到蓬勃发展。2008

年北京奥运会和汶川抗震救灾、2010年上海世博会等，志愿服务发挥了突出的作用。譬如，在奥运会期间，总共有170万名志愿者参与志愿服务，其中有40万名城市志愿者，他们作为保障赛场、城市顺畅运行的一支重要力量，发挥着举足轻重的作用，更为重要的是，他们为我国社区志愿服务的发展积累了人才、制度、理念等方面的宝贵经验。各级各界充分利用奥运会这个千载难逢的机会，建立健全志愿服务领域的管理机制，加快完善志愿服务管理体系，使社区志愿服务呈现蓬勃发展之趋势。

党中央、国务院提出建立和完善社会志愿服务体系，让"人人参与志愿活动，人人享受志愿服务"成为社会时尚。在中央文明委的领导下，国家民政部加大对志愿服务政策支持、资源支持的力度。2009年度民政部社会工作招标课题，设立多项关于志愿服务状况、志愿组织建设、志愿者注册管理、志愿服务项目创新、志愿服务与"三保"工作等研究课题，为这项事业的发展提供理论支持；民政部基层政权和社区建设司在推进和谐社区建设与农村社区建设中加大繁荣志愿服务的力度，使之成为促进社会维稳与发展的重要力量。

中国社会工作协会志愿者工作委员会出版"社会志愿服务体系建设丛书"，首批《志愿服务法规政策概览》和《中国农村志愿服务发展报告》受到志愿组织、志愿者的欢迎。第二批、第三批将陆续出版发行，成为中国志愿者实践参考的重要文献。在党中央、国务院的领导下，由中央文明委统筹探索建立"社会志愿服务体系"取得引人注目的成效。中国志愿服务事业发展基金会、中华志愿者协会陆续建立，国家志愿服务立法纳入议程，党政部门、群团组织、工商企业、社会机构纷纷提出支持志愿服务的政策和措施，为全社会志愿服务的繁荣兴旺奠定良好基础（谭建光，2010）。

2012年，中国政府提出了全民参与、全员服务、全社会推动志愿服务的方针，鼓励更多的社区居民参与志愿服务，并将志愿服务纳入国家社会建设的重要内容。

党的十八大以来，我国社区志愿服务迎来了重要的发展机遇，迈向了新的发展征程。2019年7月，习近平总书记在致中国志愿服务联合会第二届会员代表大会的贺信中，对广大志愿者及志愿服务组织在弘扬和践行社会主义核心价值观、积极参与社会建设与治理中展现的新作为给予肯定、寄予期望，要求"各级党委和政府要为志愿服务搭建更多平台，给予更多支持，推进志愿服务制度化常态化，凝聚广大人民群众共同为实现'两个一百年'奋斗目标、实现中华民族伟大复兴的中国梦贡献力量"，为社区志愿服务的高质量发展指明了方向。

三、中国社区志愿服务发展现状

（一）志愿服务组织机构不断发展，志愿服务组织机构不断涌现

中国社区志愿服务在发展方面具有坚实基础。首先，中国人自古以来注重邻里互助，这是受儒家思想的影响形成的美德，同时还建立了官办慈善机构和宗族体系的民间互助网络。其次，自20世纪60年代以来，中国积极推行"学雷锋"活动，其中重要内容是在街道和社区为特殊群体提供帮助和照料，并逐渐形成长期机制。经过几十年的努力，中国的社区志愿服务已经形成了自己的特色。其间，志愿服务组织机构不断发展，志愿服务组织机构不断涌现，包括政府官方机构、民间组织、企业、学校等。例如，全国青少年校外活动指导中心、中国青年志愿者协会、中国志愿服务联合会等组织，为志愿服务提供了更多的平台和资源，成为社会文化的一部分。其中，民政部门在推行社区志愿服务方面

起到主导作用，共青团、妇联和工会等准政府组织的志愿活动也是其中重要的组成部分，近年来兴起的民间社区志愿服务组织也成为中国社区志愿服务发展的新力量。

（二）政策法规日益完善

1. 志愿服务的社团规范发展

20世纪80年代末，志愿服务作为共青团开创工作新局面的一项新品牌工程发展迅速。1993年12月，共青团组织在全国启动实施中国青年志愿者行动。随后，在共青团中央指导下的中国青年志愿者协会成立；全国各地共青团组织相继指导成立青年志愿者协会。1999年2月，中国青年志愿者协会通过《中国青年志愿者协会章程》，这一时期，全国以共青团为依托的青年志愿服务组织网络建设迅速，各地陆续出台"青年志愿者协会章程"。2002年，共青团中央颁布《中国青年志愿者注册办法（试行）》后，全国各级团组织以此为蓝本，结合当地实际，开始了制定志愿者注册办法的工作。2005年，中国社会工作协会社区服务工作委员会公布《中国社区志愿者注册管理办法（试行）》。

2. 党和国家关于志愿服务政策性文件规范发展

志愿服务在我国社会和经济的发展中日益发挥着重要作用，引起了党和国家的重视。党和国家相关部门出台了一系列关于志愿服务的政策性规范文件。1993年《中共中央关于建立社会主义市场经济体制若干问题的决定》提出要"提倡社会互助"。1996年《中共中央关于加强社会主义精神文明建设若干重要问题的决议》指出，充分发挥共青团、少先队团结和引导广大青少年进步的重要作用，深入开展"希望工程""青年志愿者"和"手拉手"等活动，发扬互相关心、助人为乐的精神。2008年《中央精神文明建设指导委员会关于深入开展志愿服务活动的意见》，对进一步完善社会志愿服务体系，全社会深入开展志愿服务活动做出指导。

2007年，在《中共中央关于构建社会主义和谐社会若干重大问题的决定》中首次将志愿服务与政府和市场联系起来。

2009年11月，中央文明委在《关于深入开展志愿服务活动的意见》中提出，社区要精心组织开展形式多样的志愿服务。2014年2月，首次从国家层面给予了志愿服务发展制度上的保障。

2017年，《志愿服务条例》作为志愿服务领域的第一部国家层面立法，其颁布实施对于在国家治理现代化的进程中推动志愿服务发展，发挥志愿服务增进民生福祉、促进社会文明进步的积极作用，具有划时代的意义。

为了保证和推动这些项目的实施，共青团中央或独立，或与民政部、卫生部、教育部、人事部等国家有关部门联合颁布了大量的、系统的政策性文件，进一步规范社区志愿服务。

3.志愿服务地方立法规范发展

志愿服务的社团规范的日益完善，以及党和国家关于志愿服务政策性文件日益增多，志愿服务地方立法工作也在志愿服务发源地之一的广东先行探索。1999年《广东省青年志愿服务条例》出台，虽然仅有27条，却拉开了志愿服务地方立法的序幕，是志愿服务法治化进程中标志性的一步。近年来，我国志愿服务法规建设逐步建立健全，尤其是地方性立法取得较大进展，其内容更为丰富，体例更为科学。截至2022年11月，全国已经有28个省（自治区、直辖市）颁布实施了志愿服务条例或办法；截至2022年11月，全国已经有54个省市完成了地方性志愿服务立法。由此可见，地方性志愿服务立法步伐呈现出不断加速的趋势,为志愿服务发展奠定了法律基础①。

(三)服务内容更加丰富、服务队伍日益壮大

伴随政策与法规方面的进展,我国的志愿服务事业在服务内容和服务队伍方面也在不断完善。

首先,社区志愿服务的参与人数逐年增加。随着社会的发展和人们对社区发展的重视,越来越多的人开始关注社区问题,并主动参与到志愿服务中来。根据统计数据,中国社区志愿服务的参与人数从2010年的约500万人增加到2019年的约15亿人,增长了近30倍。其次,社区志愿服务的服务内容日益丰富。据《中国青年报》数据,2017年全国共有2.8亿人次参与志愿服务活动,同比增长97%。2018年全国青少年志愿服务参与人数达66亿人次,同比增长13.5%。志愿服务项目类型丰富。据统计,全国已有2200多万名志愿者参加了多种形式的社区志愿服务和谐行动,在全国已建立的社区服务站点达12万,注册志愿者超过2000万人。除了传统的环保、扶贫、教育等志愿服务项目,越来越多的志愿服务项目涵盖公益慈善、文化体育、科普宣传等领域。

此外,相关数据显示,截至2023年9月,我国注册登记的志愿者就已经达到2.32亿人,提供的志愿服务时间更是高达53.26亿小时,创造出了约213亿元的社会经济价值②。由此可见,社区志愿者在志愿者队伍中占据着重要位置,发挥着重要作用。服务队伍的壮大还体现在青年志愿者方面,截至2011年底,我国注册青年志愿者人数已经达到3392万人,可以说青年志愿者是我国志愿者大军中的中坚力量和新鲜

---

① 资料来源于中国志愿服务网(mca.gov.cn)https://chinavolunteer.mca.gov.cn/site/sitenews/policydocument。
② 志愿者创造的社会经济价值等于志愿者的小时劳动力价格(L)与志愿服务时间(T)之积减去后勤保障所花费的资金额(H)。换成公式是:$L \times T - H$。按照此公式,小时劳动力价格按4元计,53.26亿小时的志愿服务创造了约213亿元的社会经济价值。

血液。为了更好管理志愿者,为了更好组织和开展志愿服务,众多的志愿组织在全国迅速建立起来,据统计,志愿队伍总数135万支,志愿项目1136万个,记录时间人数达8403万人次①,遍布较多省市区,形成区域全覆盖。除此之外,服务对象更加多元化,服务内容也从社会救助延伸到再就业服务、卫生和计划生育服务、社区治安服务、文化教育服务、便民利民服务等多方面。

随着电子科技网络信息技术的推广普及,志愿服务的形式更加多样化,一批新兴的网民志愿者正以全新的模式参与到社会公益活动中。如广大网民通过电脑或手机网络,利用微博、微信等新媒体,参与网络募捐、助学助残献爱心、关注弱势群体等。除此之外,以构建和谐社区为理念的公益性网站——中国社区志愿服务网于2010年7月7日正式上线,该网站对于我国社区志愿服务的发展具有至关重要的作用。中国社区志愿服务网(简称中国社区网)是经中央文明办批准,以"弘扬志愿精神,传播中华文明,服务居民大众,构建和谐社区"为理念的公益性网站。从正式上线以来,短短4年多的时间,网站共策划推出了108个精彩专题。其策划报道的"全国社区网络春晚""视频家书驿站绣红旗喜迎十八大""万家宴书记论坛"等专题参与人数多达千万,影响辐射全国20多个城市的近万个社区。新华社、人民网等全国120多家媒体对活动都进行过接力报道。这些专题策划对社区志愿者的态度及行为产生了深远影响,对建设美丽社区起到了良好的推动作用(丁智擘、孟祥斌,2015)。

在管理体系方面,目前已经形成由全国协会(中国青年志愿者协会)、31个省级协会、全国90%以上地(市、州、盟)级协会、80%

---

① 数据来源于中国志愿服务网(mca.gov.cn)。

以上的县（区、市）级协会、以1968所高校的青年志愿者协会组成的青年志愿服务体系。在网络信息不断发展和服务体系不断完善的前提下，我国志愿服务的内容将会更加丰富，志愿服务的队伍将会更加强大。

第三节　社区志愿服务运行机制与流程

一、中国社区志愿服务发展运行机制及其特点

从目前我国实际情况看来，社区已逐渐成为志愿服务的主要方面之一。国务院在《关于加强和改进社区服务工作的意见》中明确指出"倡导志愿精神，培育社区志愿服务意识，加强社区志愿队伍的建设和管理，促进其规范化发展"。此后，各地政府在这一指导精神的指引下，结合自身情况，积极探索具有本地特色的社区志愿服务形式。从掌握的情况来看，目前中国社区志愿服务的发展既不是人们想象中的是"纯官方行为"，也不同于西方化的"纯民间行为"，而是介于这两者之间，兼具两者的特点，具体表现在如下几个方面。

（一）政府主导的社区志愿服务

由于政府行政管理体制的改革，政府的管理重心下移，许多原本属于各级政府及其职能部门的管理事项下移到街道办事处来承担，导致街道办事处工作任务繁重，完成上级交办的任务时往往感到力不从心，由此导致街道在推进具体工作的过程中，由于人员、经费和信息等方面因素的限制，不得不依赖下面的居委会。但是，由于居委会在法律上的自治性质，导致这一级组织在人员数量、结构和质量上都存在着很多问题，仅仅依靠他们也难以承担上级布置的任务，因而街道就必须关注和

培育志愿组织，通过他们开展的志愿服务，提供优质的公共服务。因此街道办事处和居委会对于动员社区的志愿团体开展志愿服务还是非常热衷的。此外，计划体制的巨大惯性、社区志愿组织的自组织力弱小等因素，也是政府有意无意中就会加强对志愿组织的控制并强力介入志愿组织的重要原因。

政府主导的社区志愿服务具有以下几个特点。

1. 政策支持和引导。政府通过出台相关政策和法规，鼓励和引导居民积极参与社区志愿服务。政府的政策支持可以包括提供经费、设立奖励机制、推广志愿服务理念等，以促进社区志愿服务的发展。

2. 组织化和规范化。政府主导的社区志愿服务通常会建立相应的组织机构，如社区志愿服务中心、志愿者服务站点等，以提供志愿者招募、培训、管理等支持服务。政府还会制定相关的规范和标准，确保志愿服务活动的质量和安全。

3. 非营利性质。政府主导的社区志愿服务通常是非营利性质的，旨在促进社区发展、提升居民福利和社会公益。政府会投入一定的资源和资金用于组织和支持志愿服务活动，而不以营利为目的。

4. 全民参与。政府主导的社区志愿服务鼓励全民参与，包括居民、企事业单位、社会组织等。政府会积极宣传和推广志愿服务理念，提高居民的参与意识和行动，形成全社会共同参与的氛围。

5. 社会责任感强。政府主导的社区志愿服务强调社会责任感和公益意识。政府通过政策引导、宣传教育等方式，提高居民对社区发展和公益事业的关注度，促使他们主动参与志愿服务。政府主导的社区志愿服务在组织和管理方面具备一定的优势，能够有效整合社会资源，推动社区的发展和居民的参与。同时，政府的参与也能提供一定的保障和支持，提高志愿者的参与积极性和服务质量。

（二）居民主导的社区志愿服务

居民主导的志愿服务主要聚焦于社区公共事务方面，因此居民的参与热情较高，在回应需求方面快速且能够得到解决。但是志愿服务活动的开展受到了资源与制度的双重制约而限于特定领域，更多地表现为民间自发性的社区自助、互助性组织和临时性的服务，如社区环境保护、治安消防、助残服务等。

居民主导的社区志愿服务具有以下几个特点。

1. 自发性和自组织性。居民主导的社区志愿服务是由居民自愿组织和参与的，没有政府或其他组织的直接引导和干预。居民根据自己的兴趣、需求和社区情况，自发组织志愿服务活动。

2. 灵活性和多样性。居民主导的社区志愿服务活动通常更加灵活多样，能够快速响应社区的需求和问题。居民可以根据自己的技能、经验和专长，提供各种形式的志愿服务，如教育支持、环境保护、老年人陪伴等。

3. 社区参与和共同发展。居民主导的社区志愿服务强调社区居民的参与和共同发展。通过志愿服务的参与，居民之间的联系和互动得到增强，社区凝聚力和社会资本得到提升，促进社区的发展。

4. 低成本和高效率。居民主导的社区志愿服务通常以低成本、高效率为特点。由于志愿者是自愿参与，没有直接的经济报酬，因此可以更加有效地利用社区资源，实现志愿服务的效率最大化。

5. 关注社区问题和需求。居民主导的社区志愿服务更加贴近社区居民的实际需求和问题。居民通过参与志愿服务，能够更好地了解和关注社区的问题，积极寻求解决办法，提升社区的整体发展和居民的福祉，培养社区凝聚力和自我管理能力。居民主导的社区志愿服务有助于培养居民的社区凝聚力和自我管理能力。

通过志愿服务的参与，居民之间建立起更加紧密的联系和合作关系，培养了解决问题和协调利益的能力。居民主导的社区志愿服务能够有效发挥社区居民的主体性和积极性，促进社区的发展和居民的参与，是社区建设和社会发展的重要力量。

（三）公益主导的社区志愿服务

近些年来，公益主导的志愿服务发展迅猛，其以形式多样、内容丰富、管理规范等特点而有别于传统志愿服务。它既不同于政府和社区主导型志愿服务，又与之有着千丝万缕的联系。其通常是以特定类型的公益项目来实现其组织目标和服务推送，在项目管理、志愿者选培、资金运作方面较为科学、高效和规范。

公益主导的社区志愿服务具有以下几个特点。

1. 公益性质。公益主导的社区志愿服务是为了回馈社会、提升社区福利和改善社会问题而进行的。志愿者参与公益志愿服务，是出于关心社会公益事业和他人福祉的动机，追求社会价值而非个人利益。

2. 社会影响力。公益主导的社区志愿服务着重于解决社区和社会的问题，具有较大的社会影响力。志愿者通过自愿参与公益活动，为社区居民提供帮助，推动社会公益事业的发展，引起社会关注和共鸣。

3. 组织化和专业化。公益主导的社区志愿服务通常由专业的公益组织或非政府组织负责组织和管理。这些组织具备专业的志愿服务经验和资源，能够提供志愿者招募、培训、管理等支持志愿服务活动的质量和效果。

4. 资源整合和合作伙伴关系。公益主导的社区志愿服务通过整合各方资源，形成合作伙伴关系，共同实现社区福利和公益目标。志愿者、公益组织、政府、企事业单位等各方共同合作，发挥各自优势，形成资源互补和协同效应。

二、中国社区志愿服务的流程

社区志愿服务是指居民自愿参与、为社区居民提供各类帮助和支持的公益活动。社会组织和社区居民广泛参与，是统筹运作社区志愿服务内外部要素的有效链接，以下是一些社区志愿服务的具体流程。

（一）甄别服务需求

社区志愿服务如果缺少对服务的方向性和服务需求准确性的把握，不仅会浪费人力、物力，也将使得社区志愿服务质量大打折扣。尤其是在服务项目的发起阶段，仅仅依托固有经验形成对社区服务需求的认知，并不具有服务的针对性和有效性，往往会造成应供未尽供、供非所需等现实困境。因此，在新时期共建共享目标引导下，在智慧社区建设与整体性治理的现实要求下，精准识别社区志愿服务的目标群体、科学洞察其需求内容成为有效实施社区志愿服务精准供给的关键。

为有效实施社区志愿服务精准供给，首先需要通过多个渠道获取并统计分析社区居民的人口学特征，明确其公共性、异质性和层次性，识别不同群体对志愿服务的需求。其次，利用多源异构数据分析工具进行大数据关联性整合分析，发现志愿服务潜在的模式、趋势和关联。然后，通过搭建志愿服务数字化平台，实现居民志愿服务需求信息的精准识别与志愿活动项目信息的及时匹配。在对社区志愿服务需求进行有效识别—分析—整合与反馈之后，基于需求驱动设计有效的志愿服务方案是体现"以人民为中心"发展思想的关键。最后，基于需求驱动，设计有效的志愿服务方案，方案包括确定实施主体、服务形式、对象、范围、时长和质量等，并通过专题培训和交流展示、创意大赛等方式，培育符合社区文化和专业特色的志愿服务项目品牌。

（二）资源链接

在多元主体共在的情境下，不同的志愿服务主体可以通过积极的信息流、物质流和能量流的交换，为社区志愿服务贡献资源，推动系统自我更新，实现从无序到有序再到更有序的状态。在以服务为中心的开放系统中，各参与主体投入的有形资源（人力、物力、财力、公共空间等）和无形资源（时间、知识、技能、社会关系等）是社区志愿服务共同生产的前提条件。

在社区志愿服务共同生产中，政府部门等行政主体不再是传统意义上的主导，而是通过释放更多的社会空间，让社会组织、商业组织等组织化的主体以及社区志愿者等共同参与。政府对相关主体予以政策性支持和道德性感召，引导社会资源向志愿服务领域流动，为多方主体的参与发挥支持性作用。作为市场主体的企业，其在平衡社会价值和经济利益的基础上，将有效的市场化手段引入社区志愿服务项目中，组织开展企业志愿服务，为服务社区给予物资、人员、管理等方面的社会关怀，达到服务社会的目的。非营利机构等社会组织通过志愿者深入社区，了解社区需求，动员社会力量，为社区提供更广泛的志愿服务，以更好地承接政府释放的社区服务功能。另外，社区两委在这一过程中共同发挥资源链接和网络连接的作用。社区居委会是社区的重要力量，主要作为多方利益的平衡者和协调者，在社区志愿服务中承担"管理员"角色，组织和动员，积极同社区党组织配合。

（三）主体交互

社区志愿服务是行政主体、市场主体和社区居民等在现有文化框架下互动的结果。各供给主体之间存在复杂的关系网络，蕴含多种交互作用机制，而协作模式是影响社区志愿服务共同生产的重要因素。

作为社区志愿服务共同生产的关键性主体，社区居民与其他各主体之间的交互关系影响着服务的质量和有效性。一方面，服务的供给者依托志愿者与社区居民的接触、沟通和其他持续互动行为，更深入地了解社区的服务需求，为社区居民提供针对性的志愿服务；另一方面，社区居民可以在一个或多个环节提供服务、贡献资源，并参与合作。"公众"主要包括公民、顾客和志愿者三类角色取向，社区志愿服务共同生产中的社区居民一般通过两种主要形式参与。其一是以志愿者（施助者）身份主动参与。具有志愿者身份的社区居民通过贡献个人的智力、体力、时间和精力等资源融入志愿服务活动/项目中，直接创造服务的价值。其二是以"受助者"身份间接参与的个人行为会有意无意地影响资源的投入程度、志愿服务方向，以及最终服务价值的评价。尽管社区居民作为志愿服务的受助者并未提供无偿劳动，但在志愿者及其行动触发中，社区居民会自觉遵守社区公约等。社区居民在志愿服务各个环节直接或间接的参与行为使其反馈。如：在居家养老服务中，社区居民配合自我管理、自我照料；在社区环境维护中，社区居民成为志愿服务的共同生产者。

（四）价值创造

社区志愿服务的目的在于实现最终的价值创造。这些价值主要包括公共价值、个人价值和溢出价值。社区志愿服务是为了满足社区需求，解决社区困难，增进社区福利。社区居民融入多主体的共同参与使得社区志愿服务更贴近社区需求，从而实现公共价值的创造。对于不同的协作者，通过活动的组织、参与和价值宣传，也可以获得满足自身发展的价值空间，包括围绕个体价值的关系、体验、资源以及围绕共创系统本身的关系、信任、创新和效益等。社区居民具有治理主体和治理客体的双重身份。作为主体，社区居民可以通过多种形式参与社区治理的各项事务；作为客体，社区治理的各项结果又最终作用到居民。社区志愿服务共同生产中的居民，无论是主动参与还是被动参与，均可以成为过程受益者和结果受益者。在参与过程中，社区居民不仅可以获得一般意义上的志愿者效能，同时也是在为自我服务、自我管理和自我创造付出行动，增进他人的理解和信任，提升社区内的自我价值。社区志愿服务共同生产的结果最终是解决共同问题，增进整个社区福祉，而这一成果的享受和获得又归属于社区的每位居民。除此之外，社区居民广泛和持续性的参与可以提升其心理所有权，增强为社区公共事务建言献策的能动性，明确社区治理的主体地位，提升居民参与社区治理的能力。而且，共同生产行为的延续也有利于营造团结协作的社区文化，实现社区整体价值再造。

（五）评价反馈

在投入—产出过程之外，社区志愿服务共同生产的反馈也十分重要。社区志愿服务是一个包含多个阶段的动态过程，每一阶段性价值信息通过志愿者和社区居民反馈给共同生产者。在志愿服务过程中，社区需求和互动信息的获取为共同生产者的资源投入提供依据，并影响资源投入的方向；社区志愿服务价值创造后的信息反馈则会为共同生产者后续的志愿服务行为决策提供参考。具体而言，社区志愿服务共同生产是一个认知—生产的行为迭代过程。志愿服务活动的先验经历影响下一次志愿服务活动的选择，上一阶段产生的收益与成本及心理与情感体验等都会作为是否参加下一次社区志愿服务的依据。因此，参与社区志愿服务共同生产中过程和结果的有效性均会深刻影响社区居民的共同生产行为选择。一个持续性共同生产活动，只有在动态过程中完善社区居民的需求表达以及多方参与主体的共同需求，才能有效彰显其价值。

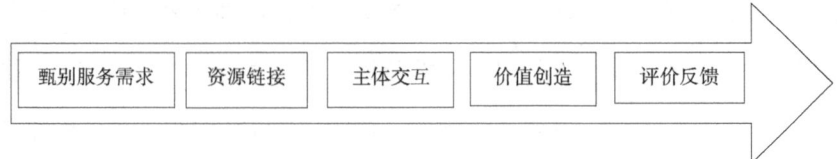

图 9-1　社区支援服务流程图

第四节　社区志愿服务与新时代文明实践

一、社区志愿服务与新时代文明实践社区志愿服务的联系

新时代文明实践与社区志愿服务之间存在密切的关系。新时代文明实践是指在新的历史条件下，全社会共同参与，以提升公民道德素质、培育和践行社会主义核心价值观为主要内容的实践活动。社区志愿服务则是新时代文明实践的重要组成部分，是推动新时代文明实践的重要力量。

（一）社区志愿服务是新时代文明实践的表现形式

新时代文明实践中心旨在通过弘扬社会主义核心价值观、提升群众思想道德水平、促进社会和谐稳定，实现新时代中国特色社会主义思想在基层的深入落实。社区志愿服务是这种理念的具体体现和落地形式。并且新时代文明实践中心提供了平台、资源和组织保障，社区志愿服务通过具体行动落实文明实践的目标。

（二）社区志愿服务是新时代文明实践的重要载体

社区志愿服务活动可以有效地将新时代文明实践的内容传递给广大

群众，帮助他们更好地理解和接受社会主义核心价值观。通过参与志愿服务活动，群众可以亲身体验到新时代文明实践的价值和意义，从而更加积极地投身于新时代文明实践。

（三）社区志愿服务是新时代文明实践的有效途径

社区志愿服务活动可以帮助群众将新时代文明实践的理念转化为实际行动，从而实现知行合一。通过参与志愿服务活动，群众可以在实践中不断提升自己的道德素质，培养和践行社会主义核心价值观。

（四）社区志愿服务是新时代文明实践的重要成果

通过开展社区志愿服务活动，可以培养出一大批具有社会责任感、道德品质高尚的志愿者，他们是新时代文明实践的重要成果。这些志愿者在参与社区志愿服务活动的过程中，不仅为社区居民提供了实实在在的帮助，还为新时代文明实践的传播和发展做出了巨大贡献。

（五）新时代文明实践助推社区志愿服务精准常态化

新时代文明实践中心主体力量是志愿者，主要活动方式是志愿服务。要坚持把志愿者作为新时代文明实践中心（所、站）的主体力量，把志愿服务作为主要活动方式，有效推进文明实践志愿服务工作。要加强对志愿服务的组织引导，有针对性地进行孵化培育，组建类型多样的志愿者队伍，打造高质量的志愿服务项目，精准对接群众需求，特别是注重开展深入细致的精神抚慰和人文关怀，以品牌项目汇聚力量、凝聚群众。要建立文明实践志愿服务长效机制，完善志愿者登记注册、激励嘉许等制度，增强动力、激发活力，吸引更多志愿者扎根农村、服务基层。

二、新时代文明实践开展的背景、过程及意义

（一）新时代文明实践开展的背景

1. 政策推动

党的十九大报告提出要"培养担当民族复兴大任的时代新人"，强调全面提高人民思想道德素质和精神文明水平。新时代文明实践是落实这一精神的重要举措，旨在通过基层文明实践活动，增强全社会的文明素质。中共中央办公厅和国务院办公厅印发的《关于深入推进新时代文明实践中心建设的指导意见》明确了新时代文明实践中心建设的总体要求、基本原则和主要任务，为全国各地文明实践中心的建设和运作提供了政策依据。

2. 社会需求

随着社会经济的发展，人民群众对精神文化生活的需求日益增加。特别是农村和基层地区，急需一个平台来满足群众的文化需求，提高社会文明水平。并且现代社会面临着复杂多样的治理挑战，如环境保护、公共安全、社会救助等。通过文明实践活动，提升居民的公民意识、法律意识和社会责任感，有助于促进社会和谐稳定，提升基层社会治理水平。志愿服务是社会文明的重要体现，也是社会成员参与社会治理和公共服务的重要方式。新时代文明实践中心通过组织和开展各种志愿服务活动，满足了社会对志愿服务的需求，增强了社会凝聚力。

3. 文化传承

新时代文明实践中心的建设有助于弘扬中华优秀传统文化，传承和发扬社会主义核心价值观。社会主义核心价值观是新时代中国特色社会主义思想的重要组成部分。通过文明实践活动，将社会主义核心价值观融入群众的日常生活中，促进其内化于心、外化于行。

（二）新时代文明实践的开展过程

新时代文明实践的开展过程可以从试点探索、体系建设、活动开展、社区志愿服务团队组建四个方面详细分析：

1. 试点探索

2018年，中共中央办公厅印发《关于建设新时代文明实践中心试点工作的指导意见》，新时代文明实践中心试点工作在全国范围内展开。中共中央宣传部在河北、江苏、浙江、福建等地选择了50个县（市、区）作为新时代文明实践中心建设的试点地区。通过这一试点，各地结合实际情况，积极创新并探索出了富有地方特色的文明实践活动模式，总结出了一系列可推广、可复制的成功经验和做法，为新时代文明实践中心在全国范围内的推广奠定了坚实基础。

2019年10月，中央文明委印发《关于深化拓展新时代文明实践中心建设试点工作的实施方案》，推动试点工作进入深化拓展、提质增效的新阶段。

2. 体系建设

在新时代文明实践中心的建设中，三级网络体系的构建确保了文明实践活动能够深入基层。这一体系包括县（市、区）新时代文明实践中心、乡（镇、街道）新时代文明实践所和村（社区）新时代文明实践站，实现了对不同层级区域的全面覆盖。同时，通过对文化、教育、科技、卫生等各类资源的整合，建立了统一的文明实践平台，从而高效地利用这些资源，并显著提升了文明实践活动的效果。此外，队伍建设也是关键一环，注重培养政治素质高、业务能力强的文明实践队伍，其中包括理论宣讲员、文化辅导员、科技推广员等，他们为文明实践活动提供了人才保障。这一体系的建设为社会注入了新的活力，促进了文明价值的广泛传播。

3. 活动开展

在新时代文明实践中心，理论宣讲活动成为传播党的方针政策和理论的重要途径。通过邀请专家学者举办专题讲座，以及组织党员干部深入基层进行宣讲，有效增强了群众的政治认同和思想认同。同时，丰富多彩的文化活动如文艺演出、书画展览、文化讲座等，不仅满足了群众的精神文化需求，还提升了他们的文化素养。在科技普及方面，通过科技下乡和科普讲座等活动，有效地普及了科学知识，提高了群众的科学素质，例如农业专家到农村讲解现代农业技术的做法，极大地推动了农村科技的发展。此外，法律服务的提供，包括法律咨询和法律援助，提高了群众的法律意识和法治素养，如设立法律咨询站和组织律师志愿者为群众提供法律服务，进一步增强了社会的法治氛围。这些举措共同构建了一个全面、深入的文明实践体系，为实现社会和谐与发展注入了新的活力。

4. 社区志愿服务团队组建

在新时代文明实践中心，社区志愿服务队伍的建设得到了高度重视。组建了各类社区志愿服务队伍，如助老助残服务队、环境保护服务队和扶贫济困服务队等，广泛开展社区志愿服务活动，以满足社会的多元化需求。这些社区志愿服务项目的设计与实施，旨在针对不同群体提供精准服务，如组织志愿者上门为孤寡老人提供生活帮助，以及开展环保志愿活动，有效提升了社会的整体福祉。同时，为了提高社区志愿服务的专业化水平和服务质量，还为志愿者提供了系统的培训，包括志愿服务技能培训。这些举措显著提升了志愿者的服务能力。通过这些综合措施，社区志愿服务不仅丰富了社区生活，也促进了社会和谐与进步，展现了新时代文明实践中心的社会责任与人文关怀。

(三)新时代文明实践的意义

1. 提升社会文明程度

党的十九届六中全会将"建设新时代文明实践中心"作为新时代思想文化建设领域的重大成就与经验写入了历史决议,充分肯定新时代"坚持以社会主义核心价值观引领文化建设""深化群众性精神文明创建,建设新时代文明实践中心"等方面取得的历史性成就。广泛开展新时代文明实践活动,加强了农村思想道德建设,传承了农村优秀传统文化,营造了良好社会风尚,提升了群众精神风貌和全社会文明程度。在加强思想道德建设方面,以弘扬社会主义核心价值观为主线,通过积极组建志愿服务队伍,整合各类志愿服务资源,完善志愿者登记注册、服务记录、招募培训、激励嘉许制度,常态化地开展理论宣讲、科学技术普及、环境保护、法律援助等志愿服务活动,动员和组织广大群众积极参与文明实践,推动了社会主义核心价值观落实落细落小、深入人心。在传承优秀传统文化方面,推动马克思主义与中华优秀传统文化相结合,在对优秀传统文化的创造性转化和创新性发展中,以文明实践探索赋予其融入中国特色社会主义语境下的时代内涵,深入总结中华民族孝亲敬老、重义守信、勤俭持家、邻里团结等传统美德,广泛汲取优秀传统文化蕴含的邻里互助、礼尚往来、诚实守信、集体意识等德治经验,以基层的创造力激发文明实践的生命力,建设具有强大生命力和创造力的社会主义精神文明,提升社会文明程度。

2. 推动基层治理现代化

新时代文明实践中心是集思想文化宣传和精神文明建设于一体的精神性中心,同时也是联系群众、服务群众、实现群众工作"最后一公里"的物质性中心。它在增强人民群众的获得感、幸福感、安全感方面发挥着重要作用,为党长期执政和国家长治久安奠定了坚实基础,进一步巩固和发扬了中国特色社会主义基层治理制度的优势。

党建引领是新时代文明实践中心的核心驱动力。通过整合基层党建阵地、平台、队伍等资源，实现与文明实践工作的同频共振，将基层党组织的政治优势和组织优势转化为治理效能。这种转化不仅推动了文明实践工作与地方经济发展、基层治理、文明创建等方面的整体推进，还促进了资金、硬件设施、运行管理和功能作用的集约化、共享化、一体化和综合化。

文明实践中心通过自治增活力、法治强保障、德治扬正气的方式，健全党组织领导的自治、法治、德治相结合的城乡基层治理体系。将文明实践与乡村振兴、致富兴业、农村改革等群众关心的问题紧密结合，以志愿服务的形式对接群众需求，实现了基层群众对社区治理、公共事务和公益事业的自我管理、自我服务、自我教育和自我监督。

本章小结

社区志愿服务既是对中华民族传统仁爱互助美德的传承，也是新时代践行以人民为中心的发展理念的重要方面，有助于实现党的二十大报告提出的"幼有所育、学有所教、劳有所得、病有所医、老有所养、住有所居、弱有所扶"的全方位改善人民生活的目标。同时，社区志愿服务也是社区建设的重要内容，本章讲述了社区志愿服务的含义与特征、社区志愿服务的发展、我国社区志愿的运行机制及流程，并对新时代的社区志愿服务与文明实践做了介绍。经历了多年的发展，我国社区志愿服务必将向整体性、规范化的目标迈进。

案 例

杭州社区志愿服务发展问题[①]

自1999年天津市新兴街道成立了全国第一个街道级社区服务志愿者协会，我国社区志愿服务便在全国范围内铺开。发展至今，全国各地的社区志愿服务已然呈现地域性特征，不同地区的文化、不同的发展阶段以及不同地域经济政治等因素都导致了各地区的志愿服务的差异性。现有的研究多对我国北京、上海、香港，以及美国、新加坡等国进行个案研究或典型研究，以学习较好的志愿服务发展经验。杭州作为浙江省省会城市以及国家文明城市、最具幸福感城市之一，对于杭州社区志愿服务组织的研究十分重要。相较于北京行政化导向的社区志愿服务、上海的枢纽式社区组织的发展，杭州的社区志愿服务已然呈现不一样的发展态势。此外，从G20峰会到世界短池游泳锦标赛再到亚运会，未来的杭州不仅要向国内更要向国际展示自身的风采，这也对杭州市的志愿服务提出了更高的要求。尽管从1993年起杭州便开始发展志愿服务，但对于志愿服务发展的模式、类型以及问题的研究与分析很少，尤其是社区志愿服务方面。

1. 社区志愿服务的参与度低

依据调查，47.06%的调查者都没有参加过志愿服务，只有23.53%的人参加过社区的志愿服务，且大多为义务巡逻队。而社会工作人员则表示"很多活动没有人参加，只好我们自己去参加，有时候人不够还要

[①] 本案例主要参考陈丹青等：《杭州市社区志愿服务发展问题及其对策研究》，《中国市场》2016年第51期。基于教材体例及教学需要有所改动。

拉上办公室的几个同志一起",社区工作人员被动参与志愿服务的比例有20.35%。同时,因为杭州市统一规定,各级党支部每3个月需开展一次线下的志愿活动,基本为社区志愿服务活动。众多事业单位的强制志愿服务时数的要求,使得党员及周边事业单位的人群成为社区志愿服务的主力。但社区居民的参与度仅达到18.3%。

2. 缺乏长效、灵活的社区志愿服务组织管理体制

当前的社区志愿服务缺乏管理的自主性和创新力,缺乏项目化的运作与管理,即缺乏长效的组织管理体制,其次,行政考核机制僵化。杭州市社区志愿组织的管理呈现"党政领导团委协进"的特点,具有较为强烈的行政化色彩。行政考核成为社区工作的重中之重。对于社区的考核,基本上采用"一刀切"的模式,设置最低标准。但实际中因为资源分配的倾斜,发展好的社区(如灯芯巷社区)经费审批远比普通社区容易,如庆丰社区,基本无法单独申报志愿服务经费。就走访的社区而言,就有1/5的社区无法完成任务。同时,考核维度多为活动的数量、人数以及媒体宣传力度,致使志愿服务走向形式化。

3. 志愿活动宣传薄弱

志愿活动的宣传基本局限在社区橱窗贴宣传单、楼道小组长通知居民,且对于新兴媒体,缺乏运营经验。社区志愿服务管理人员本身专业知识不足:一是社区的志愿管理人员接触到的培训信息有限。二是志愿服务培训形式化(钱江苑社区:我们都是轮流去培训的,很正常,很多社区都这样的,总是要培训,培训还都是理论,没什么用)。三是缺乏志愿活动的评价机制。社区的志愿服务后期的评价系统基本没有,活动的后期反馈等工作也没有落实。

4. 志愿活动的形式化

社工工作量大,压力大,常身兼数职,除了下城区的天水街道专门

设有志愿服务管理专员,其他所有社区的人员都是兼管社区的志愿服务。对于在平时工作中占不到10%的众多志愿服务,社区工作人员表示有心无力,避免不了形式化的志愿活动。甚至有社工直言"现在我们做的活动都是为了完成任务,很多时候上面下来一个主题,要我们开展一下志愿活动。我们工作多,哪有时间去想一个志愿活动,所以很多都是发奖品、做游戏的活动"。但社区为满足考核要求,并追求附加分,致使社区服务人员有着繁重的压力。

▲案例分析题

1. 如何提高社区志愿服务的参与度?
2. 如何建立长效的社区志愿服务组织管理体制?
3. 如何激发社区志愿服务的创新动力?
4. 如何构建有效的志愿服务评价和反馈机制?

▲本章思考题

1. 如何理解社区志愿服务?
2. 社区志愿服务经历了哪些发展?
3. 社区志愿服务的运行机制有哪些特点?
4. 结合中国社区志愿服务发展现状,如何推进发展社区志愿服务?

第十章

应急志愿服务

第十章 应急志愿服务

1. 掌握应急志愿服务的含义与作用。
2. 了解应急志愿服务的发展历程。
3. 掌握应急志愿服务的预警与响应过程。
4. 掌握应急志愿服务的资源管理。
5. 掌握应急志愿服务的行动方案。

●近年来,我国突发性公共危机事件接连不断地发生,从1998年特大洪灾,2003年的"非典"危机,2008年的汶川地震,2010年的青海玉树地震,再到2020年持续三年之久的新冠疫情……严重影响经济社会的发展和人民的生活。志愿服务在历次重大灾害与突发事件应对中发挥了不可或缺的作用,成为政府应急管理能力的有效补充。应急志愿服务在加快社会建设、创新社会治理、应对危机和化解社会风险中发挥了独特的作用,成为国家治理体系和治理能力现代化的重要组成部分。自2008年汶川地震以来,我国应急志愿服务在志愿者规模、组织体系、保障制度和应急救援机制方面都有了长足的发展。本章围绕应急志愿服务展开,主要介绍应急志愿服务的基本概念、类型、作用与发展历程,应急志愿服务的预警与响应过程,以及应急志愿服务的行动方案。

第一节 应急志愿服务的含义与作用

在现代社会中,面对突如其来的自然灾害、公共卫生事件或其他紧急状况,应急志愿服务作为一种重要的社会力量,发挥着不可或缺的作用。深入了解应急志愿服务的概念与作用,不仅有助于我们更好地认识这一社会现象,还能激发更多的人参与其中,共同构建一个更加和谐、安全的社会。本节主要介绍应急志愿服务的概念、类型以及作用。

一、应急志愿服务的含义

（一）应急志愿服务的概念界定

应急志愿服务就是突发事件应对中的志愿服务，是志愿服务在自然灾害、事故灾难、公共卫生事件和社会安全事件等突发事件过程中的特殊形态。当下，我国在志愿服务领域的国家层面的立法是《志愿服务条例》，该条例于 2017 年颁布，对志愿服务的一些基本概念做了界定，但是没有对应急志愿服务这一概念做出界定。同时，《中华人民共和国慈善法》《中华人民共和国突发事件应对法》等其他法律或行政法规也没有为应急志愿服务做出明确的定义。但不管是在各地实践中还是在学术上，"应急志愿服务"这一名词已被广泛使用。

从实践上来看，各地出台的规范性文件中不断出现"应急志愿服务"的表述，比如 2013 年重庆市颁布的《重庆市应急志愿者管理办法》、2017 年成都市颁布的《成都市社区应急志愿服务队管理办法》、2020 年黑龙江省颁布的《黑龙江省应急志愿者管理暂行办法》等。《黑龙江省应急志愿者管理暂行办法》将"应急志愿服务"定义为："应急志愿服务是指在应急管理工作中有组织的、自愿无偿服务他人和社会的公益性活动。"[①]2022 年发布的《北京市应急志愿服务管理办法》明确，应急志愿服务是指志愿者、志愿服务组织和其他组织自愿、无偿向社会或者他人提供的与应急管理工作相关的公益服务；同时，该文件将应急志愿服务分为日常应急志愿服务和应对突发事件应急志愿服务两类。日常应急志愿服务注重灾前的预防与准备，突发应急志愿服务更注重灾后

---

① 参见《黑龙江省应急志愿者管理暂行办法》。

的处置与应对[①]。

从学术上来看，根据《中国志愿服务大辞典》的定义，应急志愿服务广义上是指志愿者及其组织在突发事件的预防、备灾、紧急救援和灾后重建（恢复）阶段提供的各种非营利、无偿、非职业化的利他服务。莫于川、梁爽（2011）将应急志愿服务定义为志愿者、志愿组织以及志愿服务组织者在自然灾害、事故灾难、公共卫生事件和社会安全事件等公共突发事件的应对中提供、开展的志愿服务。张网成（2011）认为，应急志愿服务是指志愿者及其组织在突发公共事件的预防、备灾、紧急救援和灾后重建阶段提供的各种非营利、无偿、非职业化的利他服务。高艳蓉（2015）认为，应急志愿服务是志愿服务参与人员在面对社会性突发事件的时候，如地震、洪水等自然灾害，为灾区提供救济、救助以及灾后重建的非营利性服务。

本节将"应急志愿服务"界定为：志愿者及其组织在突发公共事件的预防、备灾、紧急救援和灾后重建阶段提供的各种非营利、无偿、非职业化的志愿服务。

（二）与常态志愿服务的区别

第一，发生领域不同。通常来讲，应急志愿服务是志愿服务力量在突发事件应对过程中提供的服务，是针对突发事件而言的。突发事件造成的损害程度是没有办法事先估计的，其造成的破坏体现在多个方面，国家和民众都会受到牵连。而常态志愿服务是指为突发事件以外的其他事项而提供的志愿服务，比如社区发展、扶贫济困、环境治理、大型赛事活动等，不具有突发性、不可预期性和严重危害性。这是二者最本质的区别。

---

① 参见《北京市应急志愿服务管理办法》。

第二，对专业技能的要求有差异。相对于常态志愿服务来讲，应急志愿服务对高水平的专业服务需求更大。究其原因，主要是应急志愿服务工作有危险，有必要的专业知识方可进行，志愿者须有良好的素质才能胜任。因此，应急志愿者及其组织应当经过专业应急技能培训，掌握相关领域专业技能。只有这样才能在突发事件发生时快速、有效地投入应对工作，提高救援成效。不过，在突发事件应对过程中，也有不具备专业要求的应急志愿者从事一般的服务，比如宣传教育、维持秩序等。同时，"在非应急状态下也需要专业志愿者的介入，由他们为非专业志愿者提供专业应急知识的指导，为非专业志愿者提供技能培训等工作。专业志愿者和非专业志愿者要在应急志愿服务工作中积极配合，互通有无"（韩芸，2010）。而在常态志愿服务中，只要符合一般志愿者组织入门条件的人都可以参加，对专业知识技能基本不做要求。也许有的志愿者组织会提供培训，但这种培训一般不针对专业技能，而是对即将从事的志愿活动做指导性的介绍。

第三，面临的危险程度不同。前文论述已经表明，突发事件具有较大的危险性，那么参与突发事件救援的志愿者当然得承受这些危险。如参与地震救援的服务人员，可能面临受伤甚至生命受到威胁的情况。相对来说，提供常态志愿服务的人，一般是不具有人身危险性的。比如，参与亚运会等大型赛事活动的志愿者，可能会很辛苦，但是不存在人身危险。

（三）应急志愿服务的类型

根据危机的发生状态，应急志愿服务可划分日常类和突发类。如2022年8月印发的《北京市应急志愿服务管理办法》明确将应急志愿服务分为日常应急志愿服务和应对突发事件应急志愿服务两类。日常应急志愿服务包括：应急科学传播、专业培训演练、安全隐患排查、动态风险评估、赛会应急服务、城市运行保障等内容。应对突发事件应急志愿服务包括：信息收集报告、先期应急处置、协同专业救援、善后恢复服务等内容。日常应急志愿服务注重灾前的预防与准备，应对突发事件应急志愿服务更注重灾后的处置与应对。鉴于突发事件发生后，未知或不确定性的风险会贯穿于整个救灾过程，因此与日常应急志愿服务相比，应对突发事件应急志愿服务的风险系数和难度系数明显更高，对应急志愿者的专业能力和心理素质提出了更高的要求。

二、应急志愿服务的作用

（一）有利于提高突发事件处置效率

应急志愿服务组织在组织机构及活动方式上有较大的灵活性，可以根据不同地区、不同领域、不同人群的需求及时做出调整，具有较强的适应性。应急志愿服务的这种灵活性使得它们能够根据各种各样的人群和地域的需要快速地做出反应。在灾害发生后，由于其层级少、规模小，不受更多规制的影响和限制，在突发事件中能够迅速、高效地投入应急救援的环境中。在灾后紧急救援中，应急志愿者们在灾后救援关键时机里发挥着重要作用，在专业应急队伍还未到场的时间里，应急志愿者们首先赶到现场进行救援工作，根据实际情况迅速做出反应，抢抓最佳救援时间，保护灾民的利益。

（二）发挥辅助政府救援工作的作用

灾害管理重在预防，平时的防灾备灾工作深入扎实，才能在灾难发生时的救灾减灾工作中减少损失。应急志愿者在推广防灾技能、培养基层民众救护能力以及灾后居民生计恢复、心理疏导和社会重建等工作中是政府的有力助手。应急志愿服务具有独特优势，其贴近基层、扎根群众，且具有灵活性强、机动性高、运行成本低的特点，可根据实际情况相应地改变应对计划，深入细微之处，顾全政府难以触及的地方，有效补充政府在宏观管理应急事务中的不足。

（三）推动社会应急能力的提升

《中华人民共和国突发事件应对法》规定，政府是应对突发事件的责任主体，要求"建立有效的社会动员机制，增强全民的公共安全和防范风险的意识，提高全社会的避险救助能力"。在2008年汶川地震、2010年玉树地震、2013年芦山地震、2014年鲁甸地震等一系列巨灾中，大量应急志愿者自发参与救援和积极提供志愿服务，在地震救援中发挥了突出作用。应急志愿者队伍在突发事件"第一时间"响应、专业化救援和灾后恢复、应急知识宣传和提高人民自救互救能力方面扮演着推进器的角色。

在紧急救援方面，各类突发事件具有突发性、紧急性、破坏性等特点，在政府专业救援力量到达之前，身处现场的应急志愿者就能第一时间做出响应，为灾害救援赢得黄金时间。在专业化处置方面，突发事件的应急救援涉及诸多的专业领域，例如特殊环境救援、医疗救护、特种设备操作，等等。应急志愿者掌握专业的知识和技能，能够满足受灾者多样化的需求，使受灾群众及时获得专业性的帮助。在科普宣教方面，应急志愿者是应急知识的宣传群体，为群众培训基本的自救互救知识，普及紧急救护技能，提高群众安全意识，并提高社会参与应急管理工作的积极性（侯丹丹、欧阳文旭，2012）。应急志愿服务增强了民众自救互救能力，提升了紧急救援中专业化处置水平，提高了基层民众公共安全意识，从而推动了社会应急能力的提升（朱伟、王亚飞，2018）。

(四)有利于弘扬志愿服务精神

志愿服务代表着一个社会的文明程度,为精神文明建设奠定了基础。应急志愿者组织是应急志愿者实施救援的有效载体,个人的力量是有限的,应急志愿者只有加入队伍中,才能够更好积聚众人的力量。专业的应急志愿者队伍能够发挥着重要作用,提供更加专业的救援服务,传播互助精神,有效扩大其社会影响力。应急志愿者的积极行动赢得了受助群众的肯定,也赢得了社会和国家的高度认可,得到了高度评价,有利于在社会上营造互帮互助的氛围,促进志愿服务的进一步发展,提升影响力。

(五)有利于促进社会和谐稳定

和谐社会强调公平正义,提倡团结互助,追求平等友爱,注重共建共享。志愿服务倡导"奉献、友爱、互助、进步",体现了人与人之间相互关爱、人与社会之间相互融合、人与自然之间和谐共处。当前,我国经济社会进入了"黄金发展期",同时也进入了"矛盾凸显期",城乡之间、区域之间、产业之间以及不同阶层之间的差距不断拉大,各种影响和谐、破坏稳定的不利因素有所增加,各类突发事件也频繁发生。应急志愿服务侧重对普通群众的宣传引导,在维护社会稳定、提高全社会的应急处置能力、普及应急常识等方面,都发挥着难以替代的作用。

第二节 应急志愿服务的发展历程

随着社会的快速发展和全球化的深入推进,各种突发事件和自然灾害频繁发生,对人类的生命财产安全构成了严重威胁。在这样的背景下,应急志愿服务作为一种重要的社会力量,逐渐崭露头角,并在国内外展现出其独特的价值和作用。从最初的零星、自发的救助行动，到现如今形成专业化、系统化的应急志愿服务体系，国内外应急志愿服务的发展历程充满了挑战与机遇，也见证了人类文明与进步的步伐。本节主要介绍国内外应急志愿服务的发展历程。

一、国外应急志愿服务发展历程

应急志愿服务在志愿服务系统不断成熟和细化的过程中逐渐受到重视和发展，并成为志愿服务的一个重要领域。国外应急志愿服务大致经历了萌芽、形成、成熟、深化四个阶段。

（一）19世纪初至19世纪末：萌芽阶段

西方国家志愿服务是在现实社会问题与宗教精神的相互激发和作用下开始萌芽和发展的。在宗教教义精神的驱使下，由教会推动的慈善服务主要是通过动员和招募志愿人员进行贫民、孤儿、寡妇、老弱病残等困难群体的帮扶工作。随后，非宗教性志愿组织也孕育而生，例如，英国的"慈善组织会社"、北美移民的互助志愿团体等。1818年的纽约救贫协会发动志愿人员帮助社区困难群体增长技能和改善发展环境，发展出了社区志愿服务，为以社区为核心的应急志愿服务奠定了基础。而早在美国独立战争期间，为应对战争带来的破坏，民间就出现了大量具有应急特点的志愿服务队伍，例如志愿消防队、仓储团等，这也成为应急志愿服务的最早标志。这一时期的应急志愿服务队伍尚未形成正式的组织化、常态化队伍体系，多是在发生突发事件时由宗教或民间力量临时组织形成，队伍规模小，具有强烈的宗教属性和民间属性，自发性、临时性和分散性是其典型特征。

(二)19世纪末至20世纪中叶：形成阶段

在该阶段，应急志愿者队伍开始壮大、活跃，逐渐从自发力量向组织化力量转变，并得到了来自政府的重视和支持。19世纪末20世纪初，面对来自自然和社会的各种挑战，欧美国家通过制定相关社会福利法律法规来保障群众生活和社会稳定。但在多发的风险事件中，政府以及整个社会意识到仅靠政府力量难以抵抗风险带来的挑战，培育和调动多方力量以发挥聚合作用成为一种必然选择（冯英、张慧秋、白亮，2007）。居民参与应急救援的观念不断增强，越来越多的人加入应急志愿服务中，并开始形成了特定组织。其在应急救援中发挥独特作用，引起政府重视。例如：培训工人在发生生产安全事故时进行自救与互救的德国工人撒玛利亚联盟（ASB），防止人员溺水的德国水上救援组织，等等。另外，该阶段经历了两次世界大战，众多医疗工作者志愿加入其中，扩大了志愿者在应急救援中的影响力，应急志愿服务获得重大发展，开始组织化、常态化。志愿服务开始逐渐被纳入政府工作体系和社会发展体系之中，但尚未实现有序高效参与。

(三)20世纪中叶至20世纪末：成熟阶段

20世纪中叶以后，应急志愿服务获得政府越来越多的关注和重视，政府开始以"出资人"和"主办者"的身份介入志愿服务（Albris & Lauta，2021）。应急志愿服务进入规范化、专业化、成熟化阶段。自20世纪六七十年代以来，美国联邦政府先后推动了一系列志愿服务计划，包括"和平队"（Peace Corps）计划、"服务美国志愿队"（Volunteers in Service to America，VISTA）计划、社区应急响应队（Community Emergency Response Teams，CERT）计划等，1993年克林顿政府成立"国家与社区服务机构"，整合了"行动"和"国家与社区服务委员会"的全部职能，成为管理所有志愿服务组织力量的总机构，同时颁布了《国内志愿服务法》《国家与社区服务法》《国家与社区服务机构法》等法律。德国在这一时期成立了德国技术救援署（THW）、德国消防队（DFV）、德国马耳他骑士战地服务中心（MHD）、德国约翰尼特事故救援团（JUH）等专项应急志愿组织（凌学武，2011）。

（四）21世纪以来：深化阶段

21世纪以来，自然灾害与社会灾害不断加剧，且呈现出相互叠加、强化的态势，社会应急志愿服务体系面临全新挑战，原有体系无法有效应对愈加复杂的突发事件，这成为推动欧美发达国家应急志愿服务体系不断完善、快速发展的内在驱动力（陈伟哲、杨伟超、李辉，2014）。这一时期应急志愿服务的发展和完善主要体现在两方面：一方面应急志愿者队伍不断壮大，参与应急服务的领域不断扩展。相关资料表明，美国的社区应急服务队、消防服务队、医疗服务预备队和警务志愿服务队等应急志愿者队伍的人员数量在这一时期迅速增加，约覆盖了79%的美国人口（徐彤武，2009）。在德国，包括水上救援组织、约翰尼特事故救援团、马耳他骑士战地服务中心、德国工人撒玛利亚联盟在内的志愿服务组织人数也达至新高。应急志愿者队伍不断细化，参与领域从军队、消防、医疗等方面拓展到山地、水上、空中、特殊场地等方面（高艳蓉，2015）。另一方面应急志愿者队伍的应急能力不断增强。这一阶段欧美发达国家实施一系列计划对应急志愿者展开应急知识和技能培训，以提升其应急水平。例如，2002年美国推行的"公民服务队计划"，其目的就是要通过教育、培训和志愿服务提升社区居民应对各类突发事件的应急能力（陈伟哲、杨伟超、李辉，2014）。

二、国内应急志愿服务发展历程

在我国，当代志愿服务理念既是舶来品，也是中华传统慈善文化的延续与复苏。改革开放以后，伴随着社会的现代化转型、市民社会的壮大和外国志愿服务的推动，中国的志愿服务事业得到快速发展，进入了现代意义上的有组织的志愿服务发展阶段。事实为证："1989 年，中国第一个社区志愿者协会于天津和平区新兴街挂牌成立；1990 年深圳市成立第一个注册义务工作者联合会"（谭建光，2008）。志愿服务精神及其理念得到广泛传播，志愿服务发展为一项具有广泛公共基础、蓬勃发展的社会事业，成为建设社会主义精神文明、构建和谐社会不可或缺的一部分。进入 21 世纪，伴随着我国经济的飞速发展，各种社会风险的压力剧增。一再发生的自然灾害、公共安全危机等各类突发事件，给公民的生命和财产安全造成了严重危害。从 2003 年抗击非典斗争到 2008 年的南方雪灾和 5·12 汶川地震，再到后来的 2010 年青海玉树地震、2013 年四川雅安地震，再到 2020 年持续三年之久的新冠疫情。我国的应急志愿服务也走过了萌芽、起步阶段，进入蓬勃发展的阶段。

（一）萌芽阶段

应急的概念是在 2003 年非典疫情发生之后才正式出现在政府的文件中的。即便在此之前发生的突发事件中也开展过志愿行动，但本节所指的应急志愿服务是指非典之后各类突发事件中开展的志愿服务。

非典疫情是首个进入公众视野的引起全社会恐慌的卫生安全事件。当时，人人自危，气氛凝重。在政府组织的各种抗疫措施之外，少数志愿组织也提供了某些应对方案，还取得了比平时更有效的成果和影响。如"深圳某居民社区非典期间配合社康中心发放药物，鼓励居民多做户外运动，在一些谣言出现后马上组织社区中的专家出面澄清；深圳市口岸管理服务中心的志愿者免费提供口罩、提供中草药水等"（王微，2010）。

这一时期的应急志愿服务，通常发生在日常志愿服务比较发达的地区，虽然也取得了一些效果，但就整个发展历程而言，微乎其微，是为萌芽。

（二）起步阶段

在中国应急志愿服务发展的纪年表上，2008年是值得人们铭记的一年。这一年，发生了五十年乃至一百年不遇的南方冰雪自然灾害，以及自1949年以来除唐山大地震之外，破坏性、涉及范围、总伤亡人数都创历史之最的汶川地震。前所未有的灾难，给政府应急处置工作带来严峻考验的同时，也促使应急志愿服务如火如荼地开展起来。

这一时期应急志愿服务最明显的特点是不再局限于突发事件发生地的应急志愿服务，还出现了跨省的应急志愿服务；从主要由政府推动发展到各志愿者和志愿者组织积极主动地参与应急救援，而且志愿服务的形式也越发多种多样。在此之后，自愿的、跨省的应急志愿服务已经非常常见。

首先表现在志愿者及其组织快速响应，积极参与应急抢救，几乎与政府同时采取动作。"5月12日深夜，在数家NGO的倡议下，全国数十家草根NGO通过网络沟通，共同组成松散型的民间团体赈灾援助行动小组，各路NGO通过互联网交换信息并进行资源分配共享和分工。"（梁志全，2008）"5·12地震发生后的当天，就有普通的青年在南京、上海、杭州三地，通过电话和网络方式联系各地青年，由志同道合的人挑头组织起了一个'江浙沪援助四川地震灾害青年志愿者临时办公室'。"（李斌、曾东霞、石兴谊，2008）

其次体现在这次志愿力量参与人数与救灾范围前所未有，影响空前。"据团中央抗震救灾工作联合办公室和中国青年志愿者协会的初步统计，截至 2008 年 6 月 3 日 20 时，全国共有 561.2 万人通过各级共青团组织报名参加抗震救灾志愿服务，直接或间接参与了抗震救灾的志愿者，各地共有 491.4 万名。"（王宏伟、吴博进，2008）

最后，汶川地震中志愿者及其组织参与应急救援的主动性非常强。与过去的官方发起的志愿活动相比，这次志愿行动民间和个人意愿的痕迹更加明显，志愿精神得到大力弘扬。我们国家经过这场灾难，付出了巨大代价，但应急志愿服务也因此获得加速发展的契机。

（三）发展阶段

汶川地震之后，中国的应急志愿服务进入了专业化、组织化的发展阶段，这也是今后很长一段时间里，中国应急志愿服务事业着重发展的方向。

汶川地震的经验教训之一就是仅有专业救援机构是不够的，志愿者及其组织要在灾害应急中发挥更好的作用，还必须有自己的专业的志愿者队伍。这也是很多政府部门及志愿者组织在汶川地震后纷纷组建自己的应急志愿者队伍的原因。如 2009 年 5 月，共青团成都市委招募了 512 名志愿者，分成 11 个小队，组建成都市综合应急志愿者服务队，担负消防应急、医疗救助、防灾减灾知识宣传以及提供灾后心理疏导等志愿工作；平常状态下注重对该队伍的技能训练和排演，偏重应急知识的普及，在突发事件发生时则在政府应急部门的指挥下参加应急处置。

为解决应急志愿服务的零散、无序问题，四川省于 2009 年 9 月颁布《四川省志愿服务条例》。根据该条例，自发的、零散的志愿者要纳入突发事件所在地方的政府机构或其委托的志愿者组织的管理中，人民政府设志愿服务接待处，对应急志愿服务人员给予安排和协调。这是地方志愿服务立法中首次对突发事件志愿服务活动做出规范，为应急志愿服务活动的有序发展提供了法律依据。在即将制定的全国性志愿服务立法中，应当继续强调，保证全国的应急志愿服务事业有理有序发展。

第三节　应急志愿服务的预警和响应

在复杂多变的应急环境中，预警与响应机制是应急志愿服务不可或缺的核心要素。预警作为应急志愿服务的第一道防线，其准确性和及时性对于后续救援工作的顺利展开至关重要。响应则是应急志愿服务在危机发生后迅速、有序、高效行动的体现，直接关系到受灾群众的生命财产安全和社会的稳定。本节主要介绍应急志愿服务的预警与响应的各个环节。

一、应急志愿服务的预警

应急志愿服务的预警流程是一个系统性、组织化的过程，旨在确保在突发事件发生时能够提前做出反应，为应急志愿服务提供有效支持。

（一）预警准备阶段

1. 组织架构建立

设立应急志愿服务预警指挥部，明确各级组织机构的职责和权限。成立信息通信组、物资保障组、救援行动组等，确保预警信息的快速传递和资源的有效调配。

2. 制定预警计划

根据历史数据和专家预测，制定详细的预警计划，明确预警的触发条件、响应级别和应对措施。预警计划应充分考虑各种可能发生的突发事件类型，如自然灾害、公共卫生事件等。

3. 资源储备与准备

根据预警计划，提前采购和储备必要的物资，如救援设备、医疗用品、生活物资等。招募和培训志愿者，组建专业的救援队伍，确保在紧急情况下能够迅速响应。

（二）预警信息收集与分析阶段

1. 多渠道信息收集

通过政府部门、气象部门、医疗机构等多渠道收集预警信息。利用现代科技手段，如无人机、卫星遥感等，提高信息收集的效率和准确性。

2. 信息分析与研判

对收集到的信息进行筛选、整理和分析，判断事件发生的可能性、紧急程度和影响范围。根据分析结果，确定预警级别和响应措施，为后续的应急志愿服务提供决策支持。

（三）预警信息发布与传递阶段

1. 预警信息发布

一旦确定预警级别，及时通过电视、广播、互联网等渠道发布预警信息。预警信息应简明扼要、准确清晰，确保公众能够迅速了解和掌握。

2. 信息传递与确认

预警信息发布后，通过电话、短信等方式通知各级志愿服务组织和志愿者，确保信息能够迅速传达到位。志愿者收到预警信息后，应迅速做好应急准备，随时待命。

（四）预警响应与处置阶段

1. 启动应急响应机制

根据预警级别和响应措施，启动相应的应急响应机制。各级志愿服务组织和志愿者应按照预案要求迅速行动，开展救援行动。

2. 现场处置与协调

救援行动组负责现场救援行动的指挥和协调，确保救援行动的高效、有序进行。物资保障组负责物资的调配和补给，确保救援行动所需的物资得到及时供应。

3. 信息反馈与调整

在救援行动过程中，及时收集现场信息和反馈意见，对预警响应措施进行动态调整和优化。根据救援行动的进展和需要，及时调配资源和人员，确保救援行动能够持续有效地进行。

（五）预警总结与改进阶段

1. 总结经验教训

对预警过程中的成功经验和不足之处进行总结和反思。分析预警流程中存在的问题和不足，提出改进措施和建议。

2. 完善预警机制

根据总结的经验教训和反馈意见，对预警机制进行改进和完善。加强与其他组织和部门的合作与交流，共同提高预警和应急响应的能力。

二、应急志愿服务的响应

应急响应是指在突发事件即将发生前、发生期间或紧随发生后，为抢救生命、保护财产和环境以及满足基本的人类需要而采取的各种行动，包括信息报告、启动响应及各种处置救援行动。应急响应的主要目标包括救援与保护生命、保护财产与环境、满足人类基本需要、消除现场的危险因素等。

为突发事件应急响应做好预案准备、资源准备、能力准备是应急准备使命领域的主要任务。编制应急预案、开展预案培训和演练是事前的重要应急准备活动。在突发事件发生后，为迅速高效将各种应急队伍、资源投入应急行动，也需要根据现场情况，编制现场应急行动方案。这属于事中的应急响应规划。

应急志愿服务的响应过程大概可分为快速响应与判断、分工协作与配合、现场保护与秩序维护、求助与支援、后续处理与总结等五个阶段。

（一）快速响应与判断

在紧急情况发生时，志愿者需要迅速做出反应，并准确判断形势。这要求志愿者保持冷静、沉着应对，不受恐慌情绪的影响。志愿者需要迅速了解现场情况，评估风险等级，并采取相应的应对措施。

（二）分工协作与配合

在响应阶段，志愿者团队需要分工协作、密切配合。根据应急预案中的责任分工，每个志愿者需要明确自己的职责和任务，并按照预案要求迅速展开救援行动。同时，志愿者之间还需要保持密切沟通协作，确保信息及时传递和资源共享。

（三）现场保护与秩序维护

在紧急情况下，志愿者需要尽力保护现场，避免二次伤害的发生。这包括保护现场的证据、维护现场的秩序等。志愿者还需要与现场的其他人员保持沟通协作，确保救援行动的顺利进行。

（四）求助与支援

在紧急情况下，志愿者可能面临超出自身能力范围的问题。此时，志愿者需要及时向活动负责人或专业救援力量求助，并请求支援。专业救援力量能够提供更加专业、有效的救援服务，帮助志愿者解决难以处理的问题。

（五）后续处理与总结

在紧急情况得到控制后，志愿者团队需要进行后续处理与总结工作。这包括伤员救治、善后事宜等。同时，志愿者团队还需要对本次应急志愿服务活动进行总结评估，分析存在的问题和不足，并提出改进措施和建议。这些工作有助于提高志愿者团队的应急能力和服务水平，为未来的志愿服务活动提供有益的借鉴和参考。

三、应急志愿服务参与灾害救援

应急志愿服务在参与应急救援的过程中发挥着至关重要的作用。从前期准备阶段的招募选拔、专业培训与物资筹备，到现场响应阶段的快速响应、现场评估、搜救救助、秩序维护与资源协调，再到后续支持阶段的心理援助、灾后重建和经验总结，应急志愿者们以高度的责任感和专业的技能，为受灾地区提供及时有效的救援支持。他们不仅是救援行动的重要力量，更是社会温暖与希望的传递者。通过不断学习和提升，应急志愿服务将继续在应急救援领域发挥更大的作用，为构建更加安全、和谐的社会贡献力量。

（一）前期准备阶段

1. 招募与选拔

通过线上线下多渠道发布招募信息，明确志愿者的招募标准和要求。设立专门的招募站点或在线平台，接受志愿者的报名和咨询。对报名者进行初步筛选，包括健康状况、心理素质、过往经验等方面的评估。对筛选通过的志愿者进行面试和背景调查，确保他们具备参与救援的基本素质和能力。

2. 专业培训

为志愿者制定详细的培训计划，包括理论学习和实践操作两部分。理论学习涵盖灾害知识、急救技能、现场安全知识、团队协作等方面的内容。实践操作包括模拟演练、救援装备使用训练、现场急救技能操作等。邀请专业救援人员和医疗专家进行授课和指导，确保志愿者掌握必要的救援技能。

3. 物资筹备

根据灾害类型和预计的救援需求，制定详细的物资清单。与供应商建立合作关系，确保能够及时采购到所需的物资。对物资进行妥善储存和管理，确保在需要时能够迅速调集和分发。建立物资运输和分配机制，确保物资能够及时送达灾区。

（二）现场响应阶段

1. 快速响应

接到救援指令后，迅速组织志愿者前往灾区。利用交通工具和通信设备，确保志愿者能够迅速到达指定地点。

2. 现场评估与指挥

到达灾区后，设立临时指挥部，负责现场的整体指挥和协调。对灾区进行快速评估，了解灾害的严重程度、人员伤亡和物资损失情况。根据评估结果，制定详细的救援方案，并明确各个志愿者的任务分工。

3. 搜救与救助

组织志愿者进行搜救工作，利用搜救犬、无人机等辅助工具提高搜救效率。对找到的伤者进行初步救助，包括止血、包扎、固定骨折等。与医疗救援队伍紧密合作，确保重伤者能够及时得到救治。

4. 秩序维护与疏散

设立警戒线，防止未经许可的人员进入灾区。安排志愿者在关键位置维护秩序，防止混乱和恐慌的发生。引导群众有序疏散到安全区域，并提供必要的帮助和支持。

5. 资源协调与保障

根据现场需求，及时调配救援物资，确保资源的有效利用。与其他救援队伍保持沟通，共享资源信息，实现资源的优化配置。设立临时医疗点和避难所，为受灾群众提供基本的医疗和生活保障。

（三）后续支持阶段

1. 心理援助

安排心理专家对受灾群众进行心理疏导，帮助他们缓解心理压力。组织志愿者开展心理援助活动，如心理讲座、心理游戏等，提高受灾群众的心理韧性。

2. 灾后重建

在灾后重建阶段，协助清理废墟、修复基础设施等。组织志愿者为受灾群众提供生活上的帮助和支持，如搭建临时住所、分发生活物资等。鼓励和支持受灾群众参与重建工作，提高他们的自我恢复能力。

3. 经验总结与分享

对整个救援过程进行总结和反思，提炼出成功的经验和教训。将这些经验和教训分享给更多的志愿者和救援队伍，提高整个社会的应急救援能力。编写救援报告和案例分析,为未来的救援工作提供参考和借鉴。

第四节　应急志愿服务的资源管理与行动方案

在应对突发事件的紧急关头,应急志愿服务扮演着至关重要的角色。作为一支迅速响应、机动灵活的力量,应急志愿者的参与不仅能够极大地缓解政府和社会在应急管理中的压力,还能有效提升救援工作的效率和质量。然而,要使应急志愿服务真正发挥出其应有的效能,就必须构建一套科学、合理、高效的资源管理与行动方案。这一方案不仅涉及志愿者的招募、培训、调度和保障,还涵盖了对各类应急资源的有效整合与合理配置。通过优化资源管理和制定行动方案,我们确保应急志愿服务在关键时刻能够迅速、准确地投入救援工作中,为受灾群众提供及时、有效的帮助。因此,本节主要介绍应急志愿服务的资源管理与行动方案。

一、应急志愿服务的资源管理

应急资源包括在应急管理过程中需要使用的应急队伍、装备、物资、场所、设施等。应急资源的合理配置是形成应急能力和实现应急管理关键目标的重要物质基础。高效配置资源是应急预案的重要组成部分。为了做好应急志愿服务的资源管理,需要遵循一系列清晰、有条理的步骤,确保资源的有效利用和高效调配。

(一)资源识别与评估

1.资源种类详细梳理

首先要对应急志愿服务所需的资源进行全面梳理,包括但不限于志愿者队伍（具备各种专业技能的志愿者，如医疗、救援、心理疏导等）、物资资源（救援设备如救生艇、破拆工具，医疗用品如药品、急救包，生活物资如食品、水、帐篷等）、技术资源（无人机用于侦查、移动通信设备用于信息传递等）。

2. 资源数量与需求分析

根据历史灾害数据、预测模型以及专家意见，对所需资源的数量进行准确评估。同时，分析受灾地区的需求，如受灾人口数量、受灾程度、紧急需求等，以确定资源调配的优先级。

（二）资源储备与采购

1. 物资储备库建设

建立专门的物资储备库，确保储备库具备良好的存储条件，如防火、防潮、防盗等。根据评估结果，提前采购和储备必要的物资，并定期更新库存。

2. 志愿者队伍建设

通过广泛招募和培训，建立一支具备专业技能和应急响应能力的志愿者队伍。与高校、社区、企事业单位等建立长期合作关系，确保在需要时能够迅速招募到足够数量的志愿者。

（三）资源调配与利用

1. 设立资源调配中心

建立专门的资源调配中心，负责统一调配和分配资源。资源调配中心应具备实时通信、数据处理和决策支持等功能，以确保资源的有效利用和高效调配。

2. 实时信息收集与分析

通过信息通信组，实时收集现场信息，包括受灾情况、救援进展、资源需求等。利用现代技术手段，如大数据分析和人工智能，对收集到的信息进行分析和预测，为资源调配提供科学依据。

3.优先级排序与紧急响应

在资源紧张的情况下，根据受灾地区的紧急程度和需求，设定资源的优先级排序。优先保障受灾严重、需求迫切的地区和人群。同时，建立快速响应机制，确保在接到紧急需求时能够迅速调配资源。

（四）资源维护与更新

1.物资维护与保养

定期对储备物资进行检查和维护，确保其在使用时能够保持良好的状态。对于易耗品和过期品，要及时更换和补充。对于重要设备和设施，要进行定期维修和保养，确保其正常运行。

2.志愿者培训与演练

定期组织志愿者进行专业技能培训和应急演练，提高志愿者的应急响应能力和服务水平。通过模拟真实场景和紧急情况，让志愿者熟悉救援流程和操作规范，提高应对突发事件的能力。

（五）资源合作与共享

1.建立合作关系

与政府部门、企事业单位、其他社会组织等建立紧密的合作关系，共同应对突发事件。通过共享资源信息和救援经验，提高整体的应急响应能力。同时，寻求国际救援组织的支持和帮助，加强国际合作与交流。

2.资源共享平台建设

建立资源共享平台，将各种资源信息整合到一个平台上，方便各方查询和使用。通过平台发布资源需求、调配信息和救援进展等，促进资源的有效利用和高效调配。

二、志愿服务的行动方案

(一)应急志愿服务行动方案内容

1. 组织架构与职责

设立应急志愿服务指挥部,作为整体行动的决策和指挥中心。划分不同的工作小组,如救援组、医疗组、信息通信组、后勤保障组等,并明确各组的职责和权限。详细描述各组的具体职责,包括人员调配、物资管理、信息传递、现场救援等。明确各组之间的协作机制,确保在紧急情况下能够迅速响应、协同作战。

2. 应急响应流程

制定详细的应急响应流程,包括启动条件、响应级别、信息传递、资源调配等。设定清晰的响应时间和目标,确保及时响应和有效应对。

3. 志愿者招募与管理

制定志愿者招募计划,明确招募条件、招募渠道和招募流程。设立志愿者管理系统,包括志愿者注册、培训、分组、调度和评估等。制定志愿者行为规范和安全保障措施,确保志愿者的安全和健康。

4. 物资准备与调配

列出所需的应急物资清单,包括救援设备、医疗用品、生活物资等。建立物资储备库,提前采购和储备必要的物资。制定物资调配计划,确保在紧急情况下能够及时、准确地调配物资。

5. 救援行动与技术支持

描述具体的救援行动内容和步骤,如搜救、疏散、医疗救助等。提供技术支持,如使用无人机进行侦查、利用移动通信设备进行信息传递等。强调团队协作和协同作战的重要性,确保救援行动的高效和有序。

6. 心理援助与心理疏导

认识到受灾群体的心理需求,提供心理援助和心理疏导服务。设立心理援助小组,为受灾群体提供心理支持和心理咨询服务。宣传心理健康知识,提高受灾群体的心理韧性和应对能力。

7. 风险评估与应对措施

对可能面临的风险进行评估,包括安全风险、资源风险、组织风险等。制定相应的应对措施和预案,确保在紧急情况下能够迅速应对和化解风险。

8. 宣传与教育

加强应急志愿服务的宣传和教育,提高公众的应急意识和自救互救能力。举办应急演练和培训活动,提高志愿者和公众的应急响应能力和技能水平。

9. 总结与反馈

对应急志愿服务行动进行总结和评估,分析成效和不足。收集志愿者和受灾群体的反馈意见,为改进和完善应急志愿服务行动提供依据。

(二)应急志愿服务行动方案编制过程

应急志愿服务行动方案的编制过程是一个细致且全面的工作,需要充分考虑各种因素以确保服务的高效和有效性。以下为详细的编制过程。

1. 前期准备阶段

(1)需求调研与评估

深入受灾地区或与潜在受灾群体进行面对面交流,详细了解他们的具体需求和期望。借助现代科技手段,如大数据分析、遥感技术等,对灾害风险进行精确评估，预测可能的灾害类型和程度。汇总和分析调研结果，识别出关键的志愿服务需求点，如医疗救援、心理疏导、物资援助等。

（2）志愿者资源摸底

通过志愿者注册系统、社区调查等方式，了解现有志愿者的数量、年龄、性别、专业背景等基本信息。对志愿者的服务经验、专业技能进行评估，识别出具备特定技能或经验的志愿者，如医疗志愿者、心理咨询师等。分析志愿者的可调度性和参与意愿，确保在紧急情况下能够迅速集结起一支高效的志愿服务队伍。

（3）目标设定与指标明确

根据需求调研和志愿者资源评估结果，明确应急志愿服务的总体目标和具体目标。设定可衡量、可实现的指标，如救援行动完成率、物资援助到位率、志愿者满意度等，便于后续评估和调整。

2.方案策划阶段

（1）组织架构设计

根据志愿服务活动的特点和需求，设计合理的组织架构，确保各组之间能够高效协作。明确各组的职责和权限，确保每个组都能够独立完成其任务，同时又能与其他组保持紧密的联系和协作。设立应急指挥部，负责统筹协调整个志愿服务行动，确保信息的及时传递和决策的迅速执行。

（2）工作流程制定

根据志愿服务活动的不同阶段，制定详细的工作流程，包括准备阶段、应急响应阶段、救援阶段和恢复阶段。为每个阶段设定明确的任务、时间节点和责任人，确保各项任务能够按时完成。制定应急预案，以应对可能出现的意外情况，确保志愿服务活动的顺利进行。

（3）活动内容规划

根据需求调研结果，规划具体的志愿服务活动内容，确保活动内容与受灾地区或潜在受灾群体的需求相匹配。注重活动的多样性和创新性，如组织募捐活动、开展心理援助项目等，以满足受灾群体的多样化需求。制定详细的活动计划，包括活动时间、地点、参与人员等，确保活动的顺利进行。

3. 资源筹备阶段

（1）志愿者招募与选拔

制定详细的招募计划，明确招募对象、招募条件和招募方式。通过线上线下渠道发布招募信息，吸引更多的志愿者参与。设立选拔标准，通过面试、测试等方式选拔出具备相关技能和经验的志愿者。

（2）物资准备

根据活动内容和服务需求，列出详细的物资清单，包括救援物资、医疗用品、通信设备等。与供应商建立长期合作关系，确保在紧急情况下能够及时获取所需的物资。建立物资储备库，提前采购和储备必要的物资，确保物资的充足供应。

（3）合作伙伴联系

与政府部门、企事业单位、社会团体等建立广泛的合作关系，争取更多的资源支持。与合作伙伴共同策划志愿服务活动，共享资源和经验，提高志愿服务的质量和效率。

4. 培训与演练阶段

（1）志愿者培训

制定详细的培训计划，包括培训内容、培训方式和培训时间等。邀请专业讲师为志愿者提供专业培训，包括救援技能、医疗知识、心理疏导等。注重实践训练，组织模拟演练和实地操作，让志愿者在实践中掌握技能。

（2）应急演练

制定应急演练计划，明确演练目的、演练场景和演练流程。组织志愿者参与应急演练，检验志愿者的应对能力和工作流程的有效性。根据演练结果进行总结和评估，找出存在的问题和不足，并制定相应的改进措施。

5. 执行与监督阶段

（1）行动执行

在突发事件发生时，迅速启动应急志愿服务行动，按照工作流程执行各项任务。确保信息的及时传递和决策的迅速执行，确保志愿服务的高效和有序。

（2）过程监督

设立监督小组或指派专人负责监督工作，对志愿服务活动进行实时监督。关注服务过程中的细节和问题，及时发现问题并采取相应措施加以解决。收集志愿者和受灾群体的反馈意见，为改进和完善志愿服务行动提供依据。

6. 总结与反馈阶段

对志愿服务活动进行全面总结，分析活动的成效和不足。提炼成功的经验和做法，为以后的志愿服务做好更为充足的准备。

本章小结

应急志愿服务是志愿服务的一个重要领域，是志愿服务在自然灾害、事故灾难、公共卫生事件和社会安全事件等突发事件过程中的特殊形态。应急志愿服务已经过多年发展，国外应急志愿服务大致经历了萌芽、形成、成熟、深化四个阶段。相比于国外，我国应急志愿服务起步较晚，但目前我国的应急志愿服务也走过了萌芽、起步阶段，进入蓬勃发展的阶段。应急志愿服务在历次重大的灾害与突发事件应对中发挥了不可或缺的作用并取得了突出成效，已经是政府应对危机的合作主体，是风险社会应急管理的重要力量。本章除介绍了应急志愿服务的基本概念、作用、发展历程，还介绍了关于应急志愿服务的实操，包括应急志愿服务的监测预警与响应过程、应急志愿服务的资源管理以及行动方案编制。

案　例

嵊州市"一圈一杆一绳"防溺水公益项目

嵊州市内河网密布、水系众多，河道两岸堤坝坡度较大，溺水事件偶有发生。针对溺水事件发生后救援时间紧、呼救耗时久的矛盾，嵊州市于2017年启动"一圈一杆一绳"防溺水公益项目，在溺水事故易发的重点河段和山塘水库设置救生杆、救生绳和救生圈等防溺水装备，并创新打造国内首个公益救生装备"数字导图"，有效保障群众生命安全，实现"小项目、大效用"。据不完全统计，截至目前，已利用装备救援溺水者37人，救援速度约提高一倍以上。该项目多次获省、市级志愿服务项目比赛大奖。2023年4月6日，浙江省红十字赈济业务工作会议暨"防溺水"项目现场会在嵊州市召开，相关做法获全省推广。

一、具体做法

（一）社会化筹资。在项目初期众筹资金2万元基础上，拓宽资金筹措渠道。如统筹红十字会和民建嵊州市基层委员会，联合设立"公益救生装备"专项基金，由民建发动会员单位，每年捐赠约6万元，用于采购、安装和维护防溺水装备。截至目前，已募集并投入资金40余万元。

（二）数智化赋能。由国网嵊州市供电公司出资13万元对救生装备进行数智化改造，嵌入定位芯片，并依托地图APP、小程序等平台，研发国内首个公益救生装备"数字导图"，精准标注每套装备的经度、纬度，确保救援人员及时就近找到救生装备，提高救援效率。

（三）志愿化实施。项目为公益项目，项目由嵊州市红十字应急救援队以志愿服务的方式具体组织实施。为了将每一分公益款用在刀刃上，救援队员利用下班后、休息日等碎片时间安装救生装备；为降低救生装备的缺损率，救援队建立了救生装备巡查制度，对救生装备分成五个片区，定期巡查更新，日常巡查一季度一次，夏季溺水高发期每月巡查一次。同时，统筹河（湖）长、镇街网格员、国网嵊州市供电公司无人机班组和民建会员等力量，对河道、水库、堤坝等区域开展日常巡查，根据溺水高发时段和易发水域，分级启动"红黄蓝"三级风险响应，并在暑期对重点水域巡查频次从一周一次调整为每天早晚各一次，确保水域险情和救生装备缺损第一时间发现处置。

（四）立体化宣传。构建立体化宣教体系，在"数字导图"平台中开设防溺水课堂，通过融媒体平台、家校平台、线上家长群、线下义务宣讲活动等渠道进行宣教，普及救生装备和"数字导图"使用方法，并在溺水易发区设置警示标牌，在救生装备旁标注详细教程，确保装备作用有效发挥。

（五）协同化推进。建立由市政府牵头，红十字会、公安、应急管理、教体、水利、供电等6个单位和15个乡镇（街道）协同，红十字应急救援队具体实施的工作机制，明确选点布点、装备安装、运维管理、日常巡查、人员培训、救援实施、信息共享、物资保障、力量支持、宣传教育等全方位工作职责，高质高效实施项目。

二、主要成效

（一）有的放矢，实现安全屏障全覆盖。项目实施以前，每年因多种原因落水人数不少。深入调研分析其原因，主要是涉事区域周边缺失救生设施，错过最佳救援时间。针对这一具体问题，该项目量身制定解决方案，把握"安全性、实用性、操作性、美观性"原则，从市区到乡镇，逐步推开。该项目自2017年实施以来，已在全市溺水事故易发的水域（非饮用水源保护区）安装1120套救生装备。从市区到乡村，基本实现重点水域无死角，做到防患于未然。

（二）精准施救，实现生命护航N次。仅在防溺水项目刚刚实施的2017年，就有3人被防溺水装备成功救起。2021年正月初六，救援队员张旗利用"防溺水数字导图"小程序，快速找到救援设备，只用4分钟就救起了落水女子，堪称教科书式救援。据不完全统计，项目实施6年来，运用防溺水装备共救援37名溺水者，拯救了37个家庭，其中35人是群众自发施救。"一圈一杆一绳"极大降低了嵊州市溺亡事故发生率，已成为守护群众生命的"神器"。

（三）练战结合，促进救援能力大提升。结合"防溺水"项目的实施，嵊州市红十字应急救援队采用"走出去，请进来"的策略提高救援队员的专业化水平和快速高效的应急反应能力，一方面挑选骨干队员参加专业救援培训，另一方面有计划地邀请全国知名的救援技术专家到嵊州为队员开展相关培训，并每年组织大型水救实战演练，检验日常训练成果。嵊州市红十字应急救援队在连续两届绍兴市社会救援力量比武中名列前茅。在 2021 年举行的绍兴市桨板救援比赛中荣获团体第一名，并囊括了个人前三名。"练兵千日，用兵一时"，红十字救援队在嵊州石道地水灾救援、甘霖雅言楼抗洪抢险、杭州湾落水市民搜救、"利奇马"台风救援等突发事件救援中发挥了重要作用，打造了一支召之即来、战之能胜的救援铁军。

（四）爱心传递，促进城市文明大进步。项目实施初期，设备丢失、损坏时常发生，年缺损率一度高达 95%。面对困难和挫折，大家没有放弃，一点点改进、一天天坚持，不断加大宣教力度、巡查力度和设备补充力度。随着一起起成功救援案例被报道、宣传，广大市民逐步认可了防溺水装备，对防溺水项目的态度也逐步从冷漠、关注，到赞赏，爱护救援设备成为自觉行动，装备年缺损率从 95% 逐渐降低到目前的 10% 以下。救援装备已成为防溺水工作的"宣传队"、社会文明进步的"播种机"，为嵊州创建成为全国文明城市贡献红十字力量。

三、面临困难

（一）装备保护难。救援设备一般布局在户外人多密集的地方，装备缺失率高。一方面是人为原因，容易被人随意拿走，导致缺失率高；另一方面是自然原因，装备常年处于户外，风吹日晒加快自然损耗。

（二）夜间巡逻救援不便。夜晚由于能见度低等客观原因，第一时间找到救援装备存在困难，增大了救援的难度。此外，由于人力有限，夜晚无法保证一直有志愿者进行巡逻。

（三）数据梳理难。管理部门无法对设备的使用频率进行数据梳理。由于技术以及成本的原因，难以通过数字化完全掌握装备和溺水情况。还有由于此项目为公益项目，在部门之间信息互通也存在难处，红十字和公安部门之间数据无法互通，救援队伍难以获得相关数据。

▲案例分析题

1. 如何解决该项目所面临的困难？

2. 如何提高红十字应急救援队的应急救援水平？

3. 嵊州市"一圈一杆一绳"防溺水公益项目给应急志愿服务管理带来哪些启示？

▲本章思考题

1. 如何理解应急志愿服务？

2. 应急志愿服务能发挥哪些作用？

3. 国内外应急志愿服务经历了哪几个发展阶段？

4. 简述应急志愿服务的预警与响应过程。

5. 简述应急志愿服务行动方案的内容框架和编制过程。

参考文献

中 文

白志刚、刘波、尤国珍等，2015，《国际视野下的公民道德建设研究》，知识产权出版社。

北京志愿服务发展研究会（编），2014，《中国志愿服务大辞典》，中国大百科全书出版社。

北京志愿者协会，2006，《志愿组织建设与管理》，中国国际广播出版社。

蔡二雨、刘洪德，2017，《国有企业青年志愿服务调查及对策》，《中国青年社会科学》第5期。

蔡宜旦、汪慧，2001，《试论青年志愿者参与动机的引导和激励》，《广东青年干部学院学报》第4期。

曹姝等，2022，《医学院校图书馆专业志愿服务工作机制》，《中华医学图书情报杂志》第8期。

常健、毛讷讷，2016，《中国公共组织愿景中使命的缺失及其影响》，《领导科学》第5期。

陈丹青等，2016，《杭州市社区志愿服务发展问题及其对策研究》，《中国市场》第51期。

陈坤，2022，《走好中国特色志愿服务之路》，《当代广西》第8期。

陈仁荣，2009，《中国志愿服务存在问题及发展对策》，《台州学院学报》第2期。

陈涛，2010，《中国城市社区志愿服务研究》，厦门大学硕士学位论文。

陈婉玲，2014，《义工组织法人制度研究》，北京大学出版社。

陈伟哲、杨伟超、李辉，2014，《21世纪美国防灾志愿者组织发展状况及对我国的启示》，《中国应急救援》第6期。

迟云，2014，《社会的良心与善行——聚焦社会志愿服务》，山东教育出版社。

党秀云，2011，《论志愿服务的常态化与可持续发展》，《中国行政管理》第3期。

邓国胜，2002，《中国志愿服务发展的模式》，《社会科学研究》第2期。

邓国胜、辛华、翟雁，2015，《中国青年志愿者的参与动机与动力机制研究》，《青年探索》第5期。

丁开杰，2009，《英国志愿组织联盟与志愿者参与实践——以英格兰志愿组织理事会（NCVO）为例》，《理论月刊》第3期。

丁文，2019，《高校"党员引领大学生专业志愿服务"机制探索》，《现代职业教育》第14期。

丁小浩、范皑皑，2007，《进城务工人员继续教育与培训中的志愿者研究》，《北京大学教育评论》第3期。

丁元竹、江汛清，2001，《志愿活动研究：类型、评价与管理》，天津人民出版社。

丁智擘，孟祥斌，2015，《公益网站专题报道策略——基于中国社区志愿服务网的实证研究》，《今传媒》第3期。

董放新，2020，《志愿服务组织管理》，华南理工大学出版社。

冯英、张慧秋、白亮，2007，《外国的志愿者》，中国社会出版社。

福山，2001，《信任：社会美德与创造经济繁荣》，彭志华（译），海南出版社。

傅琴琴，2020，《服务学习理念下高职旅游管理专业志愿服务课程的开发》，《江苏商论》第8期。

高娟,2007,《构建志愿服务体系长效机制初探》,《行政与法》第 12 期。

高嵘,2010,《美国志愿服务发展的历史考察及其借鉴价值》,《中国青年研究》第 4 期。

高艳蓉,2015,《国外应急志愿服务的特点及经验借鉴》,《中国青年研究》第 8 期。

高艳蓉,2015,《我国应急志愿服务管理机制研究》,《人民论坛》第 20 期。

葛运城、邓慧,2023,《新媒体时代下的社区志愿服务工作模式探析》,《国际公关》第 10 期。

郭丽娜,2019,《全民阅读背景下图书馆员专业志愿服务研究——以盘锦市少年儿童图书馆为例》,《图书馆学刊》第 5 期。

韩芸,2010,《应急救援志愿服务管理体制与运行机制探讨》,《青年探索》第 2 期。

侯丹丹、欧阳文旭,2012,《广东省应急志愿者队伍建设探析》,《中国应急救援》第 5 期。

侯国凤,邹照兰,2008,《社区志愿服务的发展及对策分析》,《湘潮(下半月)(理论)》第 11 期。

侯俊东、栾雅慧,2024,《社区志愿服务共同生产:内涵逻辑及过程机理》,《社会工作与管理》第 1 期。

胡伯项、刘雨青,2015,《日本志愿服务的工作机制及其借鉴》,《国家行政学院学报》第 5 期。

胡蓉,2006,《我国非营利组织志愿者的管理研究》,西南交通大学硕士学位论文。

黄波、吴乐珍、古小华,2008,《非营利组织管理》,中国经济出版社。

黄麟,2022,《志愿服务组织参与县域社会治理研究——以江西 X 县爱心联合会为例》,江西财经大学硕士学位论文。

黄晓鹏，2012，《美国志愿服务观察及其启示》，《中国青年研究》第 11 期。

贾家辉，2017，《非营利组织中志愿者管理面临的困难与对策》，《教育发展研究》S1 期。

焦阳，2010，《北京联合大学奥运志愿服务项目案例研究》，吉林大学硕士学位论文。

金安平（编），2018，《国际志愿服务重要文献选辑》，中国文联出版社。

黄凯频，2008，《促进还是制约：论 NPO 法对日本公民社会发展作用的两面性》，《中国非营利评论》第 1 期。

莱丝里·休斯廷克丝等，2011，《志愿者动机之社会和文化起源——六国大学生调查情况比较》，《青年探索》第 5 期。

莱斯特·M. 萨拉蒙等，2002，《全球公民社会——非营利部门世界》，贾西津、魏玉等译，社会科学文献出版社。

黎付林、覃青作，2012，《我国城市社区志愿服务发展研究综述》，《淮海工学院学报（人文社会科学版）》第 2 期。

李斌、曾东霞、石兴谊，2008，《震灾中的青年组织：应急响应与行动》，《中国青年研究》第 10 期。

李博，2011，《志愿服务体系建设问题》，《山东师范大学学报（人文社会科学版）》第 3 期。

李浩东、刘川菡，2020，《日本志愿服务的现状、问题及展望》，《中国志愿服务研究》第 2 期。

李连军，2010，《济南市志愿者管理机制的现状与发展研究》，山东大学硕士学位论文。

李平（编），2015，《志愿服务培训教材》，中国石化出版社。

李蕊丽、喻平，2022，《兴义市以"五大平台"为载体推动志愿服务品牌化》，《黔西南日报》第 1 版。

李水金，2015，《中国非营利组织管理》，首都师范大学出版社。

李维安（编），2005，《非营利组织管理学》，高等教育出版社。

梁绿琦，2008，《中国社区志愿服务的发展历程》，《北京青年政治学院学报》第 4 期。

梁志全，2008，《青年志愿者：抗震救灾中的组织类型与功能分析》，《中国青年研究》第 10 期。

林方（主编），1987，《人的潜能和价值——人本主义心理学译文集》，华夏出版社。

凌学武，2011，《德国应急志愿服务组织及特点》，《吉林劳动保护》第 11 期。

刘丹，2017，《公共图书馆专业志愿服务应用构想》，《图书馆建设》第 9 期。

刘海萍，2003，《非营利组织管理——高校馆对志愿工作者（义务馆员）管理的启示》，《高校图书馆工作》第 1 期。

刘威，2015，《弱关系的力量——社会关系网络理论视域中的志愿服务行动》，《学习与探索》第 9 期。

刘晓东、王琼、王丽玲，2021，《我国公共图书馆专业志愿服务的内涵、特征与深化路径研究》，《图书馆理论与实践》第 2 期。

龙菲，2002，《当代中国的社区志愿服务》，《城市问题》第 6 期。

陆和建、刘思佳，2021，《PPP 模式下我国城市阅读空间引入高校专业志愿服务路径探索》，《国家图书馆学刊》第 6 期。

陆士桢，2020，《建构具有中国特色的志愿服务体系》，《杭州师范大学学报（社会科学版）》第 4 期。

罗敏、胡礼鹏，2016，《组织社会学视角下我国青年志愿服务组织特点研究》，《山东青年政治学院学报》第 1 期。

马克·A.缪其克、约翰·威尔逊，2013，《志愿者》，中国人民大学出版社。

毛小波，2020，《提高特殊教育专业志愿助残服务实效途径与策略——以襄阳职业技术学院为例》，《襄阳职业技术学院学报》第1期。

苗丽静，2006，《非营利组织管理学》，东北财经大学出版社。

莫菲等，2022，《金砖国家疫情防控志愿服务法治保障：挑战·立法·经验》，《中国志愿服务研究》第4期。

莫于川、王茜，2015，《亟待构建中国特色志愿服务法治体系》，《法制日报》第12版。

莫于川、梁爽，2011，《关于完善中国的应急志愿服务法律保障体系之管见》，《河北法学》第5期。

聂鹏飞，2022，《城市基层治理中志愿服务组织发展路径探究》，黑龙江大学硕士学位论文。

潘春玲、张晓红，2015，《当前企业志愿服务的发展模式及推动社会责任实现的建议——基于北京市几家跨国公司的调查研究》，《决策咨询》第4期。

潘昕、彭柏林，2022，《志愿服务的伦理学界定》，《湘潭大学学报（哲学社会科学版）》第3期。

彭华民，《论志愿服务的社会工作督导模式》，《中国青年研究》第4期。

钱永祥、谷云峰，2008，《志愿服务：有品质的生活——改革开放与杭州志愿服务的发展》，《中国青少年研究会，中国青少年研究中心，共青团中央青运史档案馆，共青团河南省委.改革开放三十年与青少年和青少年工作发展研究报告——第四届中国青少年发展论坛暨中国青少年研究会优秀论文集（2008）》，天津社会科学院出版社。

沈威，2021，《新时代志愿服务高质量发展路径探析——以杭州亚运会为例》，《中国青年社会科学》第6期。

石静，2020，《基于项目化管理模式的公共图书馆志愿服务探究——以天津市少年儿童图书馆志愿服务为例》,《图书馆工作与研究》第 1 期。

宋玉芳,2005,《奥运会志愿者管理研究》,《体育科学》第 2 期。

宋煜,2002,《社区志愿服务助推社区治理体系建设》,《中国社会工作》第 7 期。

隋春玲、孙立双,2022,《高师特殊教育专业志愿服务式教育见习模式探究与实践——基于"助残育人"的双向思考》,《唐山师范学院学报》第 2 期。

孙金旭,2006,《非营利组织的志愿者管理》,山东大学硕士学位论文。

孙婷,2011,《政府责任视阈下的香港志愿服务发展》,《山西师大学报(社会科学版)》第 6 期。

孙雪梅、陈树文,2020,《英国志愿服务的发展特质及经验借鉴》,《贵阳市委党校学报》第 2 期。

孙毅,2018,《"阳光使者":以专业志愿服务助力乡村振兴》,《中国社会工作》第 7 期。

谭建光,2005,《全球化背景下的志愿服务与国际融合》,《江海学刊》第 1 期。

谭建光,2008,《志愿中国》,人民出版社。

谭建光,2010,《中国志愿服务:从社区到社会》,《广东青年干部学院学报》第 3 期。

谭建光,2019,《健全志愿服务体系的方法与路径》,《中国社会工作》第 34 期。

谭建光,2021,《"十四五"时期中国志愿服务发展的十大趋势》,《青年探索》第 1 期。

谭建光,2021,《中国志愿服务体系建设的区域探索——兼论青年志愿者的先锋作用》,《中国青年社会科学》第 5 期。

谭利，2009，《规范发展、民主原则与地方特色——我国志愿服务立法回顾与前瞻》，《法制与经济（下旬刊）》第 11 期。

汤紫媛，2020，《志愿服务制度化研究》，上海师范大学硕士学位论文。

田丽娜，2021，《论新时代中国特色志愿服务的整体性发展》，《思想教育研究》第 3 期。

涂敏霞、魏万青，2012，《城市青年志愿活动参与动机研究》，《当代青年研究》第 8 期。

王存良，2016，《美国公共体育服务中社区体育志愿者的管理模式》，《武汉体育学院学报》第 8 期。

王宏伟、吴博进，2008，《试析应急管理中的志愿者参与》，《中国减灾》第 9 期。

王晶晶，2023，《Z 市 L 区农村助老志愿服务组织发展中的问题研究》，山东大学硕士学位论文。

王丽玲、曹冉、王琼，2021，《高校图书馆吸引专业志愿服务的路径与方法研究——基于国外高校专业志愿服务的调研》，《图书馆理论与实践》第 5 期。

王连巧，2010，《社区志愿服务的发展与和谐社区构建》，《科技资讯》第 4 期。

王名，2002，《非营利组织管理概论》，中国人民大学出版社。

王名、李勇、黄浩明，2009，《英国非营利组织》，社会科学文献出版社。

王培莲，2023，《让学生全员参与志愿服务》，《中国青年报》第 5 版。

王琼、王丽玲，2020，《高校图书馆构建专业志愿服务运行机制研究》，《图书馆学研究》第 18 期。

王微，2010，《在危机应对中前行的中国应急志愿行动：现状与困境》，《青年探索》第 2 期。

王艳梅,2013,《志愿服务品牌项目建设中的政府扶持研究》,上海师范大学硕士学位论文。

王依琼,2023,《中铁电化运管公司组织结构优化研究》,兰州理工大学硕士学位论文。

王越英、尹琴荣,2020,《发展社区志愿服务之思考》,《长江论坛》第5期。

王振友,2000,《中国青年志愿者行动的由来、现状及发展趋势》,《内蒙古工业大学学报(社会科学版)》第2期。

王忠平,2019,《企业志愿服务实用教程》,华南理工大学出版社。

王忠平、林海萍,2021,《企业志愿服务理论与创新实践》,南方出版社。

王忠平、沈立伟,2018,《志愿服务组织建设与项目管理》,中国人民大学出版社。

魏娜,2018,《志愿服务概论》,中国人民大学出版社。

魏娜、刘子洋,2017,《论志愿服务的本质》,《中国人民大学学报》第6期。

吴理财、罗大蒙,2022,《志愿服务"集装器":基层公共服务资源整合及其生产机制——以皖北S镇"新时代文明实践"为例》,《求实》第2期。

武志芳、张勤,2013,《社会管理创新中政府培育社区志愿服务的有效性》,《信访与社会矛盾问题研究》第5期。

肖金明、龙晓杰,2011,《志愿服务立法基本概念分析——侧重于志愿服务、志愿者与志愿服务组织概念界定》,《浙江学刊》第4期。

肖强、罗公利,2012,《志愿服务研究综述》,《中国成人教育》第2期。

肖彦,2015,《论志愿者精神》,中南大学博士学位论文。

谢科范,2023,《加快推进中国特色社区志愿服务体系建设》,《中国发展观察》第5期。

徐家良,2016,《中国第三部门研究》(第12卷),社会科学文献出版社。

徐绍玮，2023，《志愿组织参与社区治理的实践困境及其对策研究——以萍乡市 G 志愿协会为例》，江西财经大学硕士学位论文。

徐彤武，2009，《联邦政府与美国志愿服务的兴盛》，《美国研究》第 3 期。

徐中振，1996，《社区发展是现代城市文明的载体和依托——加强上海城市社区建设调研报告》，《学术月刊》第 12 期。

徐祖荣，2010，《中国志愿服务的制约因素及制度改进》，《武汉科技大学学报（社会科学版）》第 6 期。

许健、梁可儿，2023，《俄罗斯志愿者权益保障制度及其借鉴》，《福州大学学报（哲学社会科学版）》第 4 期。

杨佩佩，2019，《备战亚运，走向志愿名城》，《杭州（周刊）》第 20 期。

杨小云，2016，《论治理视域中的社区志愿服务体系建设》，《长春理工大学学报（社会科学版）》第 6 期。

叶边等，2008，《中国志愿者：进步与差距》，《世界知识》第 14 期。

于航，2023，《J 市志愿服务组织参与基层社会治理的发展路径研究》，吉林大学硕士学位论文。

于静静、徐礼平，2021，《社会治理背景下社区志愿服务创新路径研究》，《湖北经济学院学报（人文社会科学版）》第 4 期。

余逸群，2008，《论社区志愿服务的作用》，《北京青年政治学院学报》第 4 期。

郁建兴、王名（主编），2019，《社会组织管理》，科学出版社。

曾胜光、曾华源，2003，《志愿服务概论》，台北扬智文化事业股份有限公司。

翟雁，2018，《专业志愿服务 回应新时代发展需求》，《中华儿女》第 23 期。

翟雁，2022，《专业志愿服务理论与实践》，中国人民大学出版社。

张凤，2023，《基于服务学习理念的高职旅游管理专业志愿服务课程的开发与实践》,《旅游与摄影》第 4 期。

张康之,2016,《为了人的共生共在》,人民出版社。

张沛然、陈晓宇、马英改,2020,《社会主义核心价值观引领下专业志愿服务的路径研究》,《就业与保障》第 5 期。

张勤、武志芳,2012,《社会管理创新中社区志愿服务利益表达的有效性》,《理论探讨》第 6 期。

张胜康,2010,《关于志愿者行动的价值探讨——以"5·12"汶川大地震志愿者行动为例》,《广东社会科学》第 3 期。

张姝,2011,《我国志愿者培训体系研究》,中央民族大学硕士学位论文。

张网成,2011,《国家应急志愿服务体系的模式选择与机制建设研究》,知识产权出版社。

张霞、张智河,2005,《非营利组织管理》,山东人民出版社。

张晓红,2020,《志愿服务理论与实践》,中国青年出版社。

张晓红、苏超莉,2013,《大型活动志愿者培训研究》,《中国青年政治学院学报》第 4 期。

张远凤、苗志茹,2021,《专业志愿服务在新冠肺炎疫情应对中的作用及其发展前景》,《中国非营利评论》第 2 期。

章湧,2019,《以志愿服务提升城市软实力》,《杭州(周刊)》第 20 期。

赵云亭、唐有财、王静,2023,《社区志愿服务助推社区韧性治理:价值意涵、实践反思与优化路径》,《天津行政学院学报》第 4 期。

赵云亭、张祖平,2023,《国外应急志愿服务:演化轨迹、理论研究与反思》,《青年探索》第 1 期。

郑政,2023,《高职院校共青团促进专业志愿服务活动育人质量提升策略研究》,《现代职业教育》第 17 期。

中国志愿服务联合会,2017,《中国志愿服务发展报告(2017)》,社会

科学文献出版社

周冉冉,2023,《完善志愿服务的保障激励管理体系》,《中国社会报》第1版。

周湘宁,2014,《我国志愿服务制度完善研究》,湖南大学硕士学位论文。

周真真,2020,《英国新工党政府与志愿组织的合同合作》,《学海》第3期。

朱红、张晓红,2020,《新时代中国特色志愿服务发展状况探究》,《中共云南省委党校学报》第5期。

朱丽亚,2005,《中国非营利组织志愿者管理指南》,温洛克民间组织能力开发项目。

朱伟、王亚飞,2018,《加快建设我国应急志愿服务体系》,《社会治理》第5期。

英 文

Albris K., Lauta K. C., 2021, Causing Wrong While Doing Good: On the Question of Liability for Volunteers in Emergencies, *Environment Hazards*, 20.

Anheier H. K., Salamon L. M., 1999, Volunteering in Cross-National Perspective: Initial comparisons, *Law and Contemporary Problems*, 62.

Bandura A., 1971, *Social Learning Theory*, General Learning Press.

Batson C. D., 1991, *The Altruism Question: Toward a Social-Psychological Answer*, Erlbaum.

Blaustein A., 2003, *Make a Difference: America's Guide to Volunteering and Community Service*, Jossey-Bass.

Bowman M. N., 2019, Legal Writing as Office Housework?, *Journal of Legal Education*, 2019, 69(1).

Brilliant E. L., 1997, Voluntarism. Salvatore E, *Encyclopedia of Social Work*, 19th ed. Washington D. C, (3).

Brudney J., 1990, *Fostering Volunteer Programs in the Public Sector: Planning, Initiating, and Managing Voluntary Activities*, Jossey-Bass.

Chandhoke N., 2012, *Whatever Has Happened to Civil Society*, Economic & Political Weekly.

Cialdini R. B., Brown S. L., Lewis B. P., Luce C., Neuberg S. L., 1997, Reinterpreting the Empathy-altruism Relationship: When One into One Equals Oneness, *Journal of Personality and Social Psychology*, 73(3).

Clary E. G., et al., 1996, Stukas. Volunteers' Motivation: Findings from a National Survey, *Nonprofit and Voluntary Sector Quarterly*, 25(4).

Ellis S. J., Noyes K. H., 1990, *By the People: A History of Americans as Volunteers*, Jossey-Bass.

Essen, J. V., 2016, On the Meaning of Volunteering: A Study of Worldviews in Everyday Life, *Foundations of Science*, 21(2).

Foundation T., 2012, *Powered by Pro Bono: The Nonprofits Step-by-Step Guide to Scoping,Securing, Managing, and Scaling Pro Bono Resources*, Jossey-Bass.

Hustinx L., Cnaan R. A., Handy F., 2010, Navigating Theories of Volunteering: A Hybrid Map for a Complex Phenomenon, *Journal for the Theory of Social Behaviour*, 40(4).

Jackson R., Locke M., Hogg E., Lynch R., 2019, *The Complete Volunteer Management Handbook(4th edition)*. Directory of Social Change.

Kearney J., 2007, The Values and Basic Principles of Volunteer: Complacency or Caution?, Voluntary Action.

Kilby P., 2011, *NGOs in India: The Challenges of Women's Empowerment and Accountability*, Routledge.

Latané B., Darley J. M., 1970, *The Unresponsive Bystander: Why Doesn't He Help?*, Appleton-Century-Crofts.

Letts C., Holly D., 2017, The Promise of Skills-based Volunteering, *Stanford Social Innovation Review*, 15(4).

Linton J. C., 1995, Acute Stress Management with Public Safety Personnel: Opportunities for Clinical Training and Pro Bono Community Service, *Professional Psychology: Research and Practice*, 26(6).

Mark, B., 2015, *Wounded Healers & Reconciliation Fatigue: The Search for Social Justice & Sustainable Development in South Africa*, Morningside South Press.

Mazlan N., Syed Ahmad S. S., Kamalrudin M., 2018, Volunteer Selection Based on Crowdsourcing Approach, *Journal of Ambient Intelligence and Humanized Computing*, 9.

McCall G. J., Simmons J. L., 1978, *The Role-identity Model. Guttentag, M. Identities and Interactions; An Examination of Human Associations in Everyday Life*. The Free Press.

McCurley S., Lynch R. and Jackson R., 2012, *The Complete Volunteer Management Handbook(3th edition)*. Directory of Social Change.

Mirvis P., MacArthur A., Walsh M., et al., 2020, Global Pro Bono Service: Implications for Employees, Companies and the Communities Served, *Employee Engagement in Corporate Social Responsibility*, 1.

Moskowitz D., Glasco J., Johnson B., et al., 2006, Students in the Community: An Interprofessional Student-run Free Clinic, *Journal of*

Interprofessional Care, 20(3).

Moulton G., Frankish J., Rootman I., et al.,2006, Building on a Foundation: Strategies, *Processes and Outcomes of Health Promotion in Primary Health Care Settings, Primary Health Care Research & Development*, 7(3).

Omoto A. M., Snyder M., 1995, Sustained Helping Without Obligation: Motivation, Longevity ofService,and Perceived Attitude Change among AIDS Volunteers, *Journal of Personality and Social Psychology*, 68(4).

Omoto A. M., Snyder M., 2002, Considerations of Community: The Context and Process of Volunteerism, *American Behavioral Scientist*, 45(5).

Palombaro K. M., Dole R. L., Lattanzi J. B., 2011, A Case Report of a Student-led Pro Bono Clinic: A Proposed Model for Meeting Student and Community Needs in a Sustainable Manner, *Physical Therapy*, 91(11).

Pilliavin J. A., Dovidio J. F., Gaertner S. L., Clark R. D. III., 1981, *Emergency Intervention*. Academic Press.

Porretta D., Black J., Palombaro K., et al.,2017, Influence That Service in a Pro Bono Clinic Has on a First Full-time Physical Therapy Clinical Education Experience, *Internet Journal of Allied Health Sciences and Practice*, 15(1).

Sheldon S., Burke P. J., 2000, The Past, Present, and Future of an Identity Theory. *Social Psychology Quarterly*, 63.

Sherraden M., 2001, *Civic Service: Issues, Outlook, Institution Building (Perspective)*. St. Louis, MO:Center for Social Development,Washington University.

Snyder M., Omoto A., 1992, Why Helps and Why? The Psychology of AIDS

Volunteerism. *Health Psychology*, 16(2).

Stryker S., Serpe R. T., 1982, *Commitment, Identity Salience, and Role Behavior. Lokes,W., Knowles, E. S. Personality, Roles, and Social Behavior*, Springer-Verlag.

Tandon R., 2002, *Voluntary Action, Civil Society and the State*, New Delhi.

Taproot Foundation,2012, *Powerd by Pro Bono: The Nonprofit's Step-by-Step Guide to: Seoing, Securing, Managing, Scaling Pro Bono Resources*, Jossey-Bass, 2012.

Tuckey M. R., Hayward R., 2011, Global and Occupation-Specific Emotional Resources as Buffers against the Emotional Demands of Fire-fighting, *Applied Psychology*, 60(1).

Wilson J., 2000, Volunteering, *Annual Review of Sociology*, 26.

后　记

《志愿服务原理》一书是全面反映志愿服务内容的基础性教材，编写初衷在于为广大高校青年志愿者系统掌握志愿服务理念、知识和技能提供一本较为系统但又不失可读性的读物，同时为高校志愿服务课程教师、青年志愿者行动实务工作者、青年志愿服务组织领袖和骨干提供一份有价值的资料参考。本书有两个显著特点：一是理论与实践紧密结合，既阐明概念和理论观点，又注重介绍政策法规、操作方法和先进经验，兼具理论性、政策性与实用性；二是较为系统、全面，涉及了志愿服务领域的各主要方面。

本书共分为四个部分。第一部分为志愿服务的基本概述及发展概况。第二部分介绍了中国志愿服务的基本政策、地方志愿服务政策以及志愿服务事业管理体系，是志愿服务发展的制度基础；第三部分着重论述了志愿者的管理、志愿服务组织的管理以及志愿服务项目的管理，帮助读者了解志愿服务内部管理的基本知识；第四部分为志愿服务的重点内容，从人群结构、组织类型、空间分布和重点领域四个方面分别介绍了专业志愿服务、企业志愿服务、社区志愿服务以及应急志愿服务，帮助读者了解当前志愿服务的新问题以及新趋势。

本书共十章，感谢浙江工商大学英贤慈善学院叶李老师、和众泽益志愿服务中心王忠平主任，以及浙江工商大学英贤慈善学院硕士研究生赵心豪、吴佩歆、鹿金龙、孙格、彭景勇、史蔺智，浙江工商大学公共管理学院硕士研究生杨新俨等同学的参与编写，尤其是叶李老师、赵心豪同学最后与我一起校稿。本书是集体智慧和团队协作的结果，感谢各

后　记

位作者的辛苦劳动！

　　感谢上海海洋大学张祖平教授、上海卓越公益事业评估中心徐本亮理事长对本书的写作框架和内容提出宝贵意见和建议，帮助我们丰富理论内容和实践素材。感谢商务印书馆的编辑吴俊杰老师和张杰老师，为本书的出版付印付出了大量心血。感谢浙江工商大学英贤慈善学院董聪聪老师，处理了很多书稿出版的对接事务。

　　在本书编写过程中，参考、借鉴了国内外的相关研究成果，为了便于教学，编写团队对引用的一些资料做了一定修改。在此，对所涉及的专家、学者表示衷心感谢。由于志愿服务事业正处于蓬勃发展过程中，其理论与实践也随之不断发展，加之学术能力与水平的限制，书中难免有疏漏乃至不妥之处，敬请诸位同行专家、志愿者及广大读者批评指正！

徐越倩

2024 年 9 月　杭州